# 淘宝／天猫
# 电商运营与数据分析

罗芳◎编著

中国铁道出版社

CHINA RAILWAY PUBLISHING HOUSE

## 内 容 简 介

本书以实际操作为主，理论知识为辅，对开网店的整个流程以及科学有效的运营管理方法进行了全面细致地讲解。

全书共 12 章，包括开店前找货源、创建店铺并开通网银服务、拍摄宝贝照片、上传宝贝图片并装修店铺、精装宝贝详情页、使用装修模板、利用官方活动、官方平台和其他平台做店铺推广、淘宝运营技巧、如何做好物流与售后、怎么降低店铺经营风险以及淘宝数据化运营分析工具的使用等内容。

本书适合新手淘宝店主、网店相关工作人员，有网店创业打算的读者，以及社会各界对淘宝网店经管感兴趣的人群阅读使用。另外，本书也可作为各大、中专院校的电子商务类辅助参考教材。

**图书在版编目（CIP）数据**

淘宝 / 天猫电商运营与数据分析 / 罗芳编著 . —北京：
中国铁道出版社，2019.3
ISBN 978-7-113-25367-7

Ⅰ．①淘… Ⅱ．①罗… Ⅲ．①网络营销 Ⅳ．
① F713．365．2

中国版本图书馆 CIP 数据核字（2019）第 002838 号

书　　名：淘宝／天猫电商运营与数据分析
作　　者：罗　芳　编著

---

责任编辑：张亚慧　　　　　　　　读者热线电话：010-63560056
责任印制：赵星辰　　　　　　　　封面设计：MX DESIGN STUDIO

---

出版发行：中国铁道出版社（100054，北京市西城区右安门西街 8 号）
印　　刷：三河市宏盛印务有限公司
版　　次：2019 年 3 月第 1 版　　2019 年 3 月第 1 次印刷
开　　本：700mm×1000mm　　1/16　印张：18.5　字数：342 千
书　　号：ISBN 978-7-113-25367-7
定　　价：55.00 元

---

# 前言
PREFACE

无论是为了打发空闲时间，还是为了赚取额外收入，或是作为一份事业，现在社会中越来越多的人在淘宝网上创建了属于自己的店铺，打算通过销售商品来获得收入。

然而，很多新手店主开店后却无人问津，或者有买家来咨询后却没有下单购买，甚至有的店主不知道如何让商品上架销售……一系列运营问题无法解决，最终不得不让店铺关门歇业。

想经营好一家网店，成为一名的优秀卖家，不仅需要网店经营者拥有一腔热情，更需要经营者熟悉开网店的整个流程，并掌握科学的管理方法和有效的运营技巧。为此我们编写了本书，旨在帮助各新手淘宝店主、卖家和工作人员更好地经营打理自己的店铺。

## 本书内容

本书共12章内容，主要从开店前期准备、店铺的装修、店铺运营和数据化运营工具这4个方面，全方位地对网店开办与运营需要做的事情进行详细讲解，具体内容安排如下表所示。

| | |
|---|---|
| 开店前期准备 | 第 1 章 找到货源，淘宝开店才有保障<br>第 2 章 注册开店，获得经营资格<br>第 3 章 给宝贝拍照，准备商品资料 |
| 店铺的装修 | 第 4 章 上架装修，做好规范化经营<br>第 5 章 精装宝贝详情页，留住买家脚步<br>第 6 章 活用模板，提升视觉营销效果 |
| 店铺的运营管理 | 第 7 章 适时加入官方活动，轻松做推广<br>第 8 章 使用其他推广方式，真正做好营销<br>第 9 章 淘宝运营不轻松，技巧是关键<br>第 10 章 做好物流与售后，成就好口碑<br>第 11 章 谨慎经营，降低店铺买卖风险 |
| 数据化运营工具 | 第 12 章 淘宝数据化运营分析工具 |

## 本书特点

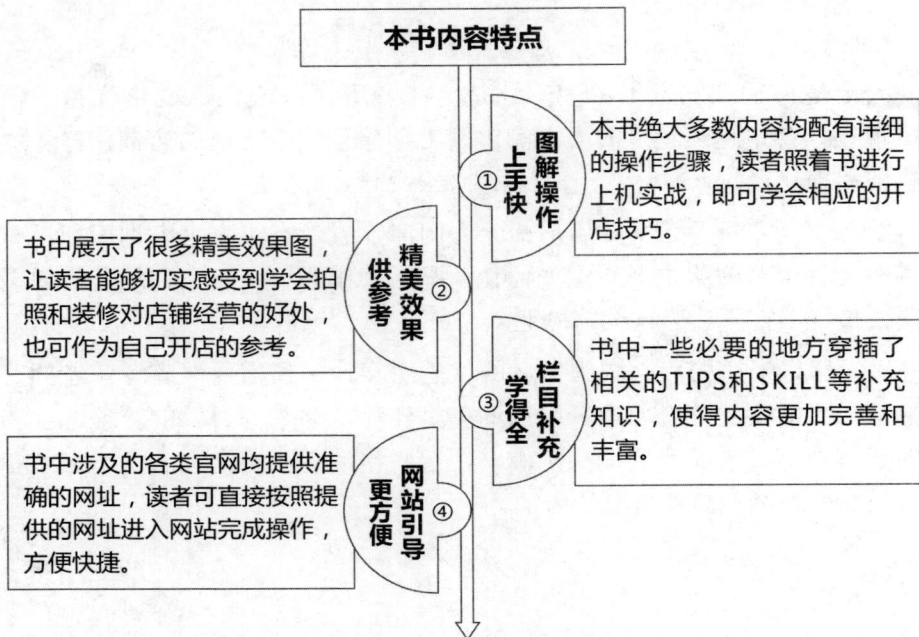

本书内容特点

① 图解操作 上手快：本书绝大多数内容均配有详细的操作步骤，读者照着书进行上机实战，即可学会相应的开店技巧。

② 精美效果 供参考：书中展示了很多精美效果图，让读者能够切实感受到学会拍照和装修对店铺经营的好处，也可作为自己开店的参考。

③ 栏目补充 学得全：书中一些必要的地方穿插了相关的TIPS和SKILL等补充知识，使得内容更加完善和丰富。

④ 网站引导 更方便：书中涉及的各类官网均提供准确的网址，读者可直接按照提供的网址进入网站完成操作，方便快捷。

## 本书读者

　　本书适合新手淘宝店主、网店相关工作人员，有网店创业打算的读者，以及社会各界对淘宝网店经营感兴趣的人群阅读使用，另外也可作为各大、中专院校的电子商务类辅助参考教材。

编　者

2018年12月

# 目录
## CONTENTS

# 找到货源，
# 淘宝开店才有保障

## 学习目标

如今，越来越多的人开始走上创业的道路，而开家淘宝店是其中最热门的选项之一。开店做生意，首先要有自己经营的产品，因此开店之前就要为自己找好货源，这是创业成功的第一步。

## 知识要点

- 采购货物时应考虑的要素
- 从批发市场进货的流程与注意事项
- 进入B2B电子商务批发网站进货
- 网上进货要防止"钱货两空"
- 直接搜索经营商品的名称找货源
- ……

# 1.1 做好采购计划，进货不走弯路

如何找货源？采购进货的步骤有哪些？店主们要做好采购进货计划，避免走太多弯路而浪费时间和精力。

## 1.1.1 采购货物时应考虑的要素

在进货之前，要明白进货时需要考虑的要素，然后以此作为实施采购活动的依据，一般有如表1-1所示的一些要素。

表 1-1 采购货物时考虑的要素

| 要素 | 详述 |
|---|---|
| 进什么货 | 在进货之前，要明确自家店经营的商品是什么，属于什么种类，规格型号是多少等，这样采购时更有针对性，从而提高进货效率 |
| 需要多少数量 | 新手开淘宝店，首要的是制定合理的进货数量，这样才能防止商品积压或断货 |
| 理想的进货价格是多少 | 开店就要考虑成本，而对于新店主来说，还无法承担较大的进货成本，如果不确定一个理想的进货价格，很可能导致进货成本超出开店预算，使店铺后期经营举步维艰 |
| 向谁进货 | 根据自身网店的需求，考虑向线下供应商进货，还是直接在网上联系供应商发货。如果决定向线下供应商进货，则要考虑哪些地方有商品批发市场；如果决定直接在网上联系供应商发货，则要考虑是直接与阿里巴巴批发市场中的供应商合作，还是通过其他方式在网上找商品供应商 |
| 怎么搬运并放置采购的货物 | 在线下采购的商品要放置在什么地方，要如何将商品运输到目的地等，这些问题也需要店主们事先考虑清楚 |
| 供应商所处地理位置 | 采购之前要了解供应商的地址，因为路程的远近和交通是否发达都会影响进货的速度 |
| 货款怎么结算 | 新店主们在进货前要在货款结算方式上做多手准备，防止进货工作因无法及时付款的情况打断 |
| 什么时间去进货 | 线下批发市场有开市和闭市时间，店主们要在规定的时间段内去进货才不会白跑一趟。另外，在店铺经营一段时间后，店主们要考虑下次进货时间是什么时候，防止商品卖完再进货带来的断货风险 |

续表

| 要素 | 详述 |
|------|------|
| 预测进货过程中可能存在的风险 | 做任何事都要防患于未然，店主们要对进货过程中存在的风险进行分析，比如，供应商未按商定的时间发货、联系不上供应商、发错货、发货数量不对或者原来的供应商突然不给店铺供货等情况，同时要制定对应的措施，防止这些突发状况影响店铺的信誉 |

### 1.1.2 采购进货分3步

店主们在寻找货源的过程中，要做的事情有很多。而为了理清整个进货思路，需要掌握采购进货的3个大步骤，具体如图1-1所示。

**第一步：找进货渠道**
商品进货渠道有很多，主要分为两大方向：线上和线下。店主们如果决定线上采购，则可直接通过阿里巴巴批发网进货，也可去专门的电子商务批发网站进货；如果决定线下采购，则可以去批发市场找供应商，或直接与厂家联系发货。

**第二步：确定供应商并商谈进价**
店主们通过确定的渠道找到合适的供应商后，双方就买卖交易进行商谈，确定进货价格、发货时间和货款结算方式等事项。如果供应商要求先付款才发货，则店主们要在这一环节向供应商支付货款。

**第三步：淘宝店主收货**
店主们提醒供应商及时发货，确保在商定的时间内收到正确数量的商品。此时，还要检查商品的质量是否符合要求，若出现质量问题，要及时与供应商沟通，实施换货或退货，防止因商品质量问题导致店铺无法正常运营的情况发生。

图1-1

店主们在寻找货源的过程中，确定货源的稳定性是非常重要的，因为它会影响店铺对顾客的供货情况。

无论店主们选择的是线上采购还是线下采购，都要经过这3个步骤。线上采购时，店主们通过阿里巴巴批发网或其他电子商务批发网站找到合适的供货商后，再通过网络或电话联系供货商，最后通过网络付款并收货。而线下采购时，店主们可以在同一个地点完成这3个步骤，比如供货商的厂里或门店里、批发市场摊位处等。

### 1.1.3 初次进货与到货清点

新手开淘宝店，需要做很多事情，但却不知道如何做。就进货这一环节而言，事务繁杂，容易出错，店主们尤其要注意初次进货数量和采购到货清点。

**1.严格把控初次进货数量**

新手店主刚开始营业时，并不知晓自己的店铺是否受欢迎，如果一次性进了太多的商品而销售业绩不佳，可能导致商品积压、卖不出去而贬值；若进货少但生意好，可能出现供货不及时的情况。

因此，新手店主要把握好初次进货数量，这样才能给店铺经营带来一个好的开始，才能建立"可以继续经营"的信心。针对初次进货数量的把控，可以从如图1-2所示的一些思路来确定具体的数量。

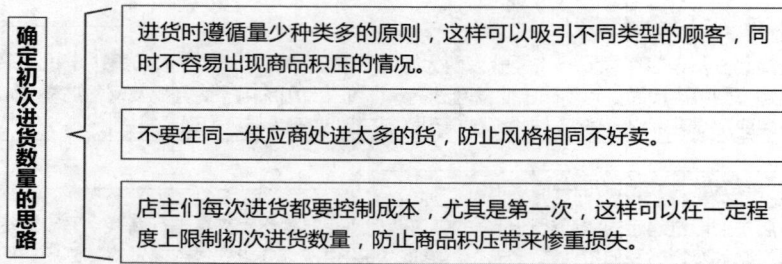

| 确定初次进货数量的思路 | 进货时遵循量少种类多的原则，这样可以吸引不同类型的顾客，同时不容易出现商品积压的情况。 |
| :---: | :--- |
| | 不要在同一供应商处进太多的货，防止风格相同不好卖。 |
| | 店主们每次进货都要控制成本，尤其是第一次，这样可以在一定程度上限制初次进货数量，防止商品积压带来惨重损失。 |

图1-2

**2.认真做好采购到货清点**

采购到货清点就是店主对之前在供货商处购买的商品数量和质量进行清点和验收，目的是防止商品在运输过程中有所损毁。但如果是新手店主，可以自己去批发市场或特定的供应商处拿货，在拿货时对商品进行清点。如图1-3所示的是店主拿到采购货物后进行到货清点的相关步骤。

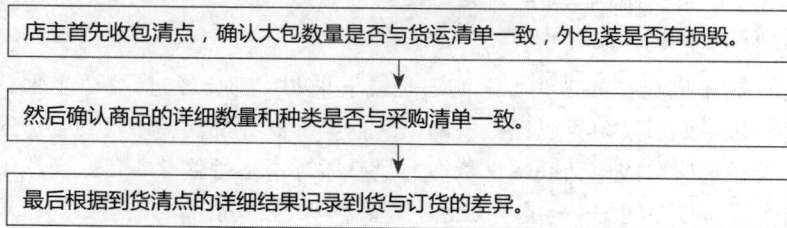

| |
| :--- |
| 店主首先收包清点，确认大包数量是否与货运清单一致，外包装是否有损毁。 |

↓

| |
| :--- |
| 然后确认商品的详细数量和种类是否与采购清单一致。 |

↓

| |
| :--- |
| 最后根据到货清点的详细结果记录到货与订货的差异。 |

图1-3

采购到货清点工作中会涉及货清点单，一般样式如图1-4所示。

**到货清点单**

| 供货商： | | | | | | | 到货日期：　年　月　日 | |
|---|---|---|---|---|---|---|---|---|
| 商品名称 | 货号 | 商品条码 | 规格 | 单位 | 数量 | 进货价 | 零售价 | 备注 |
| | | | | | | | | |
| | | | | | | | | |
| | | | | | | | | |

| 制表人： | 负责人： | 收货人： |
|---|---|---|

图1-4

# 1.2 选好进货渠道，采购理想商品

在市场经济下，各种资源配置更加自由，各商家能凭借自己的努力在市场中占有一席之地，很多行业不再有垄断的问题。对淘宝店主而言，进货渠道变得更加多元化，供货商之间存在近乎完全的竞争。在这样的环境下，店主可根据自身需求采购到理想商品。

## 1.2.1　从批发市场进货的流程与注意事项

很多新手淘宝店主在还没有弄清楚如何进行线上采购的情况下，都会选择去附近的商品批发市场进货，这样店主可以实实在在触摸、观看商品，不容易买到劣质货物，安全性更高。那么，店主去批发市场进货的一般操作流程和需要注意的事项有哪些呢？

**1.去批发市场进货的具体流程**

淘宝店主去批发市场进货时，要保持头脑清晰，掌握一定的办事流程可以提高进货的速度。具体如图1-5所示。

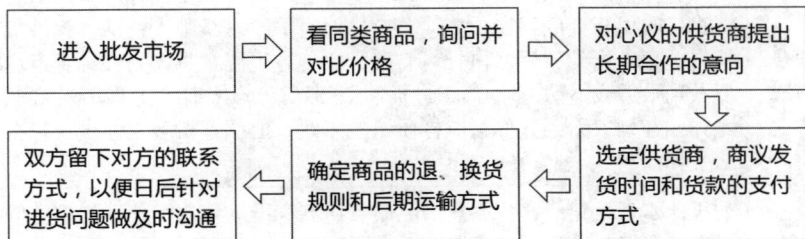

进入批发市场 ⇨ 看同类商品，询问并对比价格 ⇨ 对心仪的供货商提出长期合作的意向

双方留下对方的联系方式，以便日后针对进货问题做及时沟通 ⇦ 确定商品的退、换货规则和后期运输方式 ⇦ 选定供货商，商议发货时间和货款的支付方式

图1-5

**2.去批发市场进货要注意的问题**

要顺利地从批发市场进货，有很多细节问题一定要注意。如表1-2所示的是淘宝店主去批发市场进货时应注意的一些事项。

表 1-2　去批发市场进货要注意的事项

| 注意事项 | 说明 |
| --- | --- |
| 货比三家 | 大大小小的商品批发市场有很多，店主们为了自身利益着想，要对批发市场进行比较，避免遭遇"窜货"的情况 |
| 提早到达 | 店主尽量提早到达批发市场，如果晚了，很多供应商已经离开，这将不利于店主进行货品选择。通常，上午 8:00 ~ 11:00 这一时间段是批发市场的进货高峰期，这个时候去可以了解最真实的市场情况，也能有较多的选择机会 |
| 掌握进货术语 | 比较常见的进货术语有"怎么拿""怎么批""批多少"等，如果实在没法掌握这些术语，可直接跟供货商说自己新开店，对进货流程不熟悉，并请供货商做介绍，一般供货商都会解答，毕竟你以后很有可能是他的大客户。若要冒充熟手，就要熟练掌握进货术语，避免被供货商发现自己是新手而被要高价 |
| 合适的穿衣打扮 | 进货时一般都会搬东西，所以穿着要简单随意一点，切记不要穿正装和过于时尚端庄的衣服，女士不要穿超高跟鞋，毕竟搬东西是一个体力活。当然，如果你是某个供货商的常客，订货以后可让其直接发货，那么穿着就无关紧要了。一般到批发市场进货可以穿运动装或平时的休闲类服饰，这样方便运送货物。如果可能的话，尽量不要穿干净白色，以免弄脏 |
| 带好工具 | 在进货时，为了能够问到供货商真正的批发价格，最好在手里拿一个袋子，在里面放上一些衣物或东西，装作刚才在别家进了货，让供货商有业绩危机感。如果准备大规模进货，最好拖一个两轮小车，这样供货商才不会觉得你进货的数量不多 |
| 交流要及时且谨慎 | 当供货商介绍商品质量和进货方面的信息时，我们要及时地做出回应，认真倾听供货商的述说，中途若有异议也不要打断别人说话，等供货商将有关事项介绍完后，再针对有疑问的地方提出意见。另外，逛市场时要做到眼看钱不动，多问商家进货信息，但切记不要询问过于敏感的问题，比如"在别家看到和你家一样质量的东西，但便宜很多，你这儿怎么这么贵呢？" |
| 确认经营商品档次 | 如果想走低端路线，可以在商品质量达到标准的情况下选择价格更低的供应商；但如果要走高端路线，就需要认真考虑质量和价格了 |

续表

| 注意事项 | 说明 |
|---|---|
| 不要重复议价 | 在双方进行意见交流后，如果我们觉得价格合适了，就不要再与供货商讨价还价了，否则容易引起供货商的反感，让其觉得我们没有诚意，由此不愿意继续合作，最终让自己损失一条货源途径 |
| 确定商品退换货的规则 | 在价格和发货等其他问题处理好后，要询问供货商后期是否可以更换商品的颜色和尺码等（一般都可以），避免货物在销售时遇到喜欢同种颜色或穿同种尺码的人较多，其他颜色和尺码的商品卖不出去而积压的情况发生。注意，供货商一般不接受将卖不出去的款式换成新款 |
| 别当着供应商的面逐一检查 | 在所有问题都谈妥且拿好买到的货物后，千万不能在供货商面前一件一件检查，只要点清楚衣服的款式和每种款式的数量就好。而质量问题可以回到自己的储存室检查，如果有质量问题，再拿到供货商处更换。但要记住，市场上批发的商品要在进货后的 7 天内到供货商处更换 |
| 互留联系方式 | 在与供货商进行第一次进货交易时，留下对方的联系方式，后期与其保持联系。可以在日常生活中与供货商多多交流，最好能与供货商成为合作伙伴甚至是朋友，这样有利于我们以后在店铺经营过程中降低进货成本，同时也能拓宽人际关系，学到开店经验，更好地规避店铺经营风险 |

**TIPS 什么是窜货**

窜货是指经销商置经销协议和制造商长期利益于不顾，进行产品跨地区降价销售。它是一种商业行为，目的是盈利。经销商跨过自身覆盖的销售区域而进行的有意识的销售就是窜货，也称为"冲货"。该行为会造成市场倾轧、价格混乱，严重影响厂商声誉。

在大型批发市场进货时要注意自己身上的钱财，批发市场鱼龙混杂，店主们要提高警惕，避免在购货过程中造成不必要的损失。另外，在进货时要注意选择质量好的货品，避免供货商以次充好。如果我们不能及时发现并在7天内去换货，那么我们就只能吃哑巴亏了。

### 1.2.2 直接向厂家购买

有条件的淘宝店主，可以直接向商品生产厂家拿货，一般能获得出厂价。在阿里巴巴批发网上会有生产厂家入驻，店主们可通过阿里巴巴批发网选择厂家拿货，也可以在线下前往厂家的公司拿货，具体流程如图1-6所示。

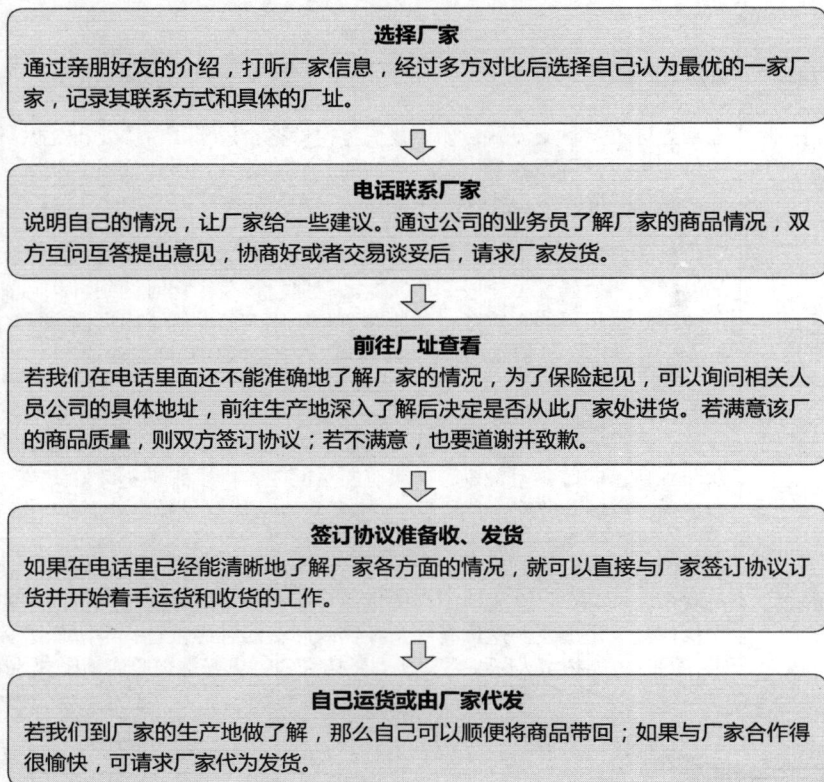

**选择厂家**

通过亲朋好友的介绍，打听厂家信息，经过多方对比后选择自己认为最优的一家厂家，记录其联系方式和具体的厂址。

⬇

**电话联系厂家**

说明自己的情况，让厂家给一些建议。通过公司的业务员了解厂家的商品情况，双方互问互答提出意见，协商好或者交易谈妥后，请求厂家发货。

⬇

**前往厂址查看**

若我们在电话里面还不能准确地了解厂家的情况，为了保险起见，可以询问相关人员公司的具体地址，前往生产地深入了解后决定是否从此厂家处进货。若满意该厂的商品质量，则双方签订协议；若不满意，也要道谢并致歉。

⬇

**签订协议准备收、发货**

如果在电话里已经能清晰地了解厂家各方面的情况，就可以直接与厂家签订协议订货并开始着手运货和收货的工作。

⬇

**自己运货或由厂家代发**

若我们到厂家的生产地做了解，那么自己可以顺便将商品带回；如果与厂家合作得很愉快，可请求厂家代为发货。

图1-6

一般来说，当淘宝店主需要的商品数量较多，或者需要寻找长期合作关系的供货商时，会选择直接向厂家拿货，不仅价格合理，而且商品质量有较好的保障。另外，生产厂家也希望向自己拿货的客户是长期稳定的，这样可以使销售业绩更加稳定。

### 1.2.3 进入B2B电子商务批发网站进货

B2B电子商务批发网站是公司与公司之间通过互联网进行商品、服务和信息交换的场所，如表1-3所示的是一些常见的B2B电子商务批发网站。

表 1-3  一些常见的 B2B 电子商务批发网站

| 网站名称 | 网址 |
| --- | --- |
| 阿里巴巴批发网 | https://www.1688.com/ |

续表

| 网站名称 | 网址 |
|---|---|
| 土佬哥 | http://intl.tulaoge.com/（中文站）<br>http://www.tulaoge.com/（国际站） |
| 慧聪网 | https://www.hc360.com/ |
| 通宝网 | http://www.tonbao.com/ |
| 中国贸易网 | http://www.cntrades.com/ |

这类B2B电子商务批发网站很多，且各有各的优势和不足。对于开淘宝店的新手来说，最好还是通过阿里巴巴批发网进货，其有针对个人店主的供货商，这样比较保险，而且店铺、阿里巴巴和淘宝之间的联系将会更紧密，有利于淘宝店铺的经营。

如果个人店主不想在网上与供货商联系，可以通过这些B2B电子商务批发网站寻找供货商，了解供货商的信息，然后在实地考察后选择从哪个供货商处进货。而在选择批发网站时要注意识别网站的真伪（相关内容在本书最后一章详讲），防止进入不正规的采购网站被骗取采购资金。下面以土佬哥为例，介绍在B2B电子商务批发网站上订货的大致步骤。

| **01 切换选项卡** | **02 筛选供应商** |
|---|---|
| 进入土佬哥中文站的首页（http://intl.tulaoge.com/），单击"供应"选项卡进入新页面。 | ❶选择行业类型，❷在新页面中选择商品类型，❸选择具体的商品选项。 |

| 03 查看供货商信息 | 04 发起询价 |
|---|---|
| ❶选好心仪的供货商后单击其名称超链接，❷在打开的页面中查看供货商的具体信息。 | 单击"发送询价"按钮，向商家发起询价。多家对比后选择最合适的供货商，获取联系方式，支付货款，之后完成线下交货即可。 |

❶单击 **成都荷花池女装批发开超市哪里找货源 商场开**
2017年春款大量上货，包括T-shirt、针织衫、薄夹克列百货产品。货品丰富，质量上乘，价
[四川成都市]
━━━━ 有限公司 [已核实]

| 品牌： | 荷花池特价便宜女装批发开店吼 |
|---|---|
| 单价： | 3.00元/件 |
| 起订： | 10 件 |
| 供货总量： | 30000 件 |
| 发货期限： | 自买家付款之日起 1 天内发货 |
| 所在地： | 四川 成都市 |
| 有效期至： | 2020-03-10 |
| 最后更新： | 2017-09-11 22:05 |
| 浏览次数： | 22 |

❷查看

最后更新： 2017-09-11 22:05
浏览次数： 22

发送询价 ━━ 单击

注意，淘宝店主们在B2B电子商务批发网站上寻找货源时，要想获得更详细、准确的供应商信息，需要注册相应的账号。

---

**1.2.4** **网上进货要防止"钱货两空"**

很多时候，新手开淘宝店最害怕的就是在进货环节被骗。而在申请店铺前或申请店铺后不久，首先要做的就是寻找货源，为店铺经营进货做准备。但是网络诈骗很多，且手段越来越高明，如何防止进货被骗是新手学开淘宝店最关心的问题。如表1-4所示的是一些实用的防骗措施。

表 1-4　实用的防骗措施

| 防骗措施 | 具体内容 |
|---|---|
| 查询供应商提供的号码 | 拨打"114"查询号码的归属，也可从网上查询该号码的有关信息，确认供应商的号码是否真实、可靠 |
| 注意供应商的实体公司名称 | 上网搜索供应商的公司名字，看是否存在，若不存在，则最好不要在该供应商处进货。淘宝新店主还可到当地工商部门官方网站查询供应商的营业执照信息 |
| 注意供应商提供的信息 | 在供应商提供的网址内，用其商品的信息向供应商提问，如果供应商的回答模棱两可、含糊不清，那么还是放弃这个供应商为好 |
| 证实供应商提供的地址 | 一般情况下，供应商都会有一个固定的地址，淘宝店主可在网上搜索供应商的信息，看提供的地址信息是否一致或有多个地址 |

续表

| 防骗措施 | 具体内容 |
|---|---|
| 警惕供应商提供的汇款途径 | 一般供应商都会开通支付宝付款方式，如果供应商要求以其他途径汇款，如特定的银行账号，那么要提高警惕；如果发送不明链接要求汇款，也不要轻易相信 |

新手淘宝店主在进货时，除了要根据实际情况采取上述措施来确认供应商的真假外，还需要通过类似的手段确认采购的商品的质量。通常供应商选好了，商品都不会有太大问题。

# 1.3 利用阿里巴巴批发网采购目标商品

新手学开淘宝店要注重商品的来源，最保险、直接的渠道就是通过阿里巴巴批发网进货。那店主们具体要如何在阿里巴巴批发网上找到想要的商品货源呢？

## 1.3.1 直接搜索经营商品的名称找货源

店主们进入阿里巴巴批发网后直接搜索商品名称寻找货源，可以在短时间内准确地找到需要的商品货源信息。具体操作步骤如下。

| **01 进入阿里巴巴批发网首页** | **02 搜索经营商品** |
|---|---|
| 在浏览器地址栏中输入网址"http://www.1688.com/"，进入阿里巴巴批发网首页。 | ❶在页面上方的搜索框中输入经营商品类型或名称，❷单击右侧的"搜索"按钮。 |

## 03 选择商品供应商

在打开的新页面中会显示与搜索关键字相关的商品供货商，单击供货商图片超链接。

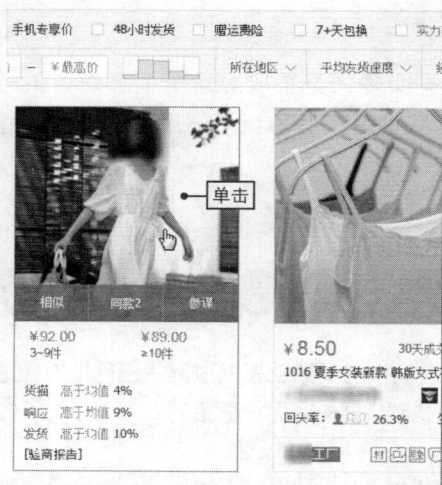

## 04 进入供应商的商品详情页查看

进入对应商品的详情页，查看商品的信息。店主们确认要进购商品的，选择商品数量后支付货款即可订购。

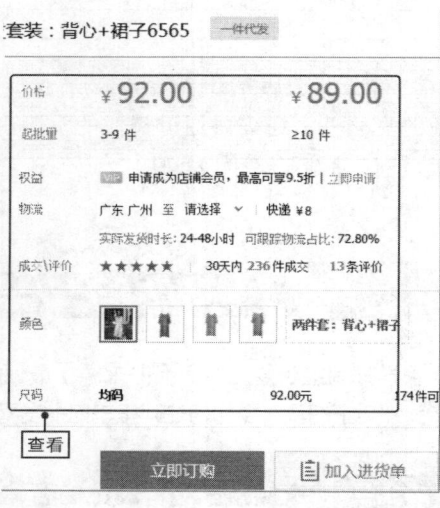

### 1.3.2 选择货品关键字找货源

如果淘宝店主们还没有决定为自己的店铺采购哪种商品，则可以通过商品关键字进行查找，这样可以明确查找方向，快速找到满意的货源。

## 01 选择商品关键字

在阿里巴巴批发网首页左侧的导航栏中选择感兴趣的商品类型，单击名称超链接。

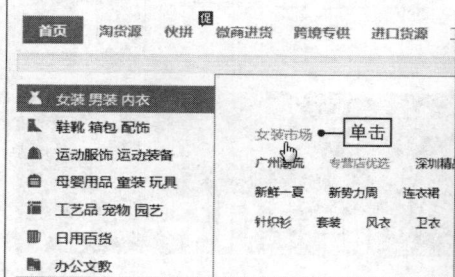

## 02 进入市场搜索经营商品

在新页面左侧的导航栏中，根据不同的分类找到感兴趣的商品，单击名称超链接。

**03 筛选商品**

进入新的页面，对"选购热点""风格""流行元素"等进行选择，筛选出更具体的商品。

**04 单击商品图片超链接**

在搜索结果中选择感兴趣的供货商，单击图片超链接，进入详情页。确认购买后支付货款即可。

### 1.3.3 找实力雄厚的商家购优质货源

淘宝网为店主们提供了商家平台，其中收录了很多实力雄厚的商家，淘宝店主可轻松选购优质货源。具体操作如下所示。

**01 进入"淘货源"市场**

在阿里巴巴批发网首页单击"淘货源"选项卡。

**02 进入市场选择商家类别**

在"淘货源"页面单击"商家榜"选项卡。

**03 选择供应商**

在打开的页面中选择供应商，单击公司名称超链接。

综合实力榜

\* 主营类目为【女装】商家

**04 选择具体的商品**

进入供应商的店铺，选择想要销售的商品，确认订购后支付货款即可。

产品精选辑

---

**TIPS** 向实力雄厚的商家进货的解释说明

在各实力商家的展示页面中，店主们除了可以单击供应商名称超链接进入其店铺外，还可单击"申请代理"按钮进入店铺。向实力雄厚的商家进货，店铺相当于进行分销经营，此时淘宝店主可享受专属特供商品、专属优惠价格和一件代发等服务。不过，时期不一样，"淘货源"页面会有所变化。

---

**1.3.4  通过关键字搜索进入二手货源市场**

市场上不乏一些可以转手再卖的商品，此时就衍生出了二手市场。淘宝网根据店主和买家的需求，也提供了二手货源市场。对店主来说，如何进入二手货源市场采购商品呢？具体操作如下。

**01 输入关键字进入二手货源市场**

在阿里巴巴批发网首页的搜索框中输入"二手货源"关键字，单击"搜索"按钮，进入二手货源市场，选择具体的商品类型。

| 02 选择商品类目 | 03 选择具体供货商 |
|---|---|
| 在打开的新页面中选择相应的商品类目，针对性地筛选出目标商品。 | 在搜索结果中选择供应商，确认要进货后支付货款即可。 |

## 1.3.5 进入"淘工厂"采购，为急单救援

淘工厂是连接淘宝店主与工厂的加工定制平台，一方面解决淘宝店主找工厂难、试单难、翻单难和新款开发难的问题，为淘宝店主提供小单、快单和好单的生产加工服务；另一方面将线下工厂的产能商品化，通过淘工厂平台推向广大的淘宝店主，从而帮助工厂获取订单，实现工厂电商化转型。如图1-7所示是淘宝店主与线下工厂之间通过淘工厂进行交易的流程。

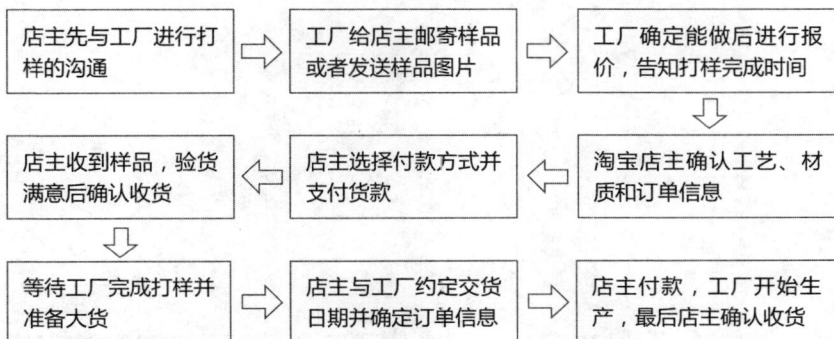

店主先与工厂进行打样的沟通 → 工厂给店主邮寄样品或者发送样品图片 → 工厂确定能做后进行报价，告知打样完成时间

店主收到样品，验货满意后确认收货 ← 店主选择付款方式并支付货款 ← 淘宝店主确认工艺、材质和订单信息

等待工厂完成打样并准备大货 → 店主与工厂约定交货日期并确定订单信息 → 店主付款，工厂开始生产，最后店主确认收货

图1-7

　　工厂提供与生产货品对应品类的链接给店主支付，店主先选择支付方式（如网上银行、快捷支付、支付宝余额等）付款到支付宝，支付宝担保货款安全；当店主收到货品并确认后，再由支付宝打款给供应商。若逾期未收到商品或商品不符合要求，店主可以提出退款申请以保障自身权益。

　　那么，淘宝店主如何进入"淘工厂"向供应商发布询价信息寻找货源呢？相关操作如下。

| **01 进入淘工厂页面** | **02 选择货源诉求** |
|---|---|
| 进入阿里巴巴批发网首页，单击"淘工厂"选项卡。 | 在打开的页面中单击"小单加工"超链接。 |

| **03 选择找厂需求** | **04 开始找工厂** |
|---|---|
| 在打开的页面中根据自身店铺的需求，选择产品类目和厂商区域等。 | 完善做货需求后，单击"完善做货需求，看工厂报价"按钮。 |

## 05 完善订单详情

❶填写期望加工数量、期望交货时间、期望单价范围和联系方式等信息，❷单击"上传图片"按钮。

订单详情

填写订单信息

* 期望加工数量
100

* 期望单价范围
50    80

* 称呼
未女士

* 是否提供样衣
有样衣    无样衣

* 加工类型
包工包料    清加

上传款式图片 工厂已于阿里巴巴签署保密协议，绝不泄露款式信息！

❶填写

❷单击
上传图片

## 06 上传样品图片

❶在打开的对话框中单击"选择图片并上传"按钮，❷上传图片完成后单击"插入图片"按钮。

插入图片

选择您要添加图片的来源  图片管家  我的电脑  网上图片

如果您不希望上传的图片在相册中公开展示，建议将图片上传到不公开相册中

选择相册：我的相册
上传图片：选择图片并上传…
□ 添加图片水印  设置图片水印

❶单击

上传成功，共1张！

要插入的图片(1/10)  可通过拖拽调整图片顺序

❷单击  插入图片

## 07 提交询价申请

返回"找厂需求"页面，根据需求填写订单备注，再次单击"完善做货需求，看工厂报价"按钮。

上传款式图片 工厂已于阿里巴巴签署保密协议，绝不泄露款式信息！

上传图片

订单备注 填写您的其它要求如尺码、颜色、工艺等，帮助工厂/服务专

军绿色、白色、红色、黑色、粉红色、蓝色

填写

## 08 等待询价结果

系统提示加工需求发布成功，此时需要等待供应商或供应链专家与自己联系，给出报价。

褐加工  羽绒服定制  爬服加工  连衣裙贴牌  男卫衣加工  昵大衣贴牌

小单加工  贴牌定制  排行榜  优选验厂

选定工厂 明确订单需求
24小时获得工厂报价

供应链专家将在24小时内与您联系！
您可以  查看询价结果

　　在淘宝店主等待询价结果时，淘工厂会快速匹配专业工厂为店主们报价，店主选择合适的工厂并接受其报价，与工厂协商后，明确面料和加工类型，由工厂发起打样约定，进行产前打样。如果店主满意工厂的打样，则与工厂明确交货周期和价格，再由工厂发起大货约定。

　　待工厂创建约定后，淘宝店主可通过"淘工厂-约定管理"进入查看并确认约定。有的工厂在创建约定后，会给淘宝店主发送约定码，此时店主在下订单的页面填写约定码后就能直接下单进货了。

---

**TIPS　关于询价单的取消问题**

如果淘宝店主发布的是非VIP询价单，且还没有匹配相应的工厂报价，此时的询价单可以自行取消；如果发布了非VIP询价单后已有工厂报价，此时的询价单无法取消；如果店主发布的询价单是VIP的，则一经发布就无法取消。

---

　　新手淘宝店主还需要了解关于淘工厂的以下一些事项，有利于做好订货、进货准备。

● **起订件数：**淘宝店主通过淘工厂订货时，一般工厂50件就可以定做。

● **支付方式：**淘工厂目前支持3种支付方式，支付宝、信用凭证和分阶段付款。其中，分阶段付款就是先付30%的订金的付款方式，只要信息勾选支持分阶段付款即可。但是，如果淘宝店主不满足一定的条件，系统会自动关闭分阶段付款功能，然后将供应产品的交易方式调整为支付宝担保交易。这些条件主要有4条，一是开通买家（店主）保障，二是交易勋章等级为A级，三是供应商违规积分小于36分，四是其他阿里巴巴认为应当符合的条件。

● **溢短交易方式：**当出现工厂实际生产数量与店主下单数量不符的情况时，淘工厂提供了新的交易方式——溢短交易方式，可帮助店主和工厂完成线上的多退少补。这要求工厂在发布加工信息时勾选"新交易方式（溢短约定全款，溢短约定分阶段付款）"，而店主下单时选择新交易方式，工厂发货前发现数量与实际下单数量不符，在后台修改数量与价格，店主根据修改后的价格付款。

# 注册开店，获得经营资格

## 学习目标

开一家实体店需要办理营业执照和相关手续，而开淘宝店也同样需要办理一些手续，如开通网银、注册淘宝账号、申请店铺、下载安装淘宝工具和订购相关服务等，完成这一系列手续才能顺利开店。

## 知识要点

- 注册淘宝账号
- 绑定支付宝
- 安装"千牛"，登录并选择合适方式退出
- 支付宝实名认证，增强信任度
- 以现有账户开店，简单方便

......

# 2.1 办卡并开通网银，做店铺"钱柜"

对于淘宝店主来说，要为自己的店铺配置一个"钱柜"，通常选择支付宝。而如果想将顾客支付的商品价款从支付宝中取出来，还要用到银行卡，并且开通网银。

## 2.1.1 去银行柜台申请办卡并开通网银

淘宝店主开店做生意，要用到银行卡，一般需要去银行网点的柜台处办理相关手续，随即会获得一张银行卡。而当我们向刚申办的银行卡中存入一定资金后，即可激活银行卡。

为了在以后经营店铺时，更加方便地进行资金划转，淘宝店主们最好为自己的银行卡开通网上银行服务，即网银。网上银行起着连接买卖双方的纽带作用，为淘宝店主提供电子收付款服务。

开通网银后，淘宝店主可用该银行卡支付采购商品的价款、收取买家支付的商品价款，同时还可以放置自己的多余资金。如果多张银行卡均开通了网银服务，则银行卡之间转账会更加方便。

另外，淘宝店主开通网银服务后，还可随时随地登录网上银行，查询自己的银行卡进账、出账等流水信息。

> **TIPS 购买U盾**
>
> 为了保证银行卡中的资金安全，淘宝店主最好在申请办卡时购买U盾。U盾也叫UKey，或智能密码钥匙，是以PC端为主的电子银行渠道中公认的安全认证工具，它很好地解决了电子签名问题。对于很多涉及大额资金转账的业务来说，U盾是最安全的解决方案。有些银行的U盾还增加了耳机、蓝牙接口，为手机银行量身定制便捷的移动安全解决方案，同时提供内置高性能智能卡芯片，实现快捷、简便的认证服务，保证银行卡中的资金安全不会受到手机病毒及木马的威胁。

## 2.1.2 到银行官网上自行开通网银服务

如果淘宝店主在申办银行卡的填写申报表环节，没有勾选"网上银行"选项，可以进入银行官网，自行开通网上银行服务。而大多数银行都支持网上直接注册网银，银行卡持有人不用再去银行网点排队等候办理开通网银的业务。下面以中国工商银行为例，讲解网上自助注册网银的相关步骤。

## 01 单击超链接

进入中国工商银行的官网首页（http://www.icbc.com.cn/），在页面左侧的导航栏中单击"注册"超链接。

## 02 填写姓名和证件号码等信息

进入网上银行的注册页面，❶填写个人姓名、证件号码、手机号码和验证码，❷单击"下一步"按钮。

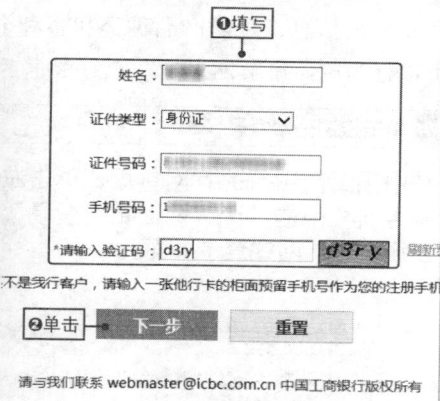

## 03 接受协议并完善资料

系统打开开通网银相关的协议对话框，认真阅读并单击"接受此协议"按钮，接着根据页面提示完成基本资料的填写，提交注册申请后等待官方审核，审核通过后即成功注册工商银行网上银行。注意，在注册网上银行时设置的登录密码不同于银行卡的取款密码，两个密码最好不一致。

　　银行卡持卡人在网上自助注册网上银行时，需要注意一些细节问题，具体有如下所示的几点。

● **注册网银的次数：** 一张身份证件在同一家银行只能注册一次，如果需要为该银行的其他银行卡注册网银，则需要设置下挂账户，即登录已有的网银，在"账号管理"列表中添加新卡。

● **初始密码的修改：** 在修改初始密码时，新密码的长度必须为6～30个字符，且密码是数字和字母的组合，否则系统将提示密码安全性较低而无法注册成功。

● **网银的注销：** 无论是在网上自助注册的网银，还是在银行柜台处开通的网银，均可在网上进行自主注销操作。

### 2.1.3　登录网上银行查看银行卡的相关信息

网银注册成功后，可以登录网银查看银行卡当前状态和其他相关信息，如个人账户信息、理财产品种类和各种金融服务等。下面以登录中国工商银行网上银行为例，讲解网上自助查看银行卡信息的操作过程。

| | |
|---|---|
| **01 单击按钮开始登录**<br><br>在中国工商银行的官网首页，单击左侧导航栏中的"个人网上银行登录"按钮，进入网银登录页面。<br><br>**TIPS 工行网银助手**<br><br>当用户登录个人网银时，如果系统检测到登录环境不安全，会提示用户安装"工行网银助手"控件，完成安装后，用户才能顺利登录网银。 |  |
| **02 登录网银账号**<br><br>❶输入银行卡卡号（或用户名）、登录密码以及验证码，❷单击"登录"按钮。<br><br>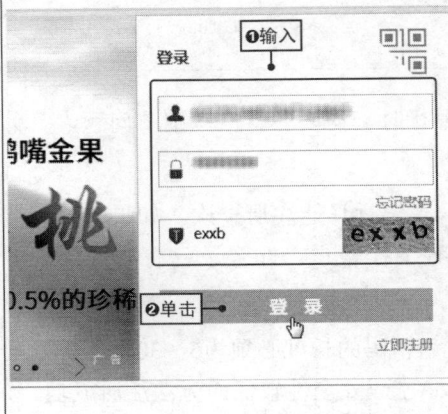 | **03 单击"我的账户"超链接**<br><br>在打开的页面中单击"我的账户"超链接。<br><br> |

## 04 查看账户基本信息

在新页面的"卡列表"栏中会展示银行卡卡号、币种、余额和可用余额等信息。

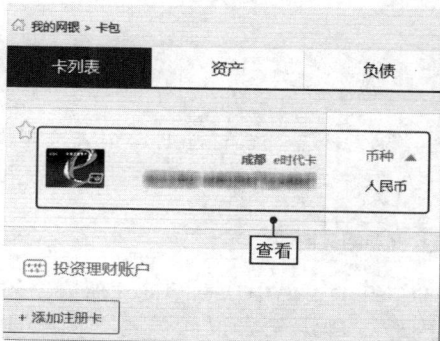

## 05 查看账户明细信息

在"卡列表"栏中，单击对应银行卡右侧的"明细"按钮，可打开明细查询页面，查询银行卡的明细账单。

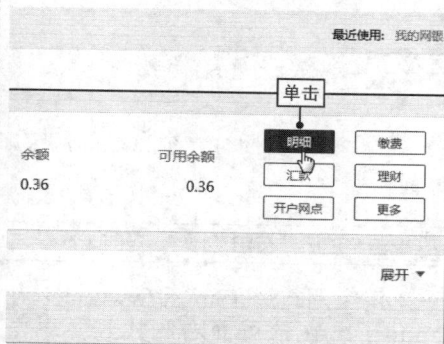

**TIPS 下载银行卡的明细账单**

在银行卡的明细查询页面，用户可单击"下载"按钮，将明细账单下载到电脑中，如图2-1所示，方便打印纸质文档和数据分析使用。

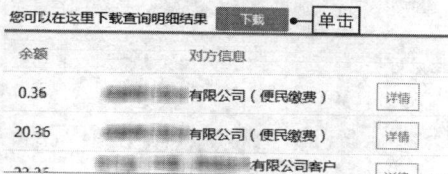

图2-1

信息查看完毕后，用户直接单击页面上方的"退出"按钮即可退出网银，如图2-2所示。

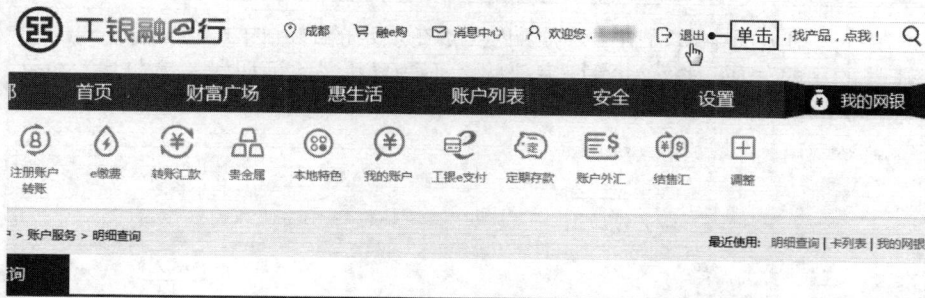

图2-2

# 2.2 拥有淘宝账号，为开店做准备

无论是作为消费者的顾客，还是作为卖家的淘宝店主，只要注册了淘宝账号，就会成为淘宝会员。而对于想开淘宝店的人来说，拥有淘宝账号是必须要做的准备工作。

## 2.2.1 注册淘宝账号

创业者们要拥有一个自己的淘宝账号，第一步需要进行注册，相关操作步骤如下。

| *01* 单击"注册"按钮 | *02* 同意相关协议 |
|---|---|
| 进入淘宝网首页（https://www.taobao.com/），在该页面右侧找到并单击"注册"按钮。 | 在打开的页面中认真阅读注册协议的内容，确定无异议后单击"同意协议"按钮。 |

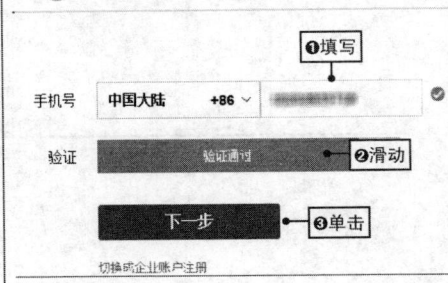

| *03* 填写手机号码 | *04* 验证手机 |
|---|---|
| ❶在打开的页面中填写用于注册淘宝账号的手机号码，❷滑动滑块完成验证，❸单击"下一步"按钮。 | ❶在规定的时间内将手机接收到的验证码输入"验证码"文本框中，❷单击"确认"按钮。 |

| 05 设置登录密码 | 06 填写银行卡和身份证信息 |
|---|---|

**05 设置登录密码**

❶在打开的页面中输入登录密码并确认，❷设置淘宝登录名，❸单击"提交"按钮。

② 填写账号信息　　③ 设置支付方式

登录名

**请设置登录密码**　登录时验证，保护账号信息

登录密码　●●●●●●●●●●●●●　●强度：中

密码确认　●●●●●●●●●●●●●　❶输入

**设置会员名**

登录名　　　　　　　❷设置

8字符

提交　　　❸单击

**06 填写银行卡和身份证信息**

❶在新页面中填写银行卡号，持卡人姓名、证件号码和手机号码，❷单击"获取校验码"按钮，❸将手机收到的校验码输入"校验码"文本框中，❹单击"同意协议并确定"按钮。稍后系统会提示用户注册成功，这样就拥有了一个属于自己的淘宝账号。

银行卡号

持卡人姓名　　　　　　❶填写
　　　　　　　　　　　选择生僻字

证件　身份证 ∨

手机号码　　　　　×　　获取校验码　❷单击

银行卡号

持卡人姓名

证件　身份证 ∨

手机号码　　　　　43秒后重新获取

校验码已发送至手机　，请勿泄露

校验码　410750　　　❸输入

同意协议并确定　　　❹单击

---

**TIPS　关于淘宝账号的说明**

淘宝店主要注意，一个手机号码只能注册一个淘宝账号。如果用手机号码注册淘宝账号成功后，又将该账号绑定了某一个邮箱，则无法再用该邮箱注册新的淘宝账号，只能选择其他邮箱或手机号码。

---

**2.2.2　绑定支付宝**

　　为了以后经营店铺生意的方便，淘宝店主们需要为自己的淘宝账号绑定支付宝这一第三方支付平台，这样顾客支付的商品价款才能转入店主们的银行卡。具体的绑定操作如下。

## 01 登录淘宝账号

❶进入淘宝网首页，在页面上方单击"亲，请登录"超链接，❷在打开的页面中输入登录名和登录密码，❸单击"登录"按钮。

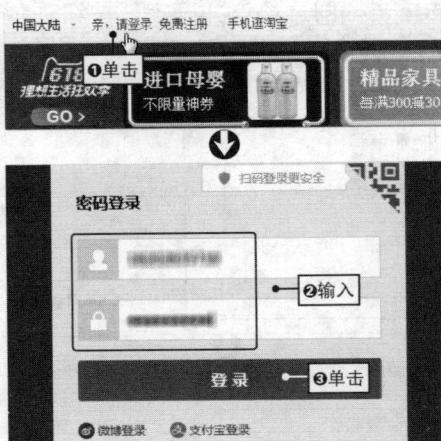

中国大陆 · 亲，请登录 免费注册 手机逛淘宝

❶单击

618 进口母婴 不限量神券 精品家具 每满300减30

GO >

扫码登录更安全

**密码登录**

❷输入

登录 ❸单击

微博登录 支付宝登录

## 02 进入淘宝账户中心

❶单击"我的淘宝"超链接，进入个人淘宝账户中心，将鼠标光标移至"账户设置"处，❷在弹出的菜单中单击"支付宝绑定"选项。

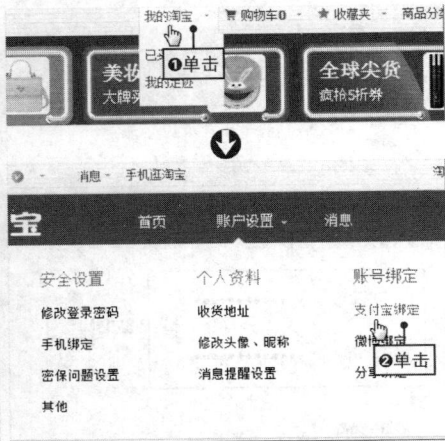

我的淘宝 购物车0 收藏夹 · 商品分类

❶单击

美妆 大牌采 全球尖货 疯抢5折券

消息 手机逛淘宝

宝 首页 账户设置 消息

安全设置 个人资料 账号绑定

修改登录密码 收货地址 支付宝绑定

手机绑定 修改头像、昵称 微

密保问题设置 消息提醒设置 分 ❷单击

其他

## 03 绑定支付宝

此时系统会识别淘宝账号并将其与支付宝进行绑定，单击"立即补全"超链接。

支付宝可以帮助您实现安全、快捷的网络支付，淘宝购物必须使用支付宝支付

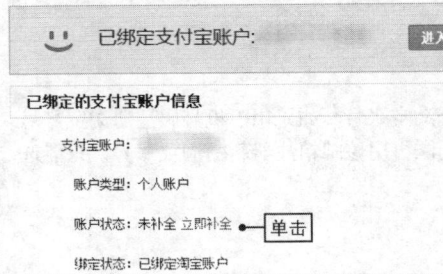

☺ 已绑定支付宝账户： 进入

**已绑定的支付宝账户信息**

支付宝账户：

账户类型：个人账户

账户状态：未补全 立即补全 —— 单击

绑定状态：已绑定淘宝账户

## 04 设置支付密码

在打开的页面中，系统会提示支付宝的登录密码与淘宝账号登录密码一致，设置支付密码并确认。

设置登录密码 登录时需验证，保护账户信息

登录密码 与注册淘宝的密码相同

设置支付密码 交易付款或账户信息更改时需输入（不能与淘宝或支付

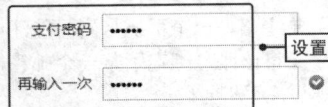

支付密码 ●●●●●

再输入一次 ●●●●● 设置

设置身份信息 请务必准确填写本人的身份信息，注册后不能更改，

若你的身份信息和快捷支付身份信息不一致，将会自动

真实姓名

| 05 设置身份信息 | 06 设置支付方式 |
|---|---|
| ❶填写个人真实姓名、身份证号码、职业和常用地址等信息，❷选中"我同意支付宝服务协议"复选框，❸单击"确定"按钮。 | ❶在打开的页面中填写银行卡卡号和手机号码，开通快捷支付服务，❷选中"免费开通余额宝……"复选框，❸单击"同意协议并确定"按钮，即可成功绑定支付宝账户。 |

要注意，用户们在设置支付宝支付密码时，不要将该密码与登录密码相互混淆。为了网上交易的安全性，一般设置的支付密码与登录密码是不同的。

## 2.2.3　学会管理自己的淘宝账户

个人淘宝账号中的很多信息是可以自行修改的，比如安全设置、修改个人资料和账号绑定等，真正实现自我管理淘宝账户。

● **安全设置：** 为了加强淘宝账户的安全性，系统为用户提供了多种安全设置，如修改登录密码、手机绑定、密保问题设置以及其他安全设置等。只需单击相应的超链接即可进入设置页面，根据提示完成设置。

● **修改个人资料：** 个人资料包括收货地址、头像和昵称、消息提示设置以及隐私设置等，单击相应的超链接就能进行修改，如图2-3所示。

● **账号绑定：** 进行账号绑定的设置也是一种加强账户安全性的手段，单击相应超链接即可进入绑定页面，根据提示完成绑定操作。

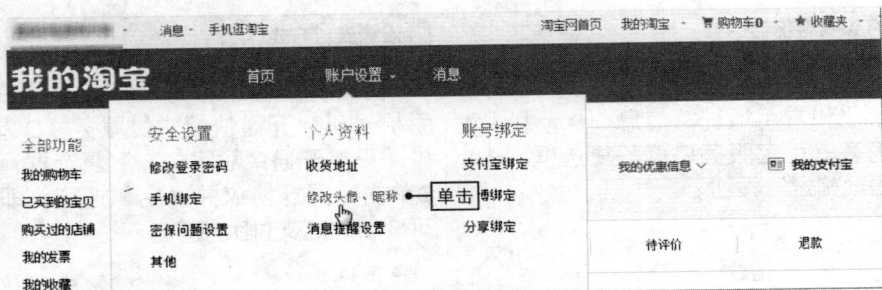

图2-3

如果用户要将支付宝与邮箱进行绑定，则需要单击"其他"超链接，然后根据系统提示输入校验码和邮箱地址，随即就能完成邮箱绑定操作。

**TIPS 可以不定期修改登录密码**

用户使用电脑登录各种账号时，会有上网浏览痕迹。对于一些重要的账号，为了保证安全，可以不定期修改登录密码，比如淘宝账号。当然，用户也可在一开始注册淘宝账号时就将登录密码设置为非常复杂的"高安全性"密码。

## 2.3 下载安装淘宝工具，做好经营准备

既然要成为淘宝店主，保证店铺交易安全的数字证书、提高店铺经营效率和宝贝管理效率的淘宝工具等绝不能少。下面逐一来对这些淘宝工具做一个详细的认识。

### 2.3.1 安装数字证书提高账号的安全性

数字证书是互联网通信中标志通信各方身份信息的一串数字，提供的是一种在Internet上验证通信实体身份的方式。那么，如何为淘宝账户安装数字证书呢？来看看其具体操作步骤。

| 01 进入"我的支付宝" | |
|---|---|
| 进入淘宝账户中心，单击"我的支付宝"超链接。 |  |

**02 进入安全中心**

进入个人支付宝页面后，单击页面上方的"安全中心"超链接，进入安全中心。

你好，▼ 退出　我的支付宝　安全中心▼　服务大厅▼　☰
　　　　　　　　　　　　单击
的支付宝　　交易记录　　会员保障　　应用中心

**03 进入数字证书申请页面**

在打开的页面中找到"数字证书"选项，单击其右侧的"申请"按钮，进入数字证书申请页面。

● 保护中　支付宝风险监控　能实时监控您的账户和交易　　单击
● 未使用　数字证书　　　数字证书已升级为智能安全　申请

**04 申请数字证书**

单击"申请数字证书"按钮，之后根据页面提示依次设置数字证书的使用地点，提交申请后输入手机接收到的验证码，确定后即可成功安装淘宝数字证书。

**TIPS　操作系统版本要求**

在安装数字证书时，系统会提示支持的操作系统版本和浏览器版本。如果不符合要求，可能会导致安装不成功。

**数字证书**　(免费)

申请后，账户安全等级为：高

申请数字证书后，只能在安装数字证书的电脑上支付。当您换电脑或系统时，只需用手机校验即可重新安装数字证书，所以确保您在支付定的手机可以正常使用。

支持的操作系统：
Windows XP /Vista /7 ; Mac OS X 10.7及以上要本
支持的浏览器：
Windows : 32位浏览器（暂不支持64位浏览器）
Mac OS X : Safari /Chrome /Firefox 浏览器

**申请数字证书**　ⓘ 申请前，确认您绑定的手机（　　　　）
　　单击

淘宝用户要注意，数字证书一般在支付宝激活的状态下才能安装。针对同一个淘宝账户，可以在不同的电脑上安装数字证书。

**2.3.2　安装"千牛"，登录并选择合适方式退出**

千牛是阿里巴巴集团官方出品的一款淘宝工具，淘宝卖家、天猫商家均可使用，其包括卖家工作台、消息中心、阿里旺旺、量子恒道、订单管理和商品管理等主要功能，目前有电脑版和手机版两个版本。它是淘宝店主进行店铺经营和管理有效的操作软件，是开店的好帮手。

**1.安装"千牛"**

淘宝店主使用"千牛"软件经营店铺之前，显然需要先安装软件。具体操作步骤如下。

## 01 进入安全中心

进入千牛官网首页（http://cts.alibaba.com/product/qianniu.htm），单击"下载千牛"按钮。

## 02 选择电脑客户端下载

❶单击"电脑客户端下载"超链接，❷在打开的页面中单击"Windows版"按钮开始下载。

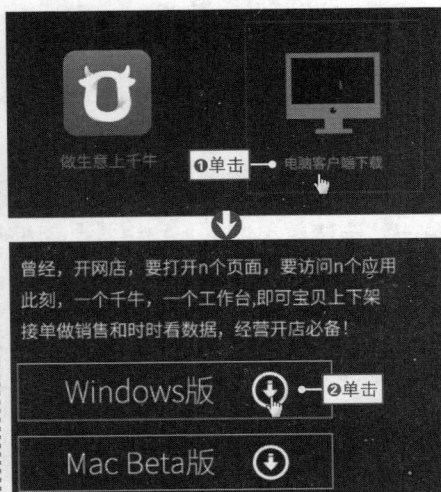

## 03 设置安装程序存放的位置

❶在打开的对话框中设置软件安装程序的存放位置，❷单击"立即下载"按钮。下载完成后找到千牛软件的安装程序，双击打开安装界面。

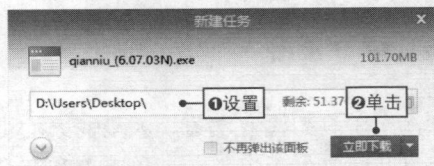

## 04 安装千牛软件

❶设置软件的安装位置，默认选中协议复选框，❷然后单击"立即安装"按钮。

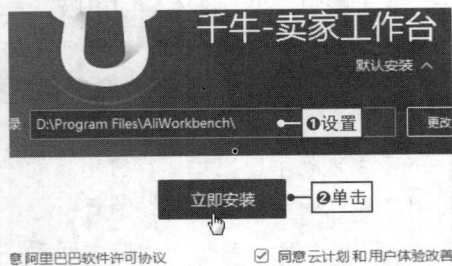

用户等待系统安装千牛软件，安装成功后即可开始使用。

## 2.登录千牛工作台

使用千牛软件管理淘宝店铺前，淘宝店主还需登录千牛工作台。具体操作如下。

| **01 登录千牛工作台** | **02 阅读并接受协议条款** |
|---|---|
| 单击电脑桌面上的"千牛工作台"快捷图标，打开登录界面，❶选择登录方式为"1688"，❷输入淘宝账号和登录密码，❸单击"登录"按钮。 | 在打开的"激活"界面中认真阅读协议条款，单击"同意"按钮。 |

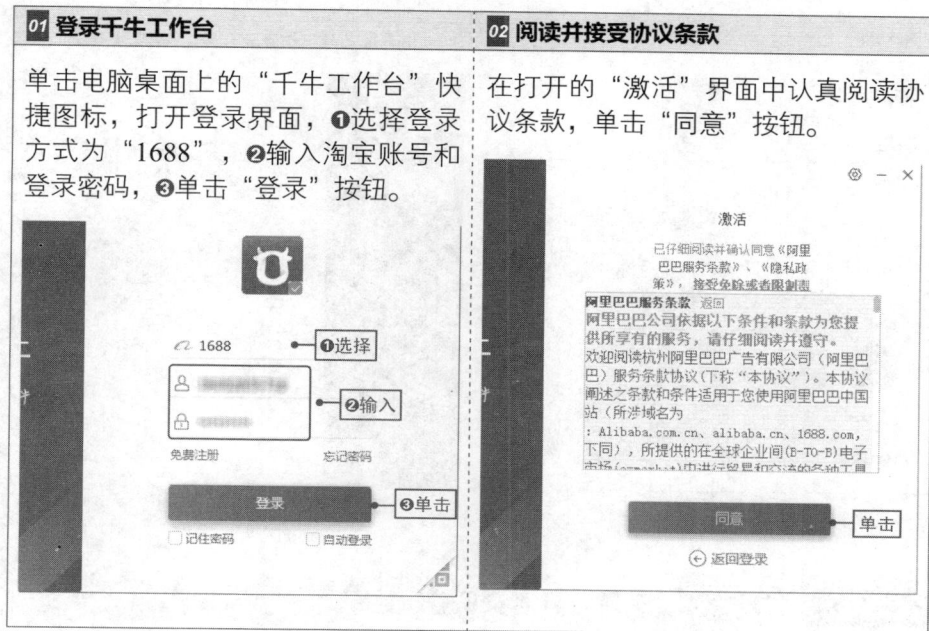

完成上述步骤后即可登录千牛工作台。如果用户是第一次成功登录千牛工作台，程序会介绍千牛工作台中各种功能的作用和用法。具体有如下一些。

● **千牛检测：**有自动检测功能，可检测千牛客户端的系统问题，并提供一键修复和手动修复工具，方便店主快速解决部分系统问题。

● **千牛反馈优化：**千牛"故障反馈"增加问题的分类，方便通过反馈快速定位问题，店主可通过问题列表查看反馈的回复情况。

---

**TIPS 不同账号登录千牛**

在千牛软件的登录界面，系统提供了4种登录方式：淘宝网、1688、阿里巴巴国际站和千牛企业。店主可选择淘宝网或1688的方式，输入淘宝账号和登录密码即可登录。此时需要注意，选择淘宝网和1688登录时，主界面会不同。选择淘宝网方式登录时，主界面显示自运营数据、店铺数据和生意参谋等信息，如图2-4所示。选择1688方式登录时，主界面显示的内容更加全面，不仅包括店铺经营过程中的相关数据，还能发布商品信息、装修店铺和进行客户管理与营销，如图2-5所示。

但如果选择阿里巴巴国际站或千牛企业的方式，则需要重新激活或者注册账号才能成功登录。

图2-4

图2-5

## 2.3.3 借助"淘宝助理"提高宝贝管理效率

淘宝助理是一款阿里巴巴集团官方提供给淘宝卖家使用的免费且功能强大的客户端工具软件，它可以让淘宝店主在不登录淘宝网的情况下就直接编辑宝贝信息，快捷批量上传宝贝，打印快递单。下面就来了解淘宝助理的相关功能并完成下载安装工作。

### 1.淘宝助理的各项功能

认识淘宝助理的功能，可帮助淘宝店主快速了解淘宝助理这一软件，如表2-1所示的是淘宝助理常见的一些功能。

表2-1　淘宝助理的常见功能

| 功能 | 详述 |
| --- | --- |
| 离线管理同步修改 | 在不登录淘宝网的情况下，登录淘宝助手即可管理商品信息，实现离线编辑商品信息，同时将编辑的商品信息同步到淘宝网 |
| 批量编辑 | 可对宝贝信息进行批量编辑，节省时间。比如可对选中的相同类目的宝贝进行批量编辑属性的操作，包括出售中的宝贝、线上仓库中的宝贝和待处理违规宝贝等商品 |
| 快速创建新宝贝 | 可通过一些模板，几秒钟建立新的宝贝信息 |

续表

| 功能 | 详述 |
|---|---|
| 下载资料修改宝贝 | 在淘宝助理中，店主们可将已经发布到淘宝网上的宝贝信息下载下来，方便修改和复制 |
| 批量操作 | 批量上传修改后的宝贝信息，无须依次人工操作；批量打印快递单、发货单，节省大量的人工填写工作（可自定义打印模板）；批量发货，对连续运单号的快递单还能自动填写运单号，同时支持合并编辑；批量好评，通过给顾客好评来进行营销 |
| 图片搬家 | 提供简单的操作，帮助店主们将宝贝描述中的图片自动迁移到淘宝图片空间 |
| 宝贝图片动态效果 | 淘宝助理支持视频、Flash，可以让宝贝图片呈现动态效果，更能刺激顾客的视觉体验 |
| 数据库修复 | 淘宝助理可以将宝贝信息数据导入一个备份文件中，保存在安全位置。如果日常交易中发生磁盘损毁等情况，还会尽可能地帮助店主们修复损坏的数据库，同时将备份的信息重新恢复到淘宝助理，再上传到淘宝网 |
| 上传预警 | 对于已经上传过的宝贝再次上传产生的冲突和违规风险等，提前预知 |

## 2.下载安装并登录淘宝助理

首先，用户要进入淘宝助理首页（http://zhuli.taobao.com/），选择相应的版本单击其超链接，如图2-6所示。系统会打开下载对话框，参照千牛工作台的下载安装过程，完成淘宝助理的下载安装操作即可。

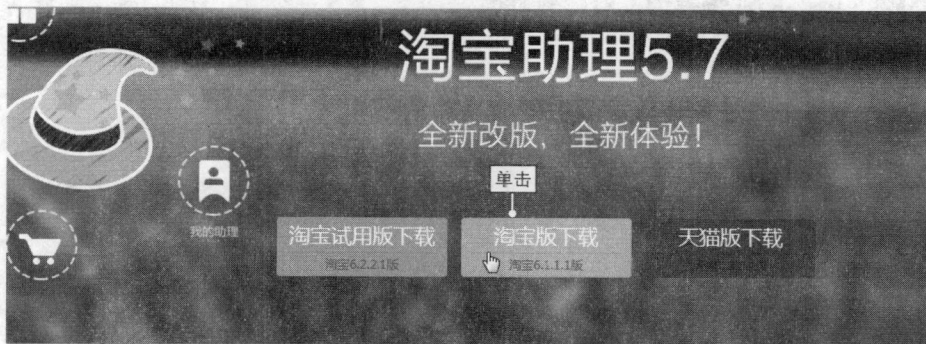

图2-6

打开淘宝助理的登录界面，用淘宝账号和登录密码完成登录操作，进入淘宝助理主界面，如图2-7所示。

图2-7

利用淘宝助理,店主们可上传宝贝图片,编辑商品信息,对交易订单进行管理,以及开通各种实用的服务。

# 2.4 账号实名制,申请店铺享更多服务

店主开设自己的淘宝店,需要验证真实身份,也就是账号实名制。只有这样,店铺才可申请成功。

## 2.4.1 添加银行卡,转账更方便

用户给自己的支付宝账号绑定不同的银行卡,就能实现快捷支付,卡与卡之间转账会更方便,下面具体介绍添加银行卡到支付宝中的操作步骤。

| 01 进入"我的支付宝" | |
|---|---|
| 进入个人支付宝中心,在页面右侧找到"其他账户"栏,单击银行卡选项右侧的"管理"按钮。 | 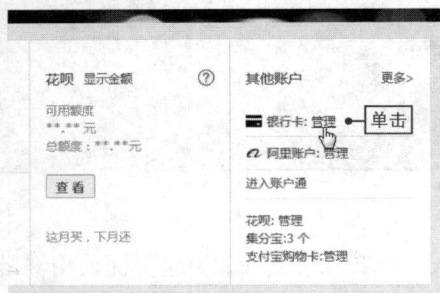 |
| **TIPS 分别添加银行卡**<br>在添加银行卡时,支付宝和阿里账户需要分别添加银行卡。 | |

| 02 单击"添加银行卡"按钮 | 03 填写银行卡信息 |
|---|---|
| 在打开的页面中单击"添加银行卡"按钮。<br><br>❶输入新的银行卡卡号，输入该银行卡对应的在银行预留的手机号码，❷单击"同意协议并确定"按钮。 | |

完成上述步骤后，用户即可成功添加新的银行卡到支付宝中，以后就能在支付或收款时选择不同的银行卡。

### 2.4.2　支付宝实名认证，增强信任度

用户将自己的支付宝进行实名认证后，可提高自身的信誉度，使买卖交易更有说服力。其实，用户在注册淘宝账号时就已经完成了支付宝的初步实名认证，而开店后还需要完善支付宝实名认证信息，具体操作如下。

| 01 查看实名认证 | 02 单击按钮 |
|---|---|
| ❶进入支付宝安全中心，单击"保护账户安全"选项卡，❷单击"实名认证"选项右侧的"查看"超链接。 | 在打开的身份校验页面，单击"点此完善"按钮，进入完善身份信息的页面继续操作。 |

| 03 上传身份证 | 04 上传身份证正面 |
|---|---|
| 默认选中"二代身份证"单选按钮，单击"点此上传"按钮。 | ❶在打开的"选择要加载的文件"对话框中选择身份证正面照片，❷单击"打开"按钮。 |

**支付宝** 身份验证
ALIPAY

请上传本人身份证件，确保图片清晰，四角完整

证件类型 ◉二代身份证 ○临时身份证

证件图片 个人信息页　　　国徽页

单击 → 点此上传　　　点此上传

P80605-104415.jpg　　P80605-104434.jpg

❶选择

(N): P80605-104415.jpg　　图像文件 (*.bmp;*.gif;*.jpg;*.ji

❷单击　打开(O)　取消

| 05 上传身份证反面 | 06 提交身份证信息 |
|---|---|
| 等待程序上传身份证正面照片，继续单击右侧的"点此上传"按钮，以相同的方法上传身份证反面照片。 | 程序会自动识别证件的有效期，❶选中"同意将证件保存至卡包证件夹"复选框，❷单击"确定提交"按钮，等待淘宝官方审核。一般均能立即通过审核，通过后即完成了支付宝实名认证。 |

请上传本人身份证件，确保图片清晰，四角完整

证件类型 ◉二代身份证 ○临时身份证

证件图片 个人信息页　　　国徽页 单击

重新上传　　　点此上传

重新上传　　　重新上传

示例　　示例

证件有效期 2037 年 03 月 20 日 □长期

❶选中 → ☑ 同意将证件保存至卡包证件夹

确定提交 ← ❷单击

### 2.4.3　以现有账户开店，简单方便

　　由于一个手机号码只能注册一个淘宝账号，因此，为了简化开店手续，淘宝网允许淘宝会员以现有账户开设店铺，这样淘宝店主也可能是淘宝买家。那么，个人开店要经过哪些步骤呢？下面来看看具体的操作。

## 01 免费开店

登录淘宝账号，单击"卖家中心"下拉按钮，在弹出的菜单中选择"免费开店"选项。

## 02 选择开店类型

在打开的页面中选择开店类型，如这里选择个人店铺，单击"创建个人店铺"按钮。

个人店铺

通过支付宝个人实名认证的商家创建的店铺，就是个人店铺。

创建个人店铺 ← 单击

## 03 阅读开店须知

在新页面中认真阅读开店须知，然后单击"我已了解，继续开店"按钮。

注销原来的店铺重新开店，可以吗？

销店铺的服务。用户一旦成功开店就无法再用身份证（营业执照）另开一家淘宝店

取得联系，任何使用QQ联系您的"工作人员"都是骗子。

2月01日零点生效，主要变更点可见协议公示通知（https://hot.bbs.taobao.com/d

单击

上一步    我已了解，继续开店

## 04 开始进行开店认证

进入"我要开店"页面，找到"淘宝开店认证"选项，单击其右侧的"立即认证"超链接。

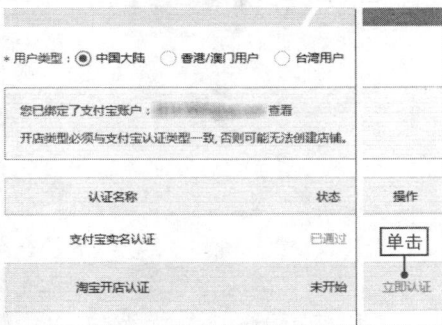

* 用户类型：◉ 中国大陆    ○ 香港/澳门用户    ○ 台湾用户

您已绑定了支付宝账户：          查看

开店类型必须与支付宝认证类型一致，否则可能无法创建店铺。

| 认证名称 | 状态 | 操作 |
| --- | --- | --- |
| 支付宝实名认证 | 已通过 | 单击 |
| 淘宝开店认证 | 未开始 | 立即认证 |

## 05 单击"立即认证"按钮

在打开的"身份认证"页面中单击"立即认证"按钮。

亲爱的      ，您的身份

尚未进行认证

淘宝账号身份认证是阿里巴巴集团绑定

您可以：  立即认证 ← 单击

## 06 扫描二维码

在打开的页面中会显示一个二维码，用户用手机淘宝客户端扫描该二维码，在手机上打开认证界面。

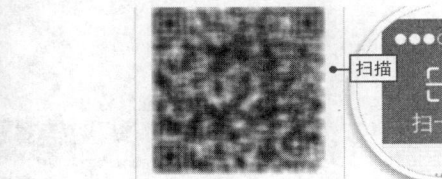

扫描

| **07** 进入手机认证界面开始认证 | **08** 点击按钮 |
|---|---|
| 打开手机认证界面，点击"开始认证"按钮。 | 在新界面中点击"马上开始"按钮。 |
| 欢迎体验阿里实人认证！<br><br>本过程需要　亲自完成，仅需要1分钟！<br>请准备好　身份证　等有效证件。<br><br>您提交的资料将只会用于实人认证审核。<br><br>点击<br>开始认证 | 请　本人操作<br><br>点击<br>马上开始 |

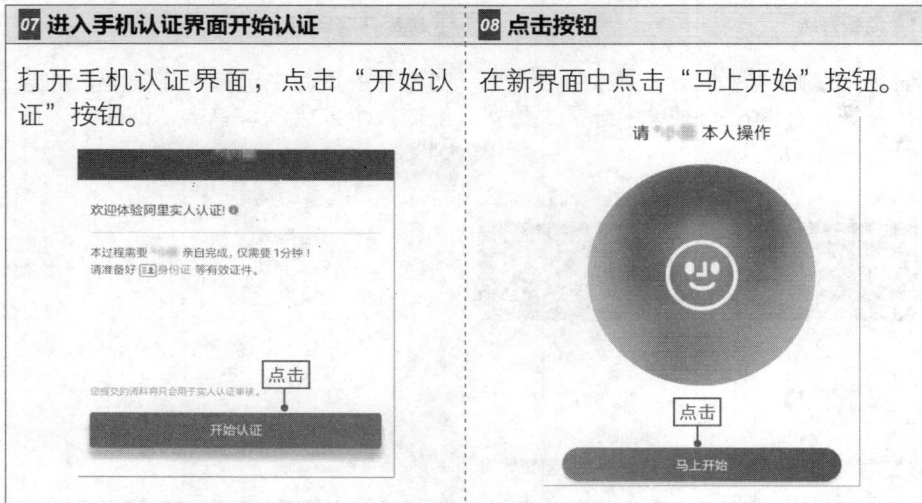

之后用户在手机上按照界面提示完成身份认证，包括眨眼识别、验证手机号码、填写联系地址和拍摄身份证件照片并上传等操作，然后只需等待淘宝网审核开店认证申请，如图2-8所示。

提交成功，等待审核中
预计审核将在48小时内完成。
请通过旺旺、站内信、邮箱查看审核结果。

返回首页

图2-8

**TIPS 开店认证的注意事项**

一般来说，从申请到正式开店，预计需要1~3个工作日。其中，等待审核通过的时间一般为两个工作日。

审核通过后，并不代表淘宝店铺开设完成，只是完成了开店认证。此时只需再次进入"我要开店"页面，即可确认开店认证是否通过，若通过，则会出现"创建店铺"按钮，单击该按钮，如图2-9所示。同意协议后即可成功创建属于自己的店铺。

已通过　　　淘宝开店认证　　　查看

单击

上一步　　　创建店铺

图2-9

## 2.4.4　用"闲鱼"，卖二手货不必开店

如果淘宝店主只是想要售卖自己手中的二手商品，可以直接利用"闲鱼APP"实现目的。由于电脑端的"闲鱼"功能已经"打烊"，所以需要淘宝店主下载安装闲鱼APP进行二手货的买卖操作，具体步骤如下。

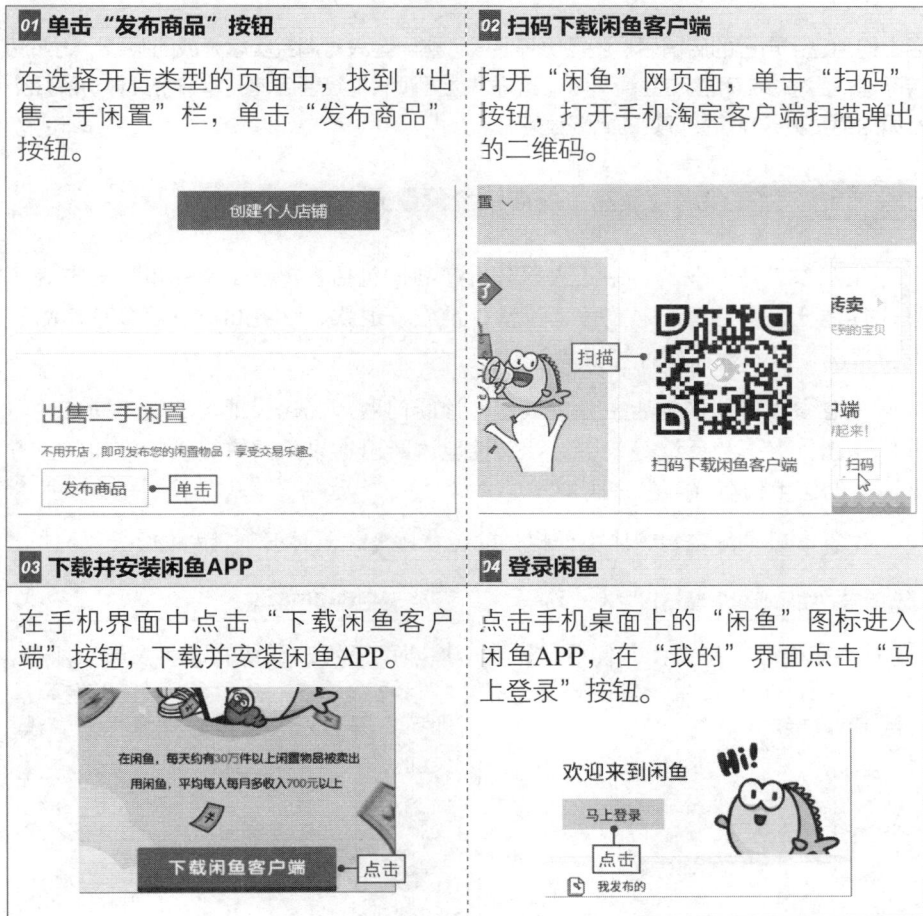

| **01** 单击"发布商品"按钮 | **02** 扫码下载闲鱼客户端 |
|---|---|
| 在选择开店类型的页面中，找到"出售二手闲置"栏，单击"发布商品"按钮。 | 打开"闲鱼"网页面，单击"扫码"按钮，打开手机淘宝客户端扫描弹出的二维码。 |
| **03** 下载并安装闲鱼APP | **04** 登录闲鱼 |
| 在手机界面中点击"下载闲鱼客户端"按钮，下载并安装闲鱼APP。 | 点击手机桌面上的"闲鱼"图标进入闲鱼APP，在"我的"界面点击"马上登录"按钮。 |

接着在打开的界面中选择登录方式，主要有手机淘宝快速登录、支付宝快速登录和账号密码/短信验证码登录这3种方式。成功登录后即可进行二手商品的买卖，只需点击"发布闲置"图标即可，如图2-10所示。

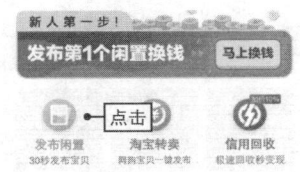

图2-10

在闲鱼APP中，淘宝店主们可查看自己已经发布的、已经卖出的二手商品的信息，还可查看已经收藏的和已经买到的二手商品信息。

# 2.5 免费/订购服务，经营更顺手

店主们创建了自己的店铺后，还需要开通或订购一些只对淘宝卖家开放的服务，比如淘宝旺铺、生意参谋和淘宝直通车等，这样才能更顺利地经营店铺。本节将具体讲解几个常见的免费服务及需要订购的高端服务。

## 2.5.1 生意参谋让卖家了解店铺经营数据

生意参谋是专业的一站式数据分析产品，包括客户点击率和市场动态等信息，具体分为实施概况，整体、流量、推广、退款、财务和类目等多种产品的竞争情况，以及行业排行等板块信息。

生意参谋可帮淘宝店主分析数据，诊断问题，优化店铺，还能帮助店主们分析曝光、点击和反馈等效果，针对性地诊断出结果，同时提供相应的解决方案，帮助店主们更好地经营店铺。

生意参谋是淘宝网为店主们提供的免费服务，具体开通流程如下。

| 01 单击"生意参谋"超链接 | 02 查看生意参谋数据 |
|---|---|
| 进入卖家中心，在页面左侧导航栏中找到"数据中心"组，单击"生意参谋"超链接。 | 按照页面提示成功开通生意参谋服务后，再次单击"生意参谋"超链接，即可打开显示了很多数据的生意参谋页面。 |

**SKILL　生意参谋服务的续订**

如果淘宝店主订购的生意参谋服务已到期，在单击"生意参谋"超链接后，程序会提示续订。此时单击"0元订购"超链接即可打开订购页面，❶在页面右下角选中"已阅读并同意签署：生意参谋订购协议及服务市场交易协议"复选框，❷单击"同意并付款"按钮，如图2-11所示，可立即成功订购该服务。

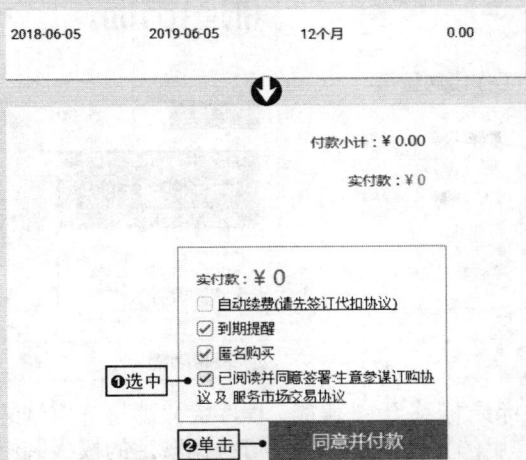

| 2018-06-05 | 2019-06-05 | 12个月 | 0.00 |
|---|---|---|---|

⬇

付款小计：¥ 0.00

实付款：¥ 0

实付款：¥ 0

☐ 自动续费(请先签订代扣协议)
☑ 到期提醒
☑ 匿名购买
❶选中 → ☑ 已阅读并同意签署:生意参谋订购协议 及 服务市场交易协议

❷单击 → 同意并付款

图2-11

## 2.5.2　购买淘宝旺铺是否付费与店铺等级有关

　　淘宝旺铺是淘宝网为淘宝店主提供的一项增值服务和功能，是一种更加个性豪华的店铺界面，是帮助店主提高店铺人气的一种手段，店主可申请加入旺铺。淘宝旺铺分两种：一是付费的，二是免费的。

● **免费智能版：** 此版本只对店铺信用等级在一钻以下的店铺开放订购，目的是更好地扶持低星级淘宝店主。该版本固定了店铺页面的各个模块，且不赠送图片空间。

● **付费专业版：** 无论店铺信用等级是多少，只要愿意花钱，即可购买此版本的淘宝旺铺。购买这种旺铺的店主可享受更专业的旺铺服务，并附赠一定大小的图片空间。

　　对于新手淘宝店主来说，可先使用免费智能版，具体订购操作如下所示。

| 01 单击"我要订购"超链接 | 02 选择旺铺服务 |
|---|---|
| 进入卖家中心，在页面左侧导航栏中找到"软件服务"组，单击"我要订购"超链接。 | 在打开的"服务市场"页面中将鼠标光标移至"装修设计/摄影视频"选项卡处，在弹出的菜单中单击"旺铺"超链接。 |

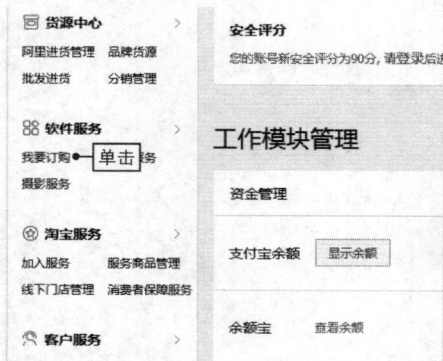

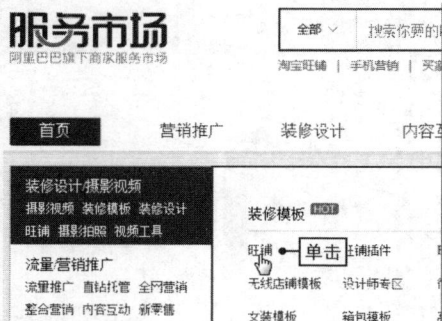

| 03 立即使用 | 04 装修店铺 |
|---|---|
| 在新页面中将鼠标光标移至"智能版"按钮处，在弹出的提示信息中单击"一钻以下……"超链接可立即使用智能版淘宝旺铺。 | 程序会立即打开店铺装修页面，店主可根据既定的模板装修页面，也可暂时不装修，退出页面。 |

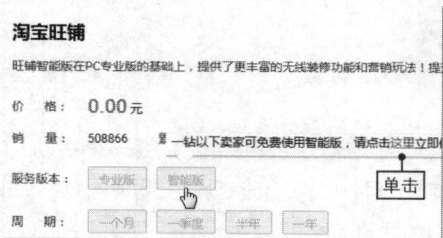

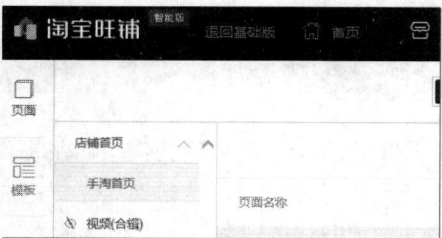

**TIPS 购买付费专业版旺铺**

有些淘宝店主想更好地提升店铺知名度，所以需要购买付费专业版旺铺。此时可在"服务市场"页面中将鼠标光标移至"装修设计/摄影视频"选项卡处，在弹出的菜单中找到"旺铺/插件"栏，单击其中的"旺铺"超链接，即可打开页面进行付费旺铺的购买。

### 2.5.3　选择其他服务开通使用

淘宝网为淘宝店主们提供了很多热门服务，除了生意参谋和旺铺外，还有美折促销、超级店长、爱用交易、搭配宝和快递助手等。接下来看看这些热门服务的具体介绍。

**1.美折促销**

该服务用于店铺营销，支持电脑和手机多端使用，有商品和客户分析、客户关系管理、活动效果展示、流量钱包、改邮费、Excel导入/导出、主图水印和无线活动页等功能。包括疯狂砍价、评价有礼、天天拼团、收藏有礼、限时打折、满就送、全店活动和优惠券等活动设置。

美折促销服务有两个版本：高级版和尊享版，高级版包括基础功能，可满足店主们的日常促销需求；尊享版则追求数据驱动营销。不同版本具备的功能和活动设置有所不同，详细的对比情况如表2-2所示。

表 2-2　美折促销高级版和尊享版的对比

| 功能／活动 | 高级版 | 尊享版 |
|---|---|---|
| 商品和客户分析 | 无 | 有 |
| 客户关系管理 | 无 | 有 |
| 活动效果 | 无 | 有 |
| 疯狂砍价、评价有礼、天天拼团 | 无 | 有 |
| 收藏有礼 | 有 | 有 |
| 限时打折、满减／满折／满送、全店活动、优惠券 | 有 | 有 |
| 流量钱包、改邮费、Excel 导入／导出 | 有 | 有 |
| 短信营销 | 短信均价 4.4 分／条 | 短信均价 4.1 分／条 |
| 主图水印 | 支持 50 个宝贝 | 支持 2000 个宝贝 |
| 无线活动页 | 支持部分模板 | 支持全部模板 |

淘宝店主直接进入"服务市场"页面，找到"热门服务"板块，单击"美折促销"超链接即可进入该服务的购买页面。根据购买服务的不同期限和版本，店主需要支付不同的价款。

### 2.超级店长

淘宝店主订购该服务后，可三端使用，即支持网页端、千牛PC端和手机移动端。其具有八大功能，具体内容如图2-12所示。

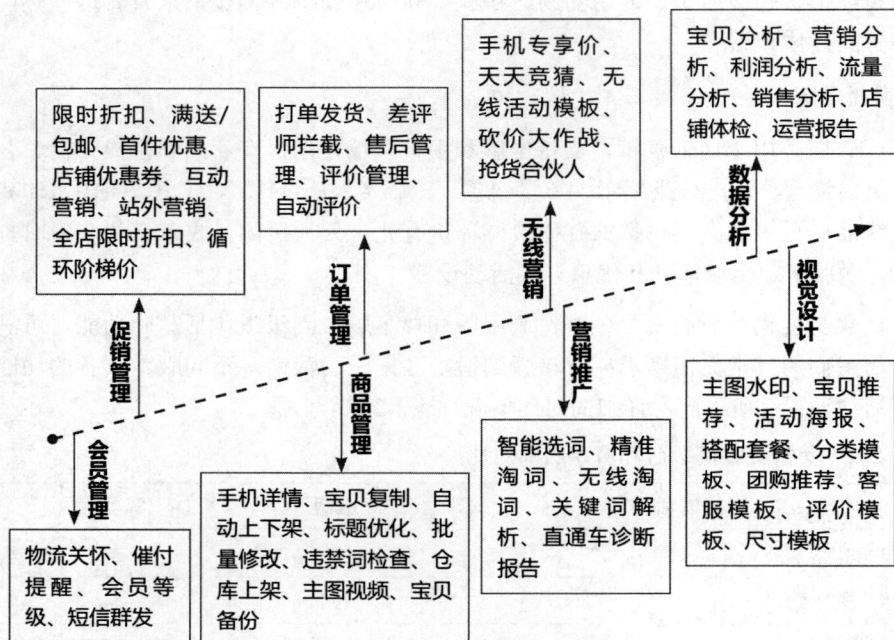

图2-12

同样，淘宝店主进入"服务市场"页面，单击"超级店长"超链接即可进入该服务的购买页面。

### 3.爱用交易

该服务同样支持电脑端、手机移动端和千牛PC端等多端使用，为店主们提供飞速的订单加载引擎，几秒就能筛选出订单结果。除此之外，它还有其他优势功能。

● **智能发货系统**：一键分类、批量发货。

● **智能防错发预警**：包括风险订单提醒、退款订单提醒和重复发货提醒。

● **自动评价**：帮助店主对买家进行自动评价，有利于提升店铺信用。同时，提供三种评价方式、立即好评、买家评价后立即好评以及定时抢评，满足不同时期的评价需求。

- **19层保障，防御差评师：** 个性设置拦截方式，层层防御差评。

- **核址核单：** 向买家核实准确的收货地址和订单信息，减少售后纠纷。

- **催付管理：** 对于买家拍下宝贝后不付款进行催付管理，帮助成交。

### 4.搭配宝

搭配宝是一款商品关联搭配工具，白"搭配套餐"全面升级并更名而来。它加入了智能算法，为店主推荐适合的搭配商品，提升客单价和转化率；同时搭配套餐将有机会穿透到公域，参与主搜，是店铺引流的利器。其具体作用有如表2-3所示的一些。

表 2-3　搭配宝的作用

| 作用 | 具体描述 |
| --- | --- |
| 提升流量 | 搭配套餐将有机会与普通商品同时进入搜索 |
| 提升成交转化 | 1. 在后台设置中，加入智能算法，帮助店主推荐更适合的搭配组合，有效提升成交转化；<br>2. 在前台展示时，有活动商品（含搭配商品）详情页，提供套餐入口样式优化，可有效提升套餐点击率 |
| 提升客单 | 1. 搭配套餐详情页，基于大数据算法，推荐强相关套餐，引导关联购买，提升客单价；<br>2. 新的套餐详情页优化了买家的购物体验 |

需要淘宝店主们注意，如果经营的是虚拟类目、家装带服务标的商品、拍卖商品、秒杀商品、跨店商品和部分汽车类目的商品暂时无法使用搭配宝。

### 5.快递助手

该服务可帮助淘宝店主全面解决订单和仓储问题，支持电脑端、手机端和千牛PC端使用。具体有如下一些功能。

- **进销存管理：** 库存管理、缺货预警，爆款库存管理。

- **自动评价：** 帮助店主自动评价，防止漏评，提高评价数，进而提升店铺信用等级。

- **差评师拦截：** 开启差评师拦截，远离恶意差评，保障店铺信誉。

- **一键打印多店铺订单：** 业内独有的拉取订单技术，加载速度提高两倍。

- **防止重复打单和漏打单：** 进行未打印订单标记，给出重打订单提示，以扫描打印功能有效防止订单重打、漏打。

- **可随意设置打印的模板样式：** 近60种项目属性，添加自定义文字和图片，支持打印商品简称和商家编码。

- **支持多种主流电子面单：** 可以多平台、多店铺共用电子面单账号，支持近70种五联单。

- **多种实用扩展工具：** 按任意条件检索订单，支持导出记录详情，发货后以短信的形式自动通知买家。

- **性能稳定，数据安全：** HTTPS安全加密，入驻阿里聚石塔，进行实时保护。

　　上述介绍的热门服务均可进入淘宝的"服务市场"页面进行订购，只需单击对应的超链接即可。

> **TIPS　什么是阿里聚石塔**
>
> 聚石塔成立于2012年7月10日，是由天猫携手阿里云、万网宣布联合推出的一个"开放的电商云工作平台"，其价值在于汇聚了整个阿里系的各方资源优势，实现"云+SAAS模式"的打通，通过资源共享与数据互通创造无限的商业价值。

# 给宝贝拍照，准备商品资料

## 学习目标

商品和店铺的装饰其实就是淘宝店铺的门面，买家在网上购物看到的都是商品的图片，图片是否有吸引力直接关系到买家是否愿意购买店铺销售的商品。因此，拍出漂亮的商品图片是吸引买家的第一步。

## 知识要点

- 如何选择拍摄角度凸显宝贝优势
- 3种类型商品的室内拍摄灯光布局
- 不同的天气环境选用不同的辅助工具
- 照片太暗看不清，调整亮度和对比度
- 在图片上添加文字

……

# 3.1 为商品选择合适的拍摄场所

淘宝店主们在给自家网店销售的商品拍照时，要根据商品的属性选择拍摄场所，这样才能更好地展现商品本身的特点和用途。

## 3.1.1 室内拍摄

室内拍摄就是在房间里或特殊的摄影棚内进行拍摄，会涉及光、影的结合与搭配，如果不能把光度、拍摄角度等调整好，拍出的图片效果就不好。因此，在该拍摄场所里给宝贝拍照，需要拍摄者有一定的拍照技术。一般来说，如表3-1所示类别的商品适合选择室内拍摄。

表 3-1　适合室内拍摄的商品

| 类别 | 商品 |
| --- | --- |
| 服饰 | 婚纱礼服、各种男女士内衣系列等 |
| 鞋靴、箱包、配件 | 男女士拖鞋、女士箱包、鞋带、鞋垫、包或腰带、袖口、领带、领结、领带夹、手帕和领针等 |
| 百货、餐厨、家庭保健 | 足浴和沐浴工具、马桶套、暖宝宝、浴巾、整理箱、收纳盒、置物架、拖把、收纳柜、鞋柜、垃圾桶、梳子、镜子、保温杯、砂锅、压力锅、餐具套装、玻璃杯、茶壶、茶杯、茶具套装、垃圾袋、围裙、创可贴、体温计、急救箱等 |
| 美妆、洗护、保健品 | 洁面、乳液和面膜等大部分美妆产品，洗发水、染发膏和沐浴露等大部分洗护产品，葡萄籽、维生素 C 和钙片等大部分保健品 |
| 家具、家饰、家纺 | 沙发、床、餐桌和衣柜等大部分家具产品，窗帘、地毯、花瓶和客厅装饰画等大部分家饰产品，四件套、羽绒被、枕头等家纺产品 |
| 家电、数码、手机、乐器 | 豆浆机、吸尘器、电热毯、剃须刀、空气净化器、冰箱等生活电器和厨房电器，电脑、手机、鼠标键盘等数码设备，各类乐器 |
| 孕妇、儿童专用品 | 孕妇裤、哺乳文胸、吸奶器、婴儿床、纸尿裤和各种奶粉，积木和学习用品 |
| 珠宝、眼镜、手表 | 各类珠宝、眼镜和手表产品 |
| 美食、生鲜、零食 | 牛奶、大米、黄豆、人参、花草茶、红酒、海参、三文鱼、牛排、虾仁、车厘子、哈密瓜、开心果、辣条和巧克力等 |

续表

| 类别 | 商品 |
|---|---|
| 办公、DIY、五金电子 | 打印机、投影仪、点钞机、计算器、书写工具、财会用品、马克杯定制、手机壳、礼盒定制、电动螺丝刀、电钻、测距仪等 |

## 3.1.2　室外拍摄

室外拍摄即在一个比较开阔的露天场所进行拍摄，会比较注重自然环境和人文环境的挑选，原则是要与商品属性相符。室外拍摄也要求拍摄者有一定的拍照技术，而适合在室外拍照的商品有如表3-2所示的一些。

表 3-2　适合室外拍摄的商品

| 类别 | 商品 |
|---|---|
| 服饰 | 羽绒服、卫衣、连衣裙、风衣、衬衫、婚纱礼服等大部分服饰产品 |
| 鞋靴、箱包、配件 | 女鞋、男鞋、女包、行李箱、腰包、胸包及各类帽子、手套和腰带 |
| 孕妇、儿童专用品 | 户外玩具、儿童自行车、电动童车、婴儿推车、学步车 |
| 眼镜、手表 | 滑雪镜、太阳镜和各类手表产品 |
| 运动、户外 | 跑鞋、球类工具、登山包、山地车、烧烤架、遮阳棚、骑行装备等 |
| 美食、生鲜、零食 | 各类美食、生鲜和零食产品 |
| 鲜花、宠物、农资 | 多肉植物、干花、营养土、宠物笼、除草剂、杀虫剂、肥料、种子/种苗、农机/农具等 |
| 房产、装修、建材 | 房产出售、出租，房屋装修风格和方式，实木地板、水槽、门、玻化砖等建材产品 |
| 汽车、二手车、汽车用品 | 各品牌汽车、二手车，车载空气净化器、后备箱垫、后视镜导航、机油、轮胎、车蜡、雨刮等 |

淘宝店主在给商品拍照时，没有明显的室内拍摄和室外拍摄界限，只要拍出的照片能够真实反映商品外观、特性和用途，可根据自己的喜好及需求对拍摄场所进行选择。

# 3.2 室内拍摄的各项准备

室内拍摄不仅对光有要求，对拍摄角度也有讲究。不仅要注意拍摄器材的选择和使用，还要谨慎选择拍照背景。在室内为商品拍照并非易事，下面就来看看应该注意的几个方面的问题。

## 3.2.1 选择恰当的拍摄工具

淘宝店主为自家商品拍摄照片时需要使用相机，而使用最多的应该是手机和数码相机。目前市场上的各种智能手机都有照相功能，但因为有的手机照相功能较差，所以拍出的照片不够精致。所以，这里我们将介绍比较专业的拍照工具——数码相机。然而数码相机又分很多种，下面一起来认识一下。

- **单反相机：**全称是单镜头反光式取景照相机，单镜头指摄影曝光光路和取景光路共用一个镜头，可解决视差问题，这也是该类相机的优点。另外，单反相机可以随意换用其他广角、中焦距、远射或变焦距镜头进行拍摄，调焦和取景的便捷性深受拍照达人的喜爱。但它也有缺点，即机身笨重、不易携带。如图3-1（左）所示的是常见的单反相机。

- **长焦相机：**拥有长焦镜头的数码相机，焦距越长，景深越浅，能够拍出浅景深的效果，使拍出的照片更专业。该类相机尤其适合拍摄远景，同时也适合在拍摄者不愿意被打扰的情况下拍摄。但该类相机体积较大，比较重，也不易携带。如图3-1（右）所示的是常见的长焦相机。

- **微单相机：**该类相机体格较小，且使用的是可更换式单镜头，轻便易于携带，受到众多拍照达人的青睐。其功能和体格大小介于单反相机和卡片相机之间，如图3-2（左）所示的是常见的微单相机。

- **卡片相机：**是普通的、非单反、非微单的小型数码相机，外形小巧，设计时尚，机身超薄且轻，便于携带。但从功能上考虑，弱于单反相机。如图3-2（右）所示的是常见的卡片相机。

图3-1

图3-2

## 3.2.2 必要的灯光器材不能少

拍摄商品照片的过程中，除了会用到相机外，还会使用其他辅助工具来完成拍摄。

● 三脚架

当淘宝店主使用相机给宝贝拍照时，经常会用到三脚架，它主要起支撑作用，能够稳定照相机，防止拍摄的照片太模糊。如图3-3所示是常见的三脚架。

三脚架的材质有很多种，如木质、高强塑料和合金等。按照最大脚管管径大小可分为32mm、28mm、25mm和22mm等，一般来说，脚管越大，脚架的承重越大，稳定性越强。按脚管的节数分为3节、4节和5节等，一般脚管节数越少，脚架的稳定性越好，但越不方便携带。

● 灯光设备

室内拍照时难免会遇到光线不好的情况，此时就需要用到灯光设备，它能使商品的明暗对比更清楚、协调。常用的灯光设备有主灯、辅灯、背景灯、发灯、聚光效果灯和柔光罩等。如图3-4所示是比较专业的灯光设备。

其中，柔光罩也称为散光灯、散射罩，可将散光灯发射出来的光线变得柔和，使商品照片看起来更自然。柔光罩一般安装在闪光灯上。

图3-3

图3-4

● 各种光板

在给宝贝拍摄照片时，还会用到各种光板，如图3-5所示。不同的光板其作用和产生的效果不同，具体介绍如表3-3所示。

表 3-3 各种光板的作用与效果

| 名称 | 作用与效果 |
| --- | --- |
| 柔光板 | 起到阻隔、减弱光线的作用，可以使光线更柔和，降低反差。在光线强烈又不想调换摄影角度损失背景的情况下，可使用该类光板 |

续表

| 名称 | 作用与效果 |
|------|-----------|
| 反光板 | 一般用锡箔纸、白布和米菠萝（即泡沫板）等制成，主要解决光线太弱给拍摄带来雪花、色淡和变黑等不良效果的问题，提高商品照片的拍摄亮度。反光板通常分为银色、金色、白色和黑色4种 |
| 银色反光板 | 它光滑如镜，能产生比较明亮的光，是最常用的一种反光板。其效果很容易在被摄物体或人的眼睛里呈现出来，产生一种大且明亮的眼神光。这种反光板一般在阴天使用，或在光线从被摄对象的上方照射过来时使用 |
| 金色反光板 | 同样光滑如镜，但比银色反光板产生的光线、色调更暖和。这类光板常常作为主光使用，可以在明亮的阳光下拍摄逆光人像，并从侧面和较高处将光线反射到被摄对象的脸上或身上，同时还能调节照片的曝光率。一般在日光条件下使用，发挥补光的作用 |
| 白色反光板 | 它的反光性能不是很强，能让照片的效果柔和自然，在对阴影部分进行补光时，需要稍微加一点光。这种反光板的光类似于窗户照明光 |
| 黑色反光板 | 从技术上来说，这种反光板不是反光板，而是减光板或吸光板。淘宝店主进行顶光拍摄时，光线会使拍摄出的人脸产生"浣熊眼"，此时就需要将黑色反光板放置在被摄者头上，减少顶光 |

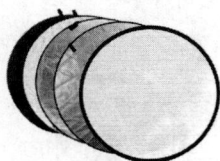

图3-5

**TIPS 反光板的使用说明**

一般购买的反光板是五合一的，其中，柔光板可以单独使用。反光板可以折叠，最好用专门的收纳包进行放置保管。

### 3.2.3 如何选择拍摄角度凸显宝贝优势

给商品拍照时，光线的强弱本质上受天气影响，除此之外，拍摄角度的不同也会影响光线强弱，进而影响宝贝的照片呈现效果。

拍摄角度包括拍摄的高度、方向和距离，高度分为平拍、仰拍和俯拍；方向分为正面、侧面、斜侧和背面；距离分为远、近。那么，如何选择拍摄角度才能更好地突显宝贝本身呢？这就需要淘宝店主们了解不同拍摄角度的优点和照片呈现的效果。

**1.拍摄高度**

平拍是让拍摄工具与被拍摄对象处于同一水平线上，如图3-6所示。这样拍出的照片会给人端正严肃、正规不可侵犯的感觉，是最平常的拍摄高度。注意，充满温馨气息的商品不宜采用平拍，如家纺产品。

图3-6

仰拍是让拍摄工具处于被拍摄对象的底部，由低处向上拍摄，如图3-7所示。这种方式多用于拍摄高处的对象，能够使对象看起来更高大宏伟。适合对房间吊灯、珠帘等进行仰拍，会使商品显得更高贵。

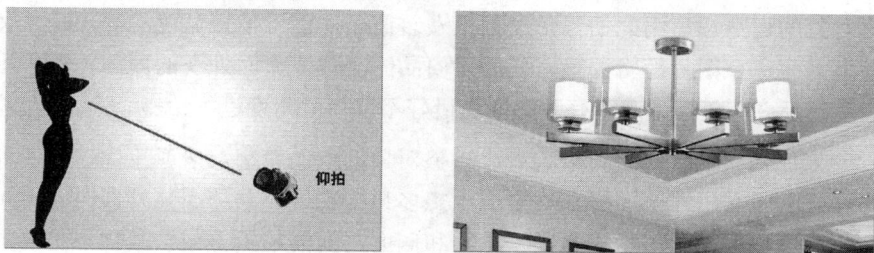

图3-7

俯拍是让拍摄工具高于被拍摄对象，由高处向下拍摄，如图3-8所示。俯拍镜头中的视野会比较开阔，可用于拍摄浩大的场景。店主们在给自家的宝贝拍照时，这种高度可用于拍摄功能集中在顶部的商品，或者在表现商品的整体效果时使用。

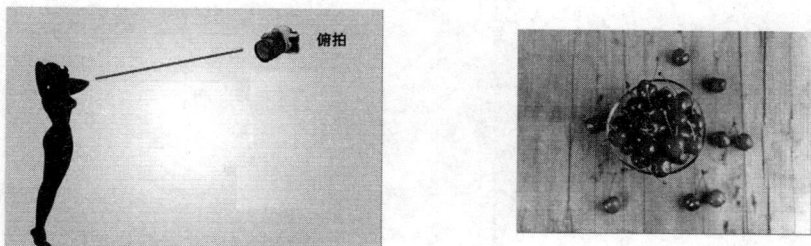

图3-8

### 2.拍摄方向

拍摄方向包括正面、侧面、斜侧和背面等，如图3-9所示。

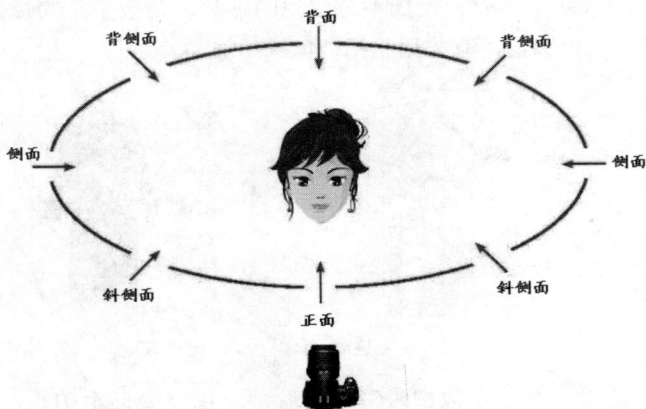

图3-9

正面拍摄的画面会显得比较端庄，构图具有对称美，同时也能真实反映被摄对象的特点。可用此拍摄角度拍摄女装商品，但该拍摄角度的缺点是立体感差。需要进行图片编辑调整、要凸显商品的品牌或正面外观的商品，可采用此角度；反之，正面外观不好看的商品最好不选择此角度进行拍摄。

侧面拍摄的优点是可以勾勒出被摄对象的侧面轮廓，规避正面缺陷。商品特性或款式突出在侧面时，淘宝店主想多角度表现商品的漂亮外观时，均可使用该拍摄角度。斜侧拍摄是出于正面和侧面之间的拍摄方向，其优点是能同时表现被摄对象的正面和侧面的形象特征，使形象多样化。

背面拍摄可用于突出商品背面特征和外观时使用。如图3-10所示。从左到右分别是冰箱的正面、侧面、斜侧和背面拍摄效果。

图3-10

**3.拍摄远近**

当淘宝店主在使用同一焦距的镜头时，拍摄工具与被摄对象之间的距离越近，能够拍摄到的范围越小，对象主体在整个图片中占据的面积越大。反之，能够拍摄到的范围越大，对象主体在整个图片中占据的面积越小。

通常，根据需要的画面大小和远近要素，将照片分为特写、近景、中景和全景等，如图3-11所示。如果要突出店铺宝贝的整体效果，就用全景；如果要突出宝贝某一方面的特征，就用特写。

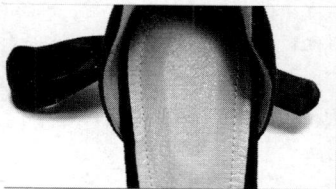

图3-11

在淘宝上出售的商品中，大多数均可采用特写拍摄和近景拍摄，突出商品的某种或某些特点及优势。衣服裤装、自行车、家具、家电等中等偏大的商品可采用中景拍摄或全景拍摄，可将商品完全展现出来，呈现出整体感。通常，很少有商品适合使用远景拍摄。

## 3.2.4　谨慎选取拍摄背景

在商品的拍照过程中，背景起着表现整个画面的色调和衬托气氛的作用。商品拍摄的好坏与背景的选择有很大关系，所以背景的选择不能随便。淘宝店主要明白不同背景的表现效果。

**1.白色背景**

白色背景看起来简洁、清爽，是淘宝店主在拍摄商品照片时使用最多的一种背景。在拍摄时,可准备白色布、纸或背景墙,但注意规避反光材料;另外可准备背景灯和物品灯,将被拍摄商品放置在背景灯前面,让背景灯的灯光照射在白色背景上,而物品灯一般在光线不足的情况下使用,且使用时放在拍摄环境的最前面。如图3-12所示。

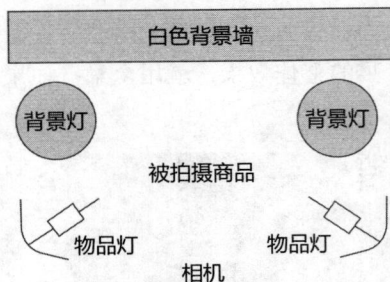

**TIPS 白色背景发灰怎么办**

淘宝店主在使用白色背景给宝贝拍照时,可能会出现背景发灰的情况,此时可通过提高相机的曝光时间或者曝光补偿来解决该问题,使拍摄出来的背景看起来是纯白色的。

图3-12

　　大多数淘宝商品在拍摄时会使用白色背景,而拍摄出的照片会有几种情况:全白无影、全白有影但影子模糊、全白有影且影子清晰,如图3-13所示。形成这3种不同的白色背景照片是因为光线的照射角度和拍照角度不同。所以,店主们在拍照过程中,还要根据实际需求,不断调整被拍摄商品与灯光之间的距离和角度,使拍摄环境的光线达到要求。

图3-13

## 2.灰色背景

　　灰色背景能营造出很好的空间感,在布置时可使用淡灰色背景布或背景墙,灰色太深会消耗掉商品本身的特点和外观效果。

　　另外,如果没有浅灰色的背景布或背景墙可供使用,也可通过调节白色背景的光照来营造银灰斜影的效果,比如,在白色背景布的前方或侧面再添加一盏灯,让被摄对象离背景布稍近一些,在拍摄时就能拍出淡灰色的影子。如图3-14所示的是白色背景下的商品图片和灯光布局图。

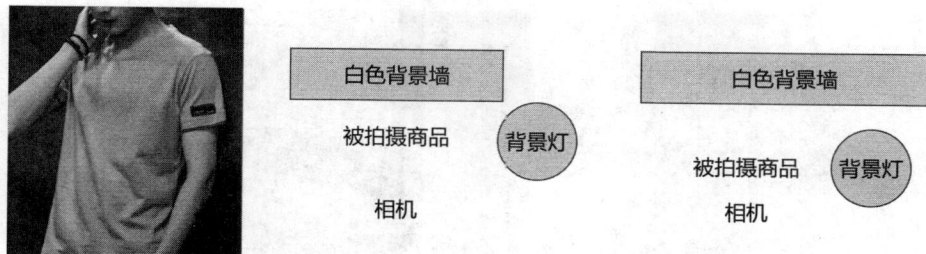

图3-14

### 3.黄色背景

不同明亮度的黄色背景能给买家不同的视觉体验，比如米黄色、香橙黄、晨光黄和深土黄等。如果要营造平和心境，可使用明亮度较浅的黄色，如米黄色；如果要营造活力十足的氛围，可使用更明亮的黄色，如香橙黄；如果要体现商品很活泼、阳光，则可选取晨光黄。拍摄时准备相应的黄色背景布或背景墙即可。如图3-15所示的是一些以黄色作为背景拍摄的商品图片。

图3-15

当然，根据拍摄需求，淘宝店主可自由选择其他颜色的背景，但要注意，最好不使用花色背景，容易混淆视线，不能突出商品本身。

### 4.生活背景

如果淘宝店主经营的是比较生活化的商品，如床、家具、家电、家纺、绿植、镜子和地毯等，可以把拍摄背景布置成生活中的场景，这样可以让商品看起来不那么单调，同时具有真实感、立体感和生活情调，更能引起买家的共鸣，从而吸引买家的眼球。

在布置生活背景时，要考虑商品与背景的协调性，不能让背景喧宾夺主。如图3-16所示的是一些生活背景的商品图片。

图3-16

**5.室外背景**

淘宝上的服饰类商品大多选择室外环境进行拍摄，如商业街、古色古香的城墙、广告牌、店铺门前和公园等。

要想使用这类背景，在拍摄时要注意，镜头中不要出现多余的人，背景要简单，否则会影响图片的展示效果。店主们可选择人流量少、拍照不容易被打扰的地方。如图3-17所示的是一些室外背景拍摄照片。

图3-17

其实，室外背景的拍摄属于把拍摄场所选择为室外场所，也就是我们接下来要学习的室外取景拍摄。

**3.2.5** **3种类型商品的室内拍摄灯光布局**

室内拍摄需要布置灯光和器材，对于不同材质和吸光程度的商品来说，灯光和器材的布局会有不同。下面来了解相关的拍摄技巧。

## 1.吸光类商品

　　该类商品的表面一般比较粗糙，如皮毛制品、棉麻商品和雕刻类商品等，质地有软有硬，如图3-18所示。所以过柔过散的顺光会弱化商品表面的质感。为了表现该类商品的质感，拍摄时可以使用稍硬的光线。

图3-18

　　而且，吸光类商品对光的反射比较稳定，商品的固有色也会稳定、统一，视觉层次丰富，所以布光的灯位通常以测光和侧逆光为主。另外，照射的角度适当放低，使商品的表面出现明暗起伏的结构变化，增加立体感。如图3-19所示的是比较常见的拍摄吸光类商品的灯光布局。

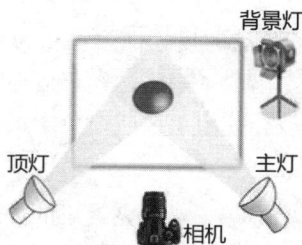

图3-19

**TIPS　什么是硬光**

聚光灯、散光灯发出的光和直射太阳光等都属于硬光，硬光的光线锐利，在凹凸不平的商品表面会产生细微的投影，进而强化被摄商品的质感。

　　主灯位于被摄商品的右前方，在闪光灯上加反光罩，减少照射面积，使光线更集中；顶灯位于被摄商品的左上方，闪光灯安装在柔光箱上，使商品均匀受光，减弱主灯照明使商品产生的投射阴影；背景灯位于被摄商品的右后方，尽量给闪光灯加装标准的反光罩和挡光板，以控制背景面积和亮度。

## 2.反光类商品

　　该类商品的表面一般比较光滑，如金银首饰、瓷器、漆器和电镀制品等，具有强烈的单向反射能力，直射灯光聚集到这类商品的表面，会使光线发生改变，产生强烈的眩光。

拍摄反光类商品时，应采用柔和的散射光，也可采用间接照明的方法，比如使用柔光箱、反光板和硫酸纸等光扩散工具柔化光线。均匀柔和的光线能有效降低该类商品表面的反光度，使商品色调更丰富，从而表现出光滑的质感。如图3-20所示的是淘宝网上的反光类商品图片。

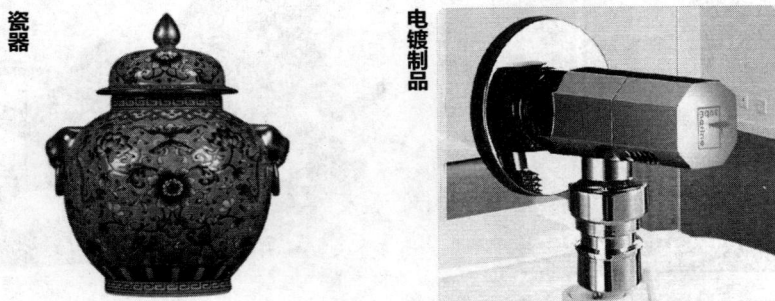

瓷器

电镀制品

图3-20

另外，由于反光类商品对光的反射能力很强，所以拍摄时一般会使其出现"黑白分明"的反差视觉效果，进而表现出它们的质感。因此，可以采用大面积照射光或反光板进行照明，且光源面积越大越好，使被摄商品的一个立体面中不要出现多个不统一的光斑或黑斑。

如果拍摄时相机和拍摄者的倒影反射到了商品的反光面上，很可能就会出现黑斑的情况。而如果在被摄商品的反光面上出现了高光，则可以通过很弱的直射光源降低高光效果。在实际拍摄中，一般会使用黑色或白色卡纸来打反光，加强被摄商品的立体感。

由此可见，在拍摄反光类商品时，布光的关键在于对反光效果的处理，尤其是一些圆弧形表面的柱状球形商品。如图3-21所示的是常见的拍摄反光类商品的灯光布局。

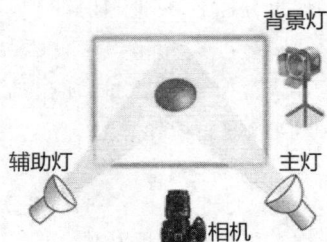

背景灯

辅助灯    主灯

相机

图3-21

**TIPS 什么是高光**

当我们在给商品拍照时，镜头中出现了白色区域的反光，导致照片看不清楚。其中，最接近白色区域的地方就是高光位置，一般来说，高光区域会给人带来眩晕感。

主灯位于被摄商品的右前方，灯光照射角度为45°左右，闪光灯上安装柔光箱，此时需要注意闪光灯的照射角度对光滑表面带来的反光影响；辅助灯位于被摄商品的左侧，是一盏带了柔光箱的闪光灯，对被摄商品的暗面进行补光处理，同时减弱由主灯照射带来的阴影效果；背景灯位于被摄商品的右后方，闪光灯上可加装标准反光罩和挡光板，勾勒出商品轮廓的同时照亮背景，拍摄时要注意调整挡光板的位置，从而控制副灯的光照范围。

**3.透光类商品**

该类商品既有透光性，也有发光特性：能够在自由传导光线的情况下不改变自身的特征，如玻璃制品、水晶和玉器等。所以在拍摄时，光线的入射角度越小，反射的光量会越多，同时会显示商品的透明质感，产生玲珑剔透的艺术效果。如图3-22所示的是一些透光类商品图片。

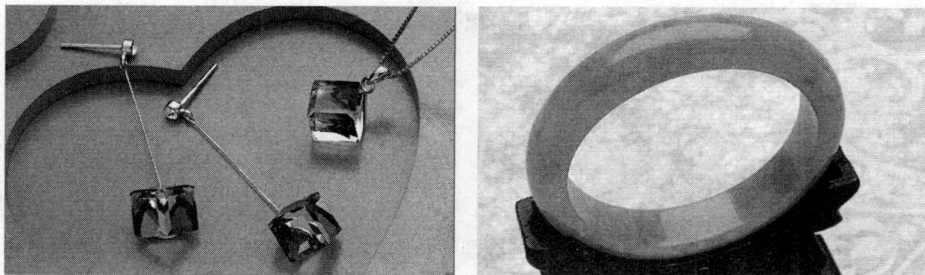

图3-22

另外，拍摄这类商品时一般采用侧光、侧逆光和底部光等光照角度，利用光线穿过透明体时因厚度不同而产生的光亮差别，使商品呈现不同的光感，从而表现其清澈透明的特质。

但同时透光类商品还具有反光性，所以一般不用直接光进行照明，而使用间接照明，如折射光，让商品表面尽可能少地产生反光，以便更好地突显商品的外观和整体质感。如图3-23所示的是常见的拍摄透光类商品的灯光布局。

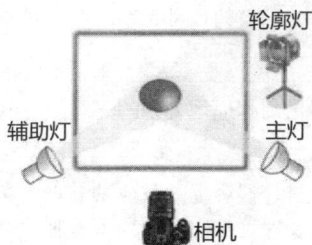

轮廓灯
辅助灯
主灯
相机

图3-23

**TIPS 什么是蜂巢**

蜂巢是一个可以调出硬光光线的部件，它的作用与柔光箱正好相反。之所以称为"蜂巢"，是因为其形状与蜜蜂的巢穴很相似。

主灯位于被摄商品的侧前方，用一盏带有柔光箱的闪光灯对商品的暗面进行补光，同时减弱主灯和轮廓灯照射产生的阴影；轮廓灯位于被摄商品的侧后方，通常利用蜂巢来控制光的走向，使光线穿透商品，同时让挡光板控制副灯光照的范围，勾勒出商品的外部轮廓和造型，体现出商品的通透质感。

# 3.3 室外取景的拍摄工具与注意事项

由于某些商品的特性需要借助室外景物来衬托，所以拍照时需要到室外取景。与室内拍摄不同，室外取景会更多地利用自然光，所以一般不再需要多余的灯光器材。但相应的光板、拍照工具是必不可少的。除此之外，还要了解室外取景拍摄的注意事项。

## 3.3.1 不同的天气环境选用不同的辅助工具

天气环境不同，自然光线的亮度就不同，拍出的照片效果就会不同。为了能拍出效果好的商品照片，淘宝店主需要了解在不同天气环境下如何选用拍照的辅助工具。

● 任何天气环境下都要准备的工具

无论天气如何，户外拍摄都需要准备一些常用的、基本的拍摄工具和辅助工具，如表3-4所示。

表 3-4　室外拍摄的基本工具

| 工具 | 说明 |
|---|---|
| 拍照工具 | 一般携带摄像机或照相机，也可以只携带手机 |
| 电源、电池 | 户外拍摄不比室内拍摄可以随时获取电能，因此，进行户外拍摄时一定要准备充足的电池或移动电源，保证拍摄的进程不会受到电能的影响 |
| 存储卡 | 户外拍摄无法实时复制照片，为了避免拍摄照片过多而内存不够的情况发生，最好多准备几张存储卡 |
| 三脚架 | 由于户外路面状况不明，选择结实、稳固和抓地力强的三脚架可以很好地固定拍照工具 |
| 清洁工具 | 户外环境没有室内环境干净，拍照工具等很容易沾灰或溅上水，随身携带清洁工具方便对拍照工具进行清洁，保证拍出的照片不受脏污影响。常用的清洁工具有镜头纸、镜头布、气吹、毛刷和镜头清洗液等 |

续表

| 工具 | 说明 |
|------|------|
| 雨衣和相机防雨罩 | 户外天气多变，尤其是在山中或交界地带，雨雪天气频繁，要做好准备工作，带好雨衣和相机防雨罩，防止拍照工具因淋雨而受损 |

● 一般天气和晴天拍摄工具

在一般天气或晴天拍摄时，为了减弱光线，可以使用黑色反光板或白色反光板。虽然白色反光板有增加光线的作用，但强度较小，可以在提升照片曝光率的同时减少光线对拍照的影响。而黑色反光板就是减光板，大多数时候用于大晴天拍摄，使照片呈现清晰可观的状态，如图3-24所示。

● 雨天拍摄工具

雨天的光线比较弱，如果直接使用拍摄工具进行拍照，即使调好了工具的曝光率，也会让照片显得很暗淡。所以，雨天一般需要用银色反光板和金色反光板来增加光线亮度。但是，银色是冷色调，会加重照片观看者对寒冷的感知度，所以更多的时候是使用金色反光板来提升亮度，让整个画面处于一种暖色氛围中，如图3-25所示。

图3-24

图3-25

● 阴天拍摄工具

与雨天拍摄相比，阴天仅仅是光线比较暗，不会给人寒冷的感觉。所以可以使用银色反光板或金色反光板加强光线亮度。但是，在拍摄人像时，如果拍摄对象的肤色比较暗沉或偏黄，最好使用银色反光板而不是金色反光板，可以此提亮肤色。如图3-26所示。

● 雪天拍摄工具

雪天的光线比较强，且与雨天一样会让人有一种寒冷的感知，因此最好以金色反光板和黑色反光板配合使用。一方面减弱光线的强度，另一方面增加照片的整体温馨感，营造一种浪漫、暖和的氛围。比如，在拍摄婚纱礼服时，可在雪天利用金色反光板进行拍摄，这样可以增加婚纱礼服的浪漫情调，也能让照片显得更加明亮、光彩夺目。如图3-27所示。

图3-26

图3-27

**3.3.2　室外拍摄的注意事项**

　　室外拍摄的环境比较丰富，要想用好环境，还需要了解一些拍摄时的注意事项，具体内容如下。

● **晴天拍摄注意光线的方向：** 晴天光线一般有3种，从相机后面射向被摄对象的光为顺光；从被摄对象后面射向相机的光为逆光；从相机和被摄对象的旁边射出的光叫半逆光、侧光或斜光，如图3-28所示。在逆光或半逆光的情况下拍摄，光与影的对比会使被摄对象产生立体感，进而变得生动，如图3-29所示，夕阳西下时的光线正好是半逆光，而顺光时被摄对象的影像会显得比较平面。

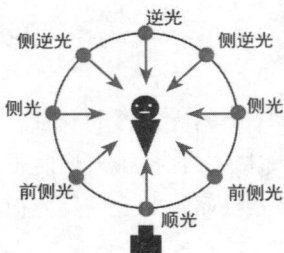

图3-28

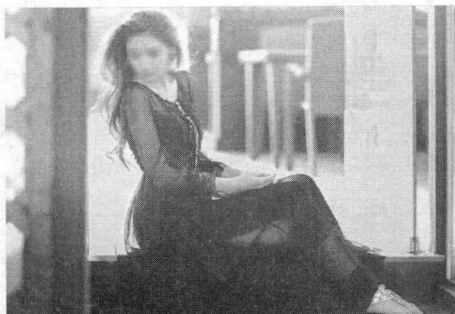

图3-29

● **忌被摄商品与有色环境过近：** 在明亮的光线照射下，物体的反光会增强。此时模特和商品应尽量远离色彩明艳的背景，如被油漆粉刷过的建筑物、遮阳棚等，否则背景的色彩会映射到商品上，造成偏色。

● **忌逆光时商品放在水泥地上拍照：** 水泥地表面较平整，且颜色偏浅，在逆光时会形成较强的反射光，这会使拍出的照片给人恐怖的感觉，要尽量避免。

● **忌忽视滤光镜的作用：** 在万里无云的蓝天下，所有避光处会带上蓝色色罩，而在落日余辉下，所有景色都会染上一层橙红色。在这些环境中，要让商品保持原有的色彩，就必须在拍照工具的镜头前加装相应的滤光镜。在万里无云的蓝天下可选用淡红或琥珀色的滤光镜；在落日余辉下可选用淡蓝色滤光镜。

● **注意曝光补偿的调整：** 在户外拍摄，相机在自动挡时通常以镜头中心区域为主体进行测光，如果模特身着白色服装，或者被摄商品在白色背景中，此时的白色主体会让相机误以为环境很明亮，从而导致曝光不足，照片里的白色将会显得不够白，甚至类似灰色，那么就需要增加曝光补偿。

● **注意使用光圈优先自动曝光：** 数码单反相机往往带有较大光圈数的镜头，在自动模式下，相机的程序会倾向于使用较大光圈以缩短快门时间，减少因震动而造成的不良拍摄效果。但是，相机镜头一般在最大光圈收缩两级左右时拍摄出的照片效果最好。所以，可以使用光圈优先自动曝光，把光圈从最大调小一些，不仅照片效果好，而且可以实现小景深，突出商品主体。

● **忌相机和电池长时间暴晒或冷置：** 尽量不要在过高或过低温度下使用数码单反相机，也不要让相机在长达几小时的情况下暴晒在烈日下。如果不得不在烈日下长时间使用相机，则可以用一块浅颜色的毛巾或反光材料遮盖相机。在寒冷环境中拍摄完毕并保存好储存卡后，一定要卸下相机的电池，将相机和电池保存在干燥的地方，避免受潮。

## 3.4 照片的细节处理与美化

用于上传到店铺的宝贝图片，不仅需要注意拍摄技巧，还需要在拍摄结束后进行专门的细节美化处理，从而使宝贝图片呈现更精致的效果。因此，本节内容主要介绍如何对宝贝图片进行各种美化操作。

### 3.4.1　修饰图片之前要了解的细节问题

淘宝店主在为宝贝图片进行美化之前，先了解一些细节问题，防止在图片处理工作中走弯路。

● 遵守图片尺寸大小要求

无论是一般的淘宝店主，还是天猫店主，平台对店铺中销售的商品主图大小都有要求。如果上传的图片规格过大，则可能导致图片模糊不清，甚至无法成功上传。

通常上传到店铺中的图片有3种规格：500px×500px、800px×800px和1000px×1000px，淘宝店主可根据需求选择不同规格进行上传。但上传时要注意，图片大小不能超过3MB。而当图片分辨率固定时，像素越高，其大小越大。因此，如果拍摄的商品图片过大，建议将图片缩小后再上传。

如果淘宝店主是某一品牌的代理商或加盟商，此时店铺里的宝贝图片由分销商或盟主提供，有时由店主自己提供，但会被要求使用统一规格的图片。一般来说，淘宝店铺中的宝贝图片会选择800px×800px的适中规格。

● 宝贝图片的格式

商品图片以及装修店铺所需要的背景图都有一定的格式限制，JPG、JPEG、PNG和GIF等格式的图片都能成功上传。

● 保留备份文件

淘宝店主难免会在处理图片后又觉得不太合适，此前如果没有将原始图片进行备份，那么只能在修改后的图片的基础上再重新进行编辑处理。所以，将拍出的宝贝图片进行备份，可有助于以后工作中重复使用。

● 选好修图工具

不同的修图工具处理图片的效果不同，越专业的工具可以处理出越精致、美观的商品图片。因此，选好修图工具是修图前的重要工作。

### 3.4.2　调出合适的图片大小

在了解图片处理的一些细节问题后，淘宝店主们要开始进行正式的修饰处理了，首先要掌握修改图片大小的方法和操作。对于专业的淘宝店主来说，在处理和美化商品照片时一般使用Photoshop之类的软件，但本书我们只介绍一些图片美化处理的简单操作，因此不会涉及Phtoshop软件的使用。

所以，在接下来的多个小节的内容中，我们将以美图秀秀为例，讲解具体的修图操作过程，这就需要先下载并安装美图秀秀软件。下面先来看看如何利用美图秀秀更改图片的大小。

| 01 单击按钮进入美化界面 | 02 选择图片 |
|---|---|
| 首先将拍摄的宝贝图片导入电脑中，打开美图秀秀软件，❶在主界面单击"美化图片"按钮，❷进入"美化"界面后单击"打开一张图片"按钮。<br><br>美化图片　❶单击<br>人像美<br><br>选择你要编辑的图片<br>↓<br>打开一张图片 ←❷单击 | ❶在打开的窗口中选择要更改图片大小的照片，❷单击"打开"按钮。<br><br>灭蚊灯.jpg　套装.jpg　套装1.jpg<br>❶选择<br><br>(N): 灭蚊灯.jpg　　所有支持的图片格式<br>❷单击　打开(O) |
| 03 单击"尺寸"按钮 | 04 更改图片大小 |
| 在美图秀秀编辑器中打开图片，单击"尺寸"按钮。<br><br>场景　拼图　更多功能▼<br>大　↶撤销　↷重做　⟳图层　⟷旋转　✂裁剪　尺寸<br>单击 | ❶在打开的"尺寸"对话框中更改图片的宽度和高度，或从软件推荐的尺寸中选择，❷单击"应用"按钮。<br><br>秀 尺寸　　　　　　　　　✕<br>修改尺寸：　　　　　　批量修改尺寸>><br>宽度：　　高度：　　单位：<br>800 像素　800 像素　像素 ▼<br>□锁定长宽比例<br>常用尺寸推荐：　❶更改<br>☒ 缩略图（100×150）<br>☒ 小图（240×360）<br>☒ 中图（500×750）<br>☒ 大图（850×1276）<br>☒ 常用网络尺寸（780×1171）<br>☒ 标准屏幕分辨率（1024×768）<br>☒ 本机屏幕分辨率（1440 × 900）<br>❷单击　✓应用　✗取消 |

**05 保存更改大小后的图片**

返回编辑界面，单击"保存与分享"按钮，在打开的对话框中设置更改后的图片的保存位置，单击"保存"按钮即可保存更改后的图片。

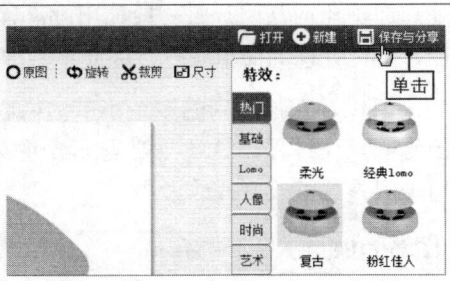

**TIPS 打开的图片过大怎么办**

有时，淘宝店主在使用美图秀秀打开宝贝图片时，会被提醒"图片过大，是否缩小到最佳尺寸"，如图3-30所示。单击"是"按钮即可缩小尺寸，提高打开的速度；也可以单击"否"按钮，以原始大小在美图秀秀编辑器中打开。

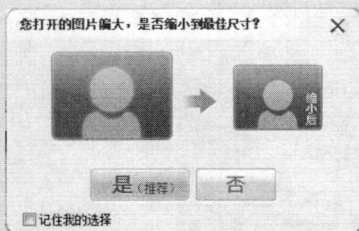

图3-30

**3.4.3 照片太暗看不清，调整亮度和对比度**

有时，淘宝店主给宝贝拍摄的照片显得很暗，看不清楚，此时我们需要对照片的亮度和对比度进行调整，下面以美图秀秀为例讲解具体操作。

**01 滑动滑块调整亮度和对比度**

单击美图秀秀主界面右上角的"打开"按钮，打开目标照片，进入"美化"界面，拖动"亮度"和"对比度"滑块，调整当前照片的亮度和对比度。

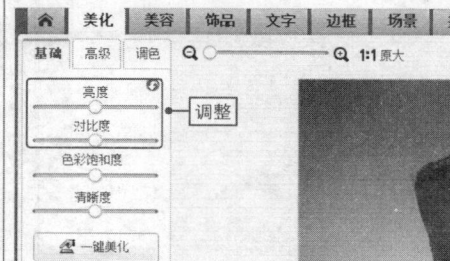

**02 实时查看调整后的图片效果**

在图片编辑区域会实时看到调整了亮度和对比度的图片效果。

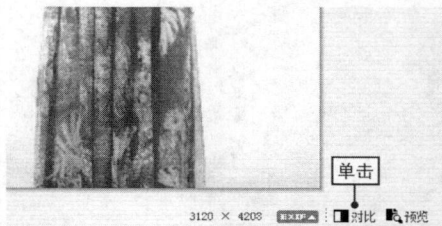

| **03** 单击"对比"按钮 | **04** 查看调整前后的对比图 |
|---|---|
| 单击"对比"按钮，可打开调整亮度和对比度前后的图片效果对比图。<br><br>3120 × 4208 | 查看调整亮度和对比度前后的商品图片效果，确认调整后进行保存即可。 |

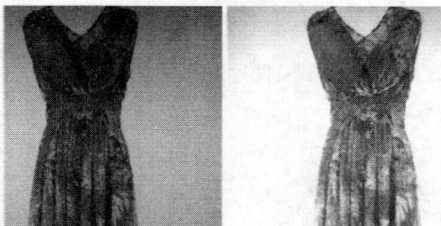

淘宝店主在进行亮度和对比度的调节时一定要适度，否则很可能改变商品原本的色泽，导致失真，最终影响买家对商品的判断，店铺信誉也会受到一定程度的影响。

### 3.4.4 适当虚化背景，突出商品本身特点

当淘宝店主在为自家的服装进行室外拍摄时，背景建筑或街道景色等都需要进行虚化处理，这样能更好地突出商品本身。

| **01** 单击"背景虚化"按钮 | **02** 选取不需要虚化的区域 |
|---|---|
| 打开目标照片，在编辑器左下角单击"背景虚化"按钮。<br><br>一键美化<br>各种画笔<br>涂鸦笔　消除笔<br>抠图笔　局部马赛克<br>局部彩色笔　局部变色笔<br>背景虚化　魔幻笔<br>美化教程 | 移动圆圈的位置，在不需要虚化的区域单击，剩下没有单击的区域将保持虚化状态。<br><br>涂抹虚化　圆形虚化　1:1原大 |

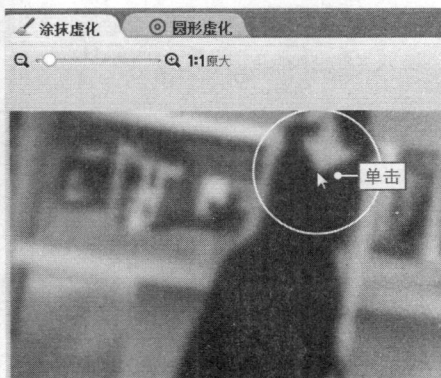

**03 单击"应用"按钮并保存**

确认背景虚化完成后，单击"应用"按钮，程序将退出虚化编辑界面，然后保存虚化背景后的图片即可。

**TIPS 重新虚化图片背景**

如果觉得当前虚化效果不好，可以单击图片下方的"取消"按钮，或者单击图片右上角的"还原"按钮，重新进行图片虚化处理。

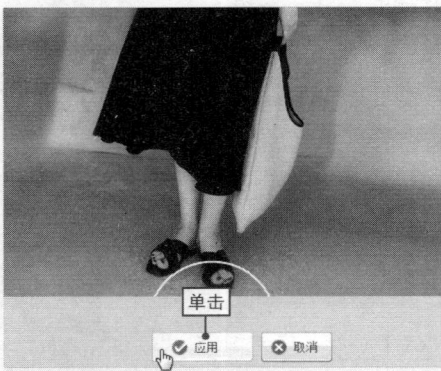

如果淘宝店主在虚化图片的过程中发现背景仍然影响商品本身的展示效果，可以加大虚化力度。

## 3.4.5 在图片上添加文字

有时，为了给商品做简要说明，店主们会在商品图片上添加一些文字。下面就来看看具体的操作。

**01 进入文字编辑器**

在编辑器中打开需要添加文字的图片，❶单击"文字"选项卡，❷在打开的界面左侧单击"输入文字"按钮。

**02 输入文字并选择颜色**

程序会打开一个文字编辑框，❶在其中输入文字，❷为文字选择恰当的颜色，❸单击"应用"按钮。

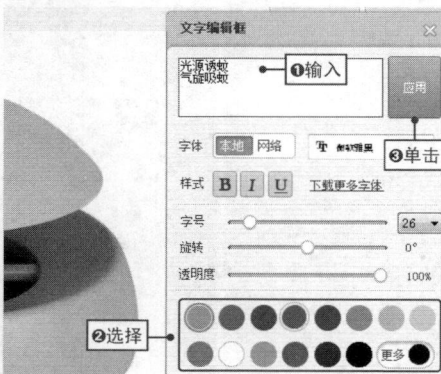

**03 调整文字位置**

关闭文字编辑框，在图片编辑器中调整文字的位置。确认调整合适后保存添加了文字的图片。

**TIPS 调整文字字号、旋转角度和透明度**

为了使添加的文字与图片之间更好地配合，需要根据图片的大小来调节文字字号。另外，为了给文字增加趣味性，还可以对文字的摆放角度进行调整，或者对文字的透明度进行设置。

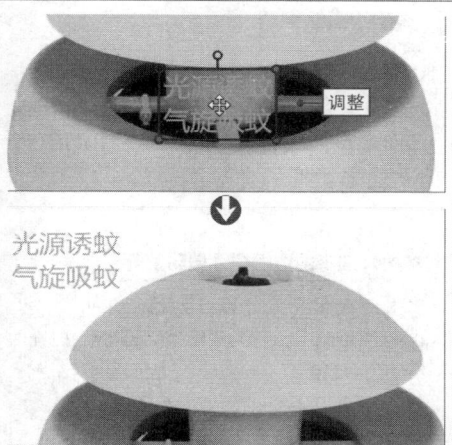

调整

光源诱蚊
气旋吸蚊

　　如果淘宝店主经营的是自主品牌，还可为商品图片添加个性化水印，只需单击编辑器上方的"贴纸饰品"选项卡，然后单击编辑器左侧的选项卡，选择具体的饰品类别，添加完成后进行保存即可。

**3.4.6　修饰图片边框，增强商品的趣味**

　　为了给图片增加趣味性，丰富图片元素，淘宝店主可以对商品图片进行边框修饰。具体操作如下。

**01 选择边框类型**

打开需要修饰边框的图片，❶单击"边框"选项卡，❷选择边框类型。

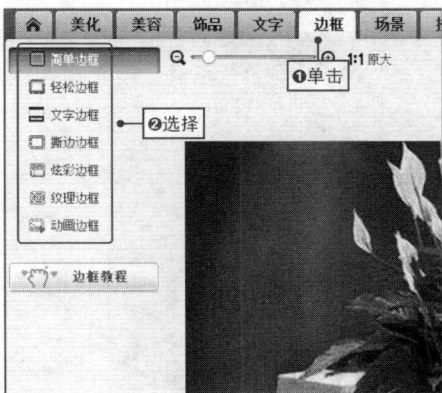

❶单击
❷选择

美化　美容　饰品　文字　边框　场景
简单边框
轻松边框
文字边框
撕边边框
炫彩边框
纹理边框
动画边框
边框教程

**02 选择具体的边框样式**

在打开的"边框"编辑器中选择具体的边框样式，可立即看到添加边框后的图片效果。

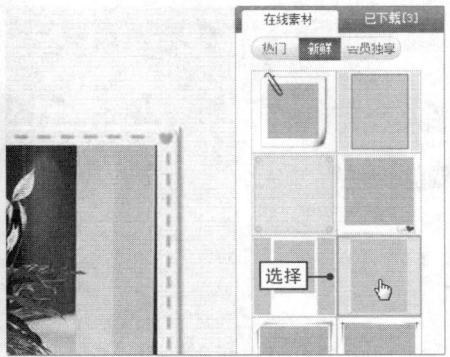

在线素材　已下载[3]
热门　新鲜　会员独享

选择

**03 退出边框编辑器**

确定边框修饰完成后,单击图片下方的"确定"按钮,退出边框编辑器,最后单击"保存并分享"按钮即可保存添加了边框的商品图片。

**TIPS 选择的边框样式自动下载**

当淘宝店主为商品图片修饰边框时,选择的边框样式如果是没有下载的,程序会自动下载该边框样式,同时应用在当前编辑器中的图片上。

如果淘宝店主对简单的边框设计不满意,还可以为图片添加类似于边框效果的场景,此时可以单击编辑器上方的"更多"选项卡,选择"场景"按钮即可为图片添加场景效果,有逼真场景、拼图场景、可爱场景和节日场景等。

## 3.4.7 商品图片的批量操作

淘宝店主在美化商品图片时,一些同类型的商品可进行批量处理,这样可以节省时间。下面来看看具体操作。

**01 下载安装批处理软件**

进入美图秀秀主界面,❶单击"批量处理"按钮,❷此时系统会提示下载安装批量处理软件,单击"确定"按钮即可。

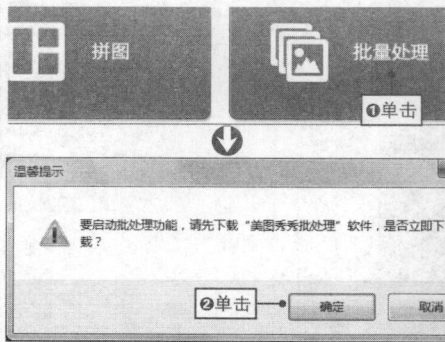

**02 添加多张图片**

下载安装完成后,程序会自动打开批处理软件的界面,单击"添加多张图片"按钮。

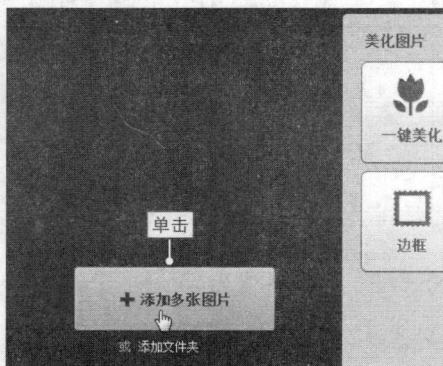

## 03 选择批处理操作

在界面右侧选择要进行的批处理操作，单击对应的按钮。

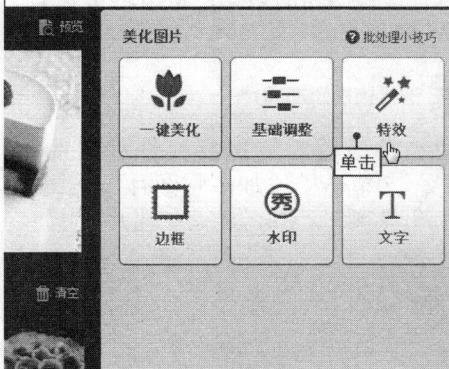

## 04 选择具体的特效

❶在打开的"特效"界面单击特效选项卡，❷选择具体的特效。

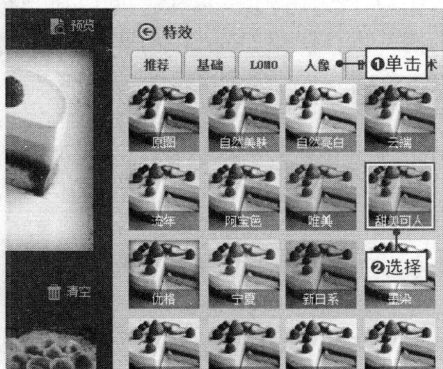

## 05 确认操作

选好特效后，单击"确定"按钮。

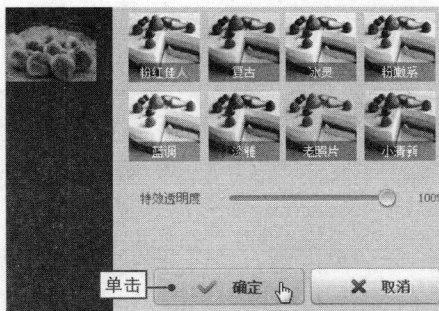

## 06 保存批处理文件

返回添加图片的界面，❶在右下角设置批处理文件的存储位置，❷单击"保存"按钮即可对批处理图片生成副本文件并进行保存。

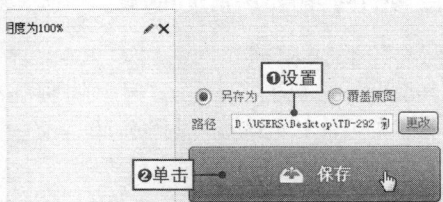

## SKILL 添加下一批图片

如果淘宝店主要接连对多批次的图片进行批处理，那么可以在完成了上一次批处理操作并保存副本文件后，单击批处理界面左侧的"清空"按钮，如图3-31所示。然后再单击"添加多张图片"按钮，继续进行下一批次的图片批处理。

图3-31

### 3.4.8 将类似图片进行拼图处理

淘宝网上的一些商品会因为颜色、款式等不同而存在细微差异，此时为了突出对比各个颜色、款式，同时达到整体宣传该商品的效果，可以将多张类似的图片进行拼图处理，具体操作如下。

| 01 选择拼图方式 | 02 选择模板添加图片 |
|---|---|
| ❶在美图秀秀编辑器上方单击"拼图"选项卡，切换到拼图界面，❷选择"模板拼图"选项。 | ❶在编辑器右侧选择具体的拼图模板，❷单击"添加多张图片"按钮，打开需要进行拼图的商品图片。 |
| | |
| 03 调整拼图中各图片的显示位置 | 04 确认拼图并保存 |
| 软件会自动识别并进行拼图，❶选择某张图片，会打开一个更小的编辑器，❷可通过移动矩形框选择当前图片的展示部分。 | 确认拼图完毕后单击"确定"按钮，返回拼图编辑页面可查看到拼图的最终效果，此时保存该拼图即可。 |
| | |

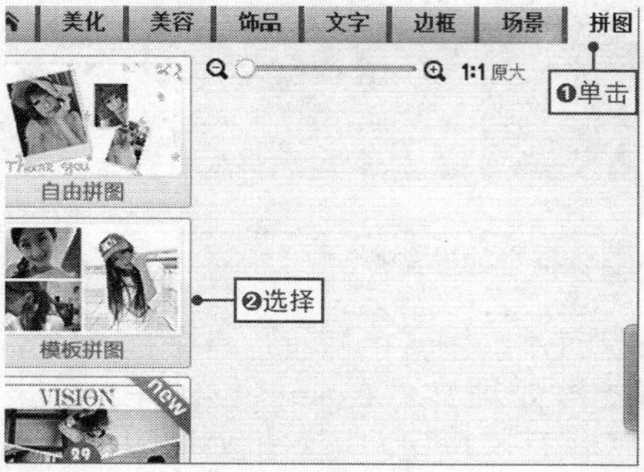

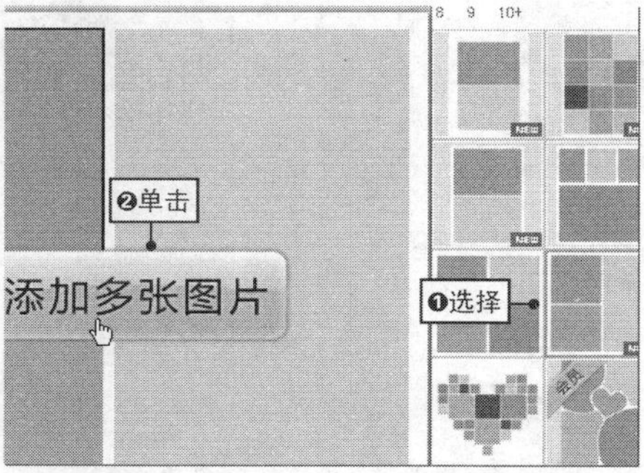

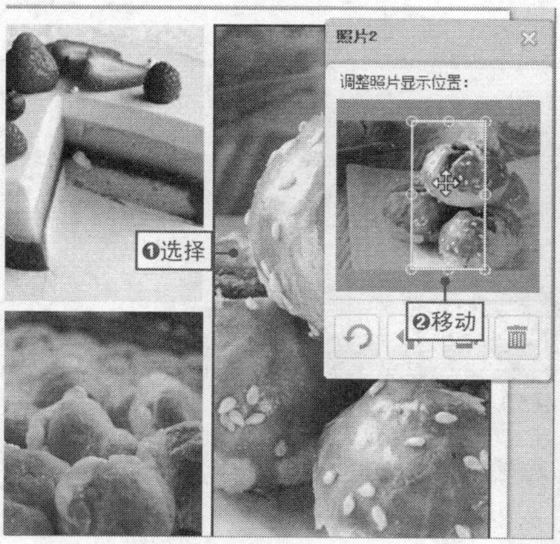

# 上架装修，做好规范化经营

## 学习目标

处理好商品图片后，就需要将其上传到店铺中进行展示，同时还要对店铺进行装修，因为它是淘宝店的门面，是吸引买家选购商品的一个重要因素，能够使店铺经营显得更加规范。

## 知识要点

- 直接用"淘宝助理"发布宝贝
- 发布手机端宝贝详情
- 制作店标的3种方法
- 更改店铺名称并上传店招图片
- 在图片轮播模块设计Banner图
......

# 4.1 商品的发布与管理

发布和管理商品是经营淘宝店铺的一项重要任务，即上传宝贝图片到店铺中。这样才能给买家提供具体的商品信息，让买家通过视觉体验产生购买意愿。

## 4.1.1 进入卖家中心发布宝贝

对于还没有下载安装淘宝助理软件的店主来说，发布和管理宝贝图片的操作需要在网页端的"卖家中心"进行。下面来看看具体的操作步骤。

### 01 快速找到商品类目

进入卖家中心，❶在页面左侧单击"发布宝贝"超链接。❷在打开页面中的"类目搜索"框中输入经营类目，❸单击"快速找到类目"按钮。

### 02 选择类目并阅读规则

❶在下方列表框中选择具体的类目选项，❷单击"我已阅读以下规则，现在发布宝贝"按钮。

### 03 填写商品基本信息

在打开的页面中填写宝贝基本信息，如宝贝类型、宝贝标题和宝贝属性。

### 04 上传商品图片

❶上传宝贝图片，❷设置宝贝价格、总数量和商家编码等信息。

## 05 新建运费模板

❶在"宝贝物流服务"栏中单击"新建运费模板"按钮，❷在打开的页面中设置模板名称、宝贝地址、是否包邮、计价方式和指定条件包邮等，设置好后单击"保存并返回"按钮。

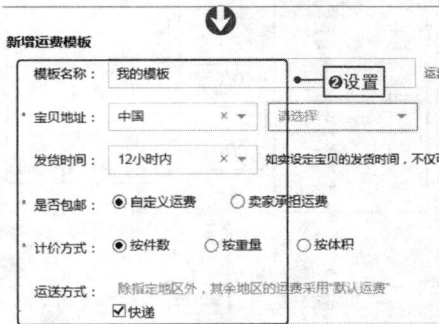

取方式 ☑ 使用物流配送

物流设置　为了提升消费者购物体验，淘宝要求全网商品设置运费模板

* 运费模板 [　　　　　] ❶单击→ 新建运费模板

电子交易凭证 了解详情

新增运费模板

| 模板名称： | 我的模板 | ❷设置 运 |
| 宝贝地址： | 中国 × | 请选择 ▾ |
| 发货时间： | 12小时内 × | 如实设定宝贝的发货时间，不仅 |
| 是否包邮： | ⦿ 自定义运费　○ 卖家承担运费 |
| 计价方式： | ⦿ 按件数　○ 按重量　○ 按体积 |
| 运送方式： | 除指定地区外，其余地区的运费采用"默认运费" |
| | ☑ 快递 |

## 06 发布宝贝

继续完成其他信息的填写和设置，确认无误后单击"发布"按钮。系统将提示店主宝贝已经成功发布，此时可单击相应的超链接，查看出售中的宝贝或者继续发布宝贝。

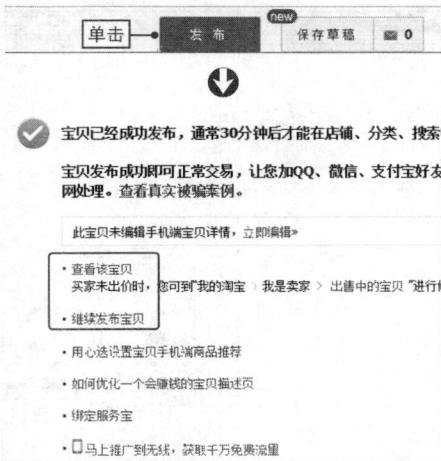

[ 单击 ] → [ 发 布 ]　[new 保存草稿] ✉ 0

✓ 宝贝已经成功发布，通常30分钟后才能在店铺、分类、搜索

宝贝发布成功即可正常交易，让您加QQ、微信、支付宝好友网处理。查看真实被骗案例。

此宝贝未编辑手机端宝贝详情，立即编辑»

* 查看该宝贝
  买家未出价时，您可到"我的淘宝 › 我是卖家 › 出售中的宝贝"进行
* 继续发布宝贝
* 用心选设置你手机端商品推荐
* 如何优化一个会赚钱的宝贝描述页
* 绑定服务宝
* 马上推广到无线，获取千万免费流量

---

**TIPS 发布宝贝时的注意事项**

在上传宝贝图片时，网页端暂不支持GIF格式的图片，一般以PNG的格式上传，上传成功的商品图片将自动保存在店铺的图片空间中。在设置指定条件包邮时，要选择相应的城市或地区，并设置对应的运费标准和包邮标准。另外，电脑端宝贝详情描述必须填写，同时开通账期保障服务，这样才能成功发布宝贝。

## 4.1.2　直接用"淘宝助理"发布宝贝

　　如果淘宝店主不想登录淘宝网页端发布宝贝，也可登录"淘宝助理"软件发布宝贝，具体操作如下。

## 01 创建宝贝

登录淘宝助理，❶单击"宝贝管理"选项卡，❷单击"创建宝贝"按钮。

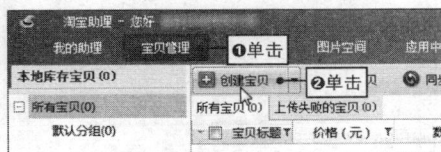

| ⟲ 淘宝助理 - 您好 | | |
| 我的助理 | 宝贝管理 ❶单击 | 图片空间 | 应用中 |
| 本地库存宝贝(0) | ⊞ 创建宝贝 ❷单击 | | ⊕ 同步 |
| ⊟ 所有宝贝(0) | 所有宝贝(0) 上传失败的宝贝(0) | |
| 　默认分组(0) | ▾ ☐ 宝贝标题 ▾ | 价格(元) ▾ | 数 |

## 02 选择商品类目

❶在打开的"创建宝贝"窗口中单击"选类目"按钮，❷在新窗口中输入商品类目关键字，❸在下拉列表中选择具体的商品类目，❹单击"确定"按钮。

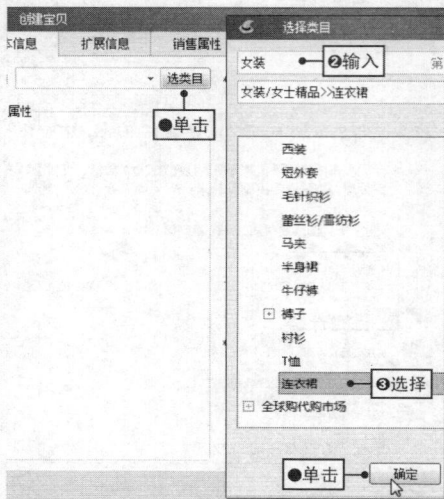

## 03 设置商品详细信息

❶对商品的类目属性进行设置，❷输入宝贝标题，❸设置一口价、定时上架、所在地和运费模板等信息，❹完成后单击"+添加图片"按钮。

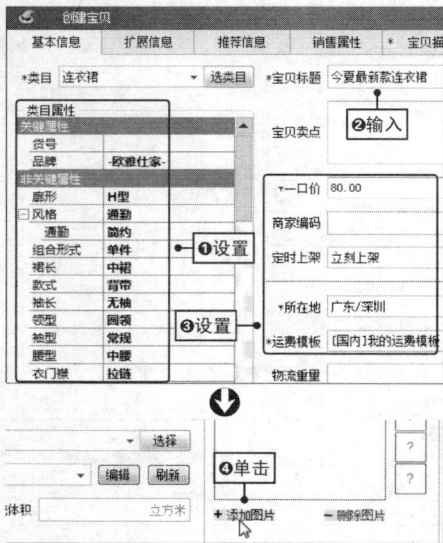

## 04 设置商品的销售属性

商品图片上传完毕后，❶单击"创建宝贝"窗口上方的"销售属性"选项卡，❷选择宝贝的颜色和尺码。

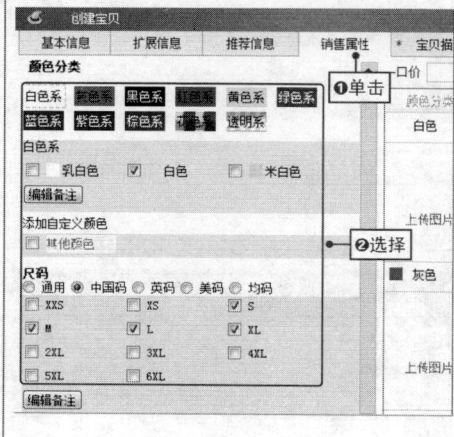

## 05 填写宝贝描述

❶单击"宝贝描述"选项卡，❷在编辑框中输入文字，必要时可插入图片。❸确认无误后单击"保存"按钮。

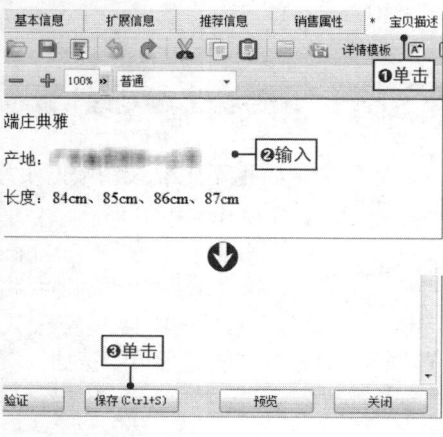

| 06 保存并上传 | 07 关闭窗口 |
|---|---|
| 返回"宝贝管理"界面可看到刚刚创建的宝贝信息，❶选中其左侧的复选框，❷单击界面右下角的"保存并上传"按钮。 | 在打开的"上传宝贝"窗口中，系统将默认选中"上传前是否进行违规校验"和"品牌商品发布提醒……"复选框，❶只需单击"上传"按钮，即可完成宝贝上传的工作，❷单击"关闭"按钮即可关闭窗口。 |

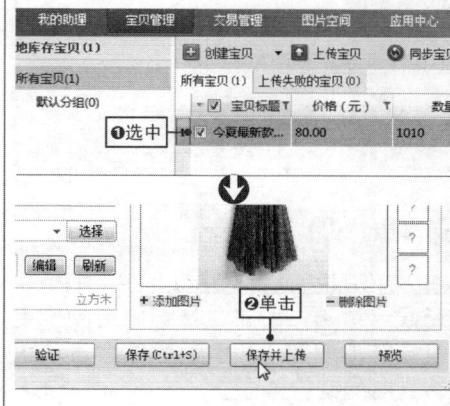

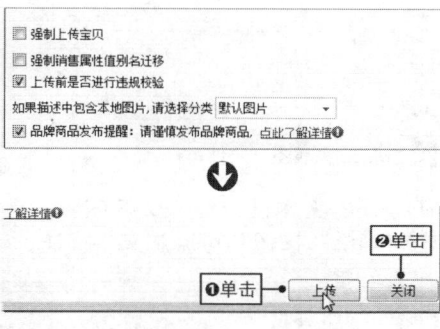

执行上述操作后，返回"宝贝管理"界面，淘宝店主可以继续创建宝贝并上传，直到所有宝贝上传完毕。上传成功的宝贝信息会同步到网页端卖家中心，单击"出售中的宝贝"超链接即可查看到。

---

**TIPS　设置销售属性时要注意的问题**

淘宝店主在选择了商品的颜色和尺码后，设置工作还没有做完，还需要在右侧的表格中对每种颜色和尺码的商品进行单价和数量的填写。

---

## 4.1.3　发布手机端宝贝详情

目前，越来越多的买家直接用手机进入淘宝买东西，这就要求淘宝店主为自己的宝贝设置手机端宝贝详情，下面来看看具体操作。

| 01 选择命令 | |
|---|---|
| 进入卖家中心，在页面左侧的"宝贝管理"栏中单击"出售中的宝贝"超链接。 | 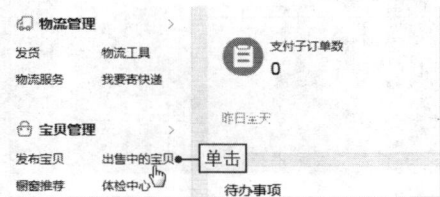 |

## 02 打开出售中的宝贝列表

在打开的页面中会看到出售中的宝贝列表，在需要编辑手机端详情的宝贝选项右侧单击"编辑宝贝"超链接。

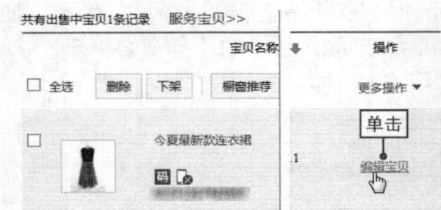

## 03 单击"文字"按钮

在编辑宝贝详情的页面中找到"手机端描述"栏，在编辑框中单击"文字"按钮。

## 04 添加文字描述

在打开的文本框中输入文字内容，单击"确认"按钮即可添加文字描述。

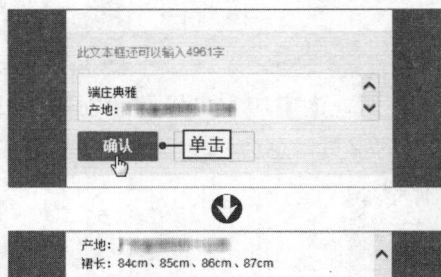

### TIPS 插入的图片可进行编辑

当淘宝店主插入图片后，选中图片可对其进行上移、替换和删除等编辑操作，如图4-1所示。

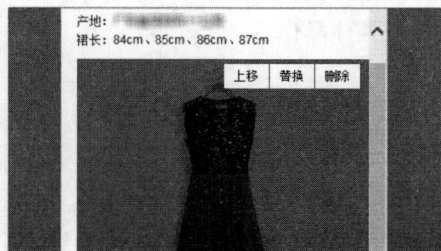

图4-1

## 05 单击"图片"按钮

❶以相似的方法插入宝贝图片，❷确认无误后单击"发布"按钮即可完成手机端详情设置，同时，程序会自动跳转到商品销售页面。

淘宝店主除了可以在网页端发布宝贝手机端详情，也可以通过淘宝助理发布手机端详情。

### 4.1.4　手机扫码进入宝贝详情页

发布手机端宝贝详情后，淘宝店主可通过扫码直接查看手机端的宝贝详情效果。但在这之前，店主需要刷新"出售中的宝贝"列表，程序才能自动识别已经发布的手机端详情并生成二维码。下面来看看如何扫码进入宝贝详情页。

| **01 扫描二维码** | **02 进入手机端详情页** |
| --- | --- |
| 在展示"出售中的宝贝"列表页面，❶单击"码"按钮，❷用手机淘宝扫描二维码。 | 在手机淘宝中即可打开宝贝详情页并进行查看。 |

## 4.2 制作店标，给店铺一个名称

淘宝店店标是店铺的形象标志，好的店标会给买家留下深刻的印象，激发其购买店铺内商品的意愿，同时提升店铺的知名度。

### 4.2.1　制作店标的3种方法

根据大多数淘宝店主的经营实例可知，制作店标主要有3种方法：在线生成、自行设计和聘请他人设计店标。下面就来具体了解这3种方法。

### 1.在线生成店标

在线生成店标是一种省时省力的店标制作方法，许多素材网站都提供了店标的在线生成工具，如表4-1所示。

表 4-1　可在线生成店标的素材网站

| 网站名 | 网址 | 网站名 | 网址 |
|---|---|---|---|
| 三角梨 | http://www.sanjiaoli.com/ | 色大师 | http://www.sedashi.cn/ |
| 小智 LOGO | https://xzlogo.com/ | Logofree | http://www.logofree.cn/ |
| 朝夕网 | https://www.zhaoxi.net/ | 老 y 在线制作 | http://zxzz.lakwdian.com/ |
| U 钙网 | http://www.uugai.com/ | | |

有些素材网站在线生成的店标需要店主们注册会员并登录才可以下载，比如色大师、小智LOGO和Logofree等。下面以U钙网为例，讲解在线生成店标并免登录账号即可下载的操作过程。

| 01 填写店铺名称和标语 | 02 单击"选择LOGO模板"按钮 |
|---|---|
| 进入U钙网首页，❶在文本框中分别输入店铺名称和标语，❷单击"开始免费设计LOGO"按钮。<br><br> | 在打开的页面中单击"选择LOGO模板"按钮。<br><br> |
| **03 选择店标样式**<br>在打开的页面中选择模板和具体心仪的店标样式。 | |

## 04 选择字体颜色并保存店标

❶在新页面中为店铺名称和标语选择恰当的颜色，❷确认后单击"生成LOGO下载"按钮保存店标图片。

### TIPS 单击"免费下载LOGO"按钮

如果淘宝店主在输入店铺名称和标语后，系统推荐的店标样式非常符合自己的需求，则可以直接单击"免费下载LOGO"按钮，进行店标图片的下载和保存。如果生成的店标无法下载，可将图片以"另存为"的方式进行保存。

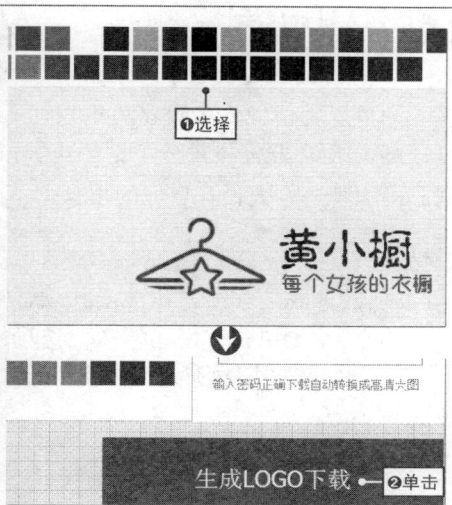

## 2.自行设计店标

在线生成店标虽然可以帮助淘宝店主快速获得专属店标，但可能无法完全符合店主的要求，此时店主可以自行设计店标。但在自行设计时需要遵循一定的规则才能设计出吸引眼球的店标，具体内容如表4-2所示。

表4-2 自行设计店标的注意事项

| 规则 | 具体内容 |
|---|---|
| 较强的视觉效果 | 一个好的店标首先要有强烈的冲击力来吸引买家的注意，要与其他店铺的店标有区别，要有自己的个性，图案要清晰且容易识别 |
| 统一性 | 店标的基调要与店铺经营项目及整个店铺装修风格一致 |
| 兼容性 | 网店的店标不仅会在淘宝店铺中展示，当店主进行微信营销或其他宣传推广活动时，还可能在其他网络平台展示，所以要有较好的兼容性 |
| 店标构成的方式 | 1. 文字店标：主要由文字或拼音构成，应用广泛，能使买家在看到店标时就记住店铺的名称；<br>2. 图案店标：主要由图案构成，不受语言的限制，形象生动，但会表达店铺经营理念或宗旨等方面没有文字店标直接；<br>3. 文图组合店标：主要由文字和图案构成，具备文字店标和图案店标的优点 |
| 符合法律法规的规定 | 店标的设计要符合相关法律法规的规定，不得抄袭他人的店标 |

### 3.聘请他人设计店标

如果淘宝店主觉得在线生成店标不合心意，或者觉得自行设计店标太麻烦，则可以聘请他人为自家店铺设计店标。目前市场中有很多商标设计公司和设计师，专门为店铺或公司设计店铺LOGO和公司LOGO。下面以猪八戒网为例，讲解聘请专人设计店标的步骤。

| 01 选择服务 | 02 发布制作店标的需求 |
|---|---|
| 进入猪八戒网官网首页（https://www.zbj.com/），❶单击"发布需求"选项卡，❷在新页面中选择服务和想要的LOGO类型。 | ❶输入手机号码，❷单击"立即获取"按钮，❸将收到的验证码输入对应文本框中，❹单击"立即发布"按钮即可成功发布需求。 |

完成上述步骤后，该手机号码将自动注册成为猪八戒网站的用户账号，而网站会以短信的形式告知用户初始登录密码，淘宝店主可以登录网站修改登录密码。另外，要想网站帮自己找到店标制作的服务商，还需要进入"我的订单"页面设置初步预算，如图4-2所示。

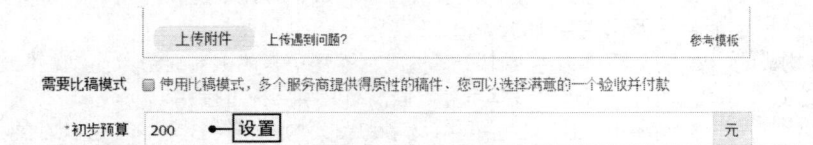

图4-2

设置好初步预算后，网站将为店主们匹配服务商，服务商接单后，店主只需托管赏金至网站平台，服务商便可以开始制作店标LOGO。

## 4.2.2　如何让店标吸引眼球

淘宝店铺的店标位置较小，为了使店标在有限的位置上发挥作用，可以通过以下方法来吸引买家。

● 形成色彩对比

店标中的文字色彩尽可能地与图案色彩形成对比，以此突出店铺名称；店标图案色彩可适当地与店铺主体色彩区分。如图4-3所示的是欧莱雅官方旗舰店的店标。

图4-3

从图4-3可以看出，欧莱雅官方旗舰店采用的是文字店标，所有字母和汉字均使用黑色字体，与白色背景形成对比。另外，黑色店标与整个店铺的主体颜色黑色相匹配，使店标看起来显眼而不突兀。

● 展示重点内容

店铺的店标所占位置一般较小，包括了店铺名称和LOGO，个体淘宝店铺在设计店标时可只包括这两项重点内容。但很多品牌旗舰店还会在店标中添加其他文字，突出店铺的特点。

比如，图4-3所示的欧莱雅官方旗舰店的店标，其除了有字母店名外，还添加了"正品保证，官方直售"这8个字，充分展示了店铺的正规性，这样会更吸引买家的注意。

## 4.2.3　店标的尺寸大小有讲究

淘宝店的店标过大，可能造成无法完全显示；过小又很容易被买家忽略。因此，店标的尺寸大小需要满足官方规定的要求。

当店主在卖家中心单击"店铺装修"超链接后进入装修页面，对店招模块进行编辑时，默认进行的是店铺的基本设置。此时上传店标，对普通店铺来说，店标会直接在店铺首页显示；对旺铺来说，店标不会在店铺首页显示，而会在买家搜索店铺时才显示。

但不管店标如何显示，店主在网页端店铺首页进行装修时，上传的店标要求文件格式为GIF、JPG、JPEG和PNG，同时，文件大小要控制在80KB以内。所以，设计出的店标尺寸最好为80px×80px。另外，网页端上传的店标大小不能超过店招的高度和宽度。这里需要说明的是，网页端基础版的店招尺寸宽度为950px，高度建议不超过120px；网页端专业版的店招尺寸要求为950px×150px，小于该尺寸的店标是符合要求的。

而在进行手机端首页装修时，店主们是无法单独上传店标图片的，平台只对店招背景图的格式和大小做了规定，即尺寸为750px×580px，建议400KB左右，格式类型为JPG和PNG。

**4.2.4　店标中艺术字体的设计**

为店标设计艺术字体可以让店标看起来更有个性，淘宝店主们可以直接使用在线生成工具来设计店标艺术字体。常用的艺术字体设计网站有如下一些。

● 第一字体网

第一字体网（http://www.diyiziti.com/）提供了字体转换器功能，可以把字体转换为艺术字、书法字体、篆体字、卡通字体和美术字体等。

● 艺术字网

艺术字网（http://www.yishuzi.com/）提供了艺术字和花体字的在线生成工具，如图4-4所示的是艺术字体的预览页面。

图4-4

● QT86网

QT86网（http://www.qt86.com/）提供了艺术字、花体字和常用字体的在线生成工具，已经收录410个艺术字体。在设计时，不仅可以选择具体的艺术字体，还能对字体大小进行设置，主要有3种类型：小型字、中型字和大型字。

● 阿酷艺术字网

阿酷艺术字网（http://www.akuziti.com/）提供了艺术字体、英文字体、花体英文、数字字体、pop字体、草书和篆书等在线生成工具，同时还在首页展示了最新字体样式，如图4-5所示。单击图片即可快速生成艺术字体。

图4-5

● 美术字网

美术字网（http://meishuzi.cn/）提供了艺术字体、花体字、英文、篆体、经典字体、pop字体和花鸟字等在线生成工具，同时店主们还可通过该平台了解艺术字的设计案例，如图4-6所示。

图4-6

● 急切网

急切网（http://www.jiqie.com/）提供了艺术字体在线生成、火焰字签名和LOGO水印设计等功能，可以在线选择字体颜色和大小、背景的颜色及渐变效果。要注意，在该网站上生成的艺术字可能带有网站标识，这就需要店主们使用图片编辑工具去除网站标识，然后再上传到店招中。

下面以第一字体网为例，讲解如何在线生成艺术字体的具体操作步骤。

| `01` 选择艺术字转换器 | `02` 设置字体参数 |
|---|---|
| 进入第一字体网，在首页单击对应字体的转换器按钮，打开转换器。 | ❶设置具体的艺术字体、宽度、大小、高度、字体颜色和背景颜色等，❷输入店铺名称，❸单击"在线转换"按钮。 |

`03` 保存图片

在下方会显示艺术字的设计效果，单击"保存图片"按钮即可保存设计好的艺术字店标。

---

### 4.2.5 更改店铺名称并上传店招图片

　　淘宝店主创建店铺后，淘宝网会默认生成一个由字母和数字组成的店铺名称，为了增加店铺的辨识度，店主需要更改店铺名称，同时上传已经制作好的店招图片。相关操作步骤如下。

`01` 进入店铺装修页面

❶在卖家中心页面的左侧导航栏中单击"店铺装修"超链接，进入店铺装修页面，❷单击"PC端"选项卡，切换到PC端店铺装修页面。

**TIPS 发布后装修效果才会生效**

淘宝店主在店铺装修页面进行的所有装修操作均要进行发布，这样才能生效。

## 02 单击"装修页面"按钮

在页面列表中单击"首页"右侧的"装修页面"按钮。

| | | 导入专业 |
|---|---|---|
| 页面名称 | 更新时间 | **单击** |
| 首页 | 2018-06-11 15:00:53 | 装修页面　复制地 |
| 店内搜索页 | 2018-06-11 15:00:53 | 有修改 |

## 03 进入店招编辑页面

❶在店招位置单击"编辑"按钮，❷在打开的"店铺招牌"对话框中单击"修改"超链接。

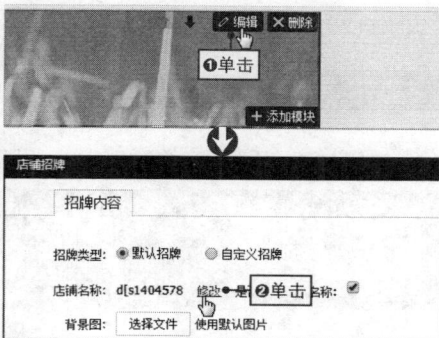

✎编辑　✕删除

❶单击

＋添加模块

**店铺招牌**

招牌内容

招牌类型：◉默认招牌　○自定义招牌

店铺名称：d[s1404578　修改　❷单击 名称：☑

背景图：选择文件　使用默认图片

## 04 更改店铺名称并上传店招图片

❶在打开的页面中更改店铺名称，❷单击"上传图标"按钮，将制作好的店标图片上传到店招中。

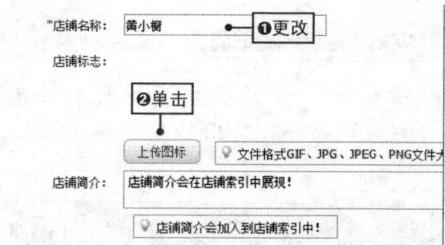

*店铺名称：黄小橱　←❶更改

店铺标志：

❷单击

上传图标　文件格式GIF、JPG、JPEG、PNG文件大

店铺简介：店铺简介会在店铺索引中展现！

店铺简介会加入到店铺索引中！

### TIPS　店招编辑结果无法保存的原因

第一，如果页面中带红色星号的内容没有编辑，则所做的编辑操作不能成功保存；第二，店铺名称已经被其他店铺使用，此时的编辑操作也不能成功保存，需要不断尝试新的店铺名称，直到系统不再提醒名称已用，接着就要设计新的店招，并上传新的店招图片。

## 05 设置参数

上传成功后，❶店主还需完善店铺简介、经营地址和主要货源等内容，❷选中"我声明……"复选框，❸单击"保存"按钮才可成功更改店铺名称并上传店标图片。

*店铺名称：黄小橱

店铺标志：

❶完善　上传图标　文件格式GIF、JPG、JPEG、PNG文件大

店铺简介：店铺简介会在店铺索引中展现！

店铺简介会加入到店铺索引中！

*经营地址：四川　▼ 成都 ▼ 郫都区 ▼

温馨提示：若经营地址填写无法保存成功，请更换附近能够在作路径查看

*主要货源：◉线下批发市场　○实体店拿货　○阿里巴巴批发

❷选中

☑我声明，此页面所填写内容均真实有效，特别是经营地址为店铺最可联系到律文件的地址。如果上述地址信息有误，愿意承担由此带来的平台处罚（处罚细

保存　←❸单击

# 4.3 漂亮的店招是吸引顾客的第一关

店招与店标不一样，店招是店铺招牌，店标是店铺标志。在淘宝店铺首页，店招是一个
具体的模块区域，其中会包含店标。漂亮的店招可以弥补店标不能吸引买家的不足，同
时也能给买家留下深刻的印象。

## 4.3.1 获取店招位置的尺寸大小

店招位于店铺首页的最上方，如图4-7所示。

图4-7

店招区域的图片有宽度和高度的限制，超过规定要求可能无法正常显示
店招背景图。因此，淘宝店主在上传店招图片之前，一定要了解店招区域的
尺寸大小，方便寻找合适的店招图片。如何获取尺寸大小呢？这就需要借助
Photoshop软件和QQ聊天软件来实现，下面来看看具体的步骤。

| 01 截取店招区域 | 02 完成店招区域的截图 |
|---|---|
| 启动Photoshop软件，然后进入个人淘宝店铺的PC端首页装修页面，利用QQ软件的截图快捷键截取店招区域，此时会显示当前区域的尺寸信息。 | 释放鼠标，在弹出的任务条中单击"完成"按钮，完成店招区域的截取工作。 |

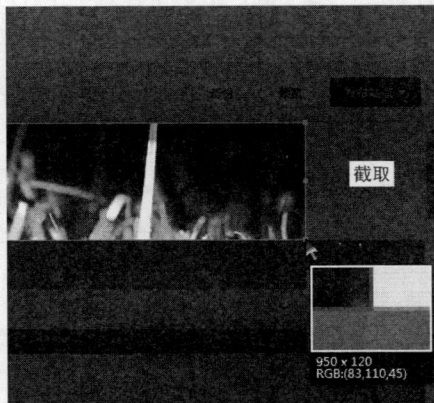

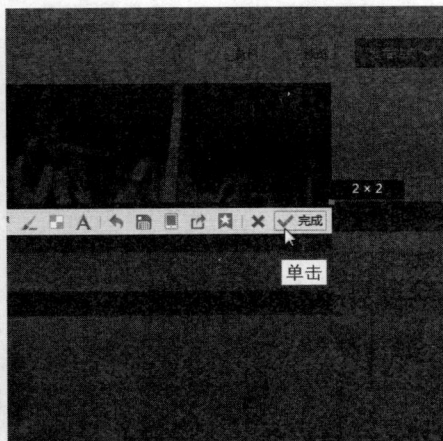

## 03 新建文档

立即切换到Photoshop主界面中，❶单击左上角的"文件"菜单项，❷选择"新建"命令。

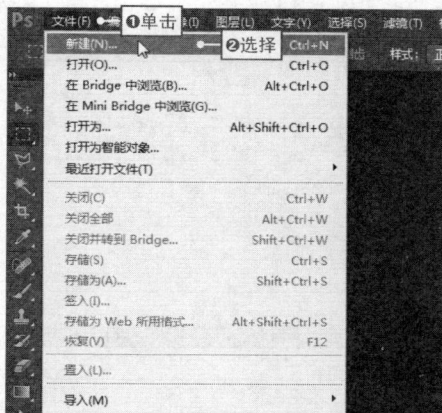

## 04 新建店招区域大小的PS文档

❶打开"新建"对话框，程序会自动识别刚刚截取的店招尺寸大小，如果没有自动识别，需自行设置。❷修改文档名称，❸单击"确定"按钮即可在Photoshop中新建一个与店铺店招区域大小一致的文档。

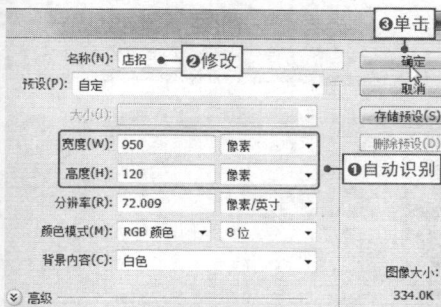

| 名称(N): 店招 | ❷修改 | ❸单击 |

宽度(W): 950 像素
高度(H): 120 像素
分辨率(R): 72.009 像素/英寸
颜色模式(M): RGB 颜色 8位
背景内容(C): 白色

图像大小: 334.0K

---

### 4.3.2 给店招选择合适的图片背景并上传

淘宝店铺的默认店招背景图可能不符合自家店铺的经营要求，因此需要自行设计店招背景图。下载合适的图片后，在Photoshop中进行编辑处理，使其符合店招背景图的规格要求。具体操作步骤如下。

## 01 打开下载的图片

进入Photoshop主界面，单击"文件"菜单项，选择"打开"命令，打开下载的图片。

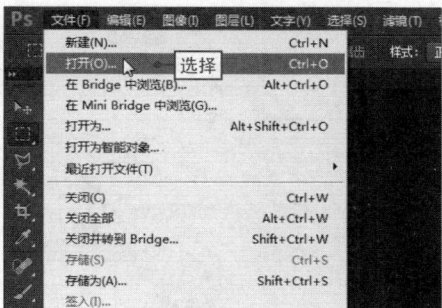

## 02 选取图片区域

对打开的图片进行各种编辑处理，直到合适为止，❶确认后单击"矩形选框工具"按钮，❷选择合适的图片区域，按【Ctrl+C】组合键复制选区。

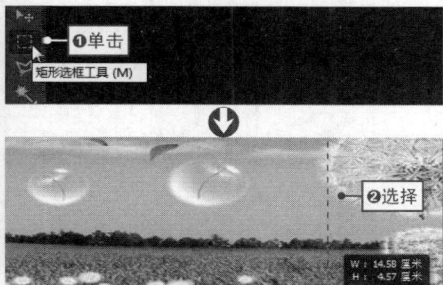

## 03 保存修改后的图片

❶按【Ctrl+V】组合键将复制的图片选区粘贴到新建的PS文档中，❷单击"文件"菜单项，选择"存储为"命令，将新图片存为JPEG格式。

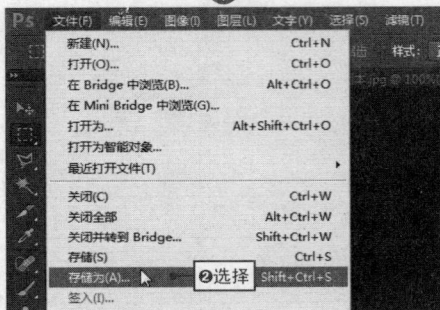

## 04 确认保存后进入装修页面

程序会打开"JPEG选项"对话框，默认设置，❶单击"确定"按钮即可，进入店招区域的编辑页面，❷单击"选择文件"按钮。

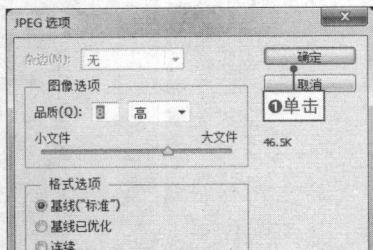

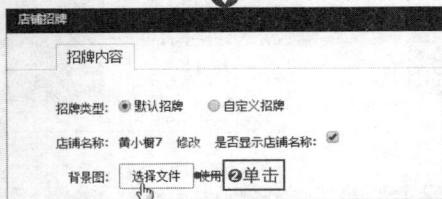

## 05 单击"添加图片"超链接

❶在展开的菜单中单击"上传新图片"选项卡，❷单击"添加图片"超链接。

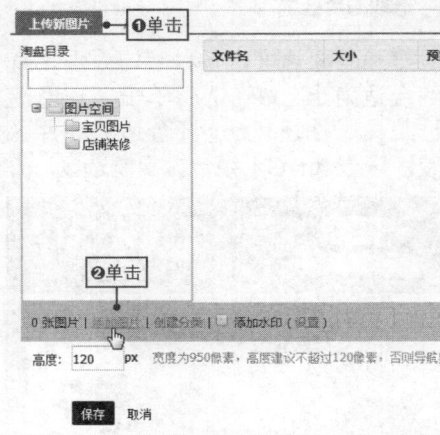

## 06 上传并选择背景图

❶在打开的对话框中单击"点击上传"按钮，选择刚刚保存的图片，自动上传到店铺的图片空间中，此时切换到店招装修页面，❷单击"从淘盘选择"选项卡，❸选择目标图片。

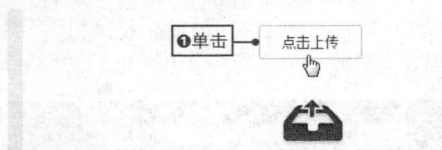

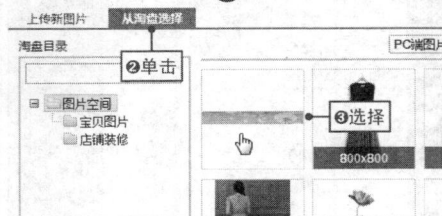

**07 保存店招编辑结果**

❶单击"保存"按钮，自动关闭当前页面，❷返回店铺首页装修页面，可以看到店招区域的背景已经更换。

浦名称：黄小橱7 修改 是否显示店铺名称：☑

背景图：  选择文件  使用默认图片

高度 ❶单击 px 宽度为950像素，高度建议不超过120像素，否则导航显示

保存  取消

⬇

☰ 首页 ⌄   ❷查看   布局管理

**黄小橱7**

**08 让店招装修生效**

❶单击装修页面左上角的"发布站点"下拉按钮，❷选择"立即发布"选项，❸单击"确认发布"按钮即可使店招装修生效。

备份  ❶单击  发布站点 ▼

❷选择  立即发布

定时发布

⬇

发布 ✕

是否确认发布全部电脑端页面？

（本次发布不包含手机端页面）发布成功后，电脑端页面将立即生效！

❸单击

取消  确认发布

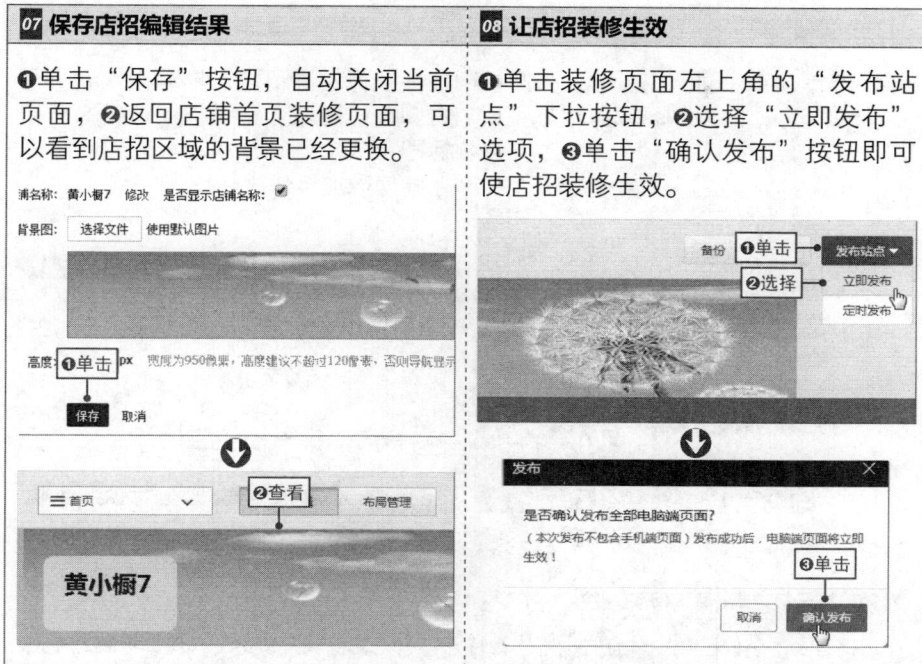

# 4.4 店铺首页各模块的布局管理

淘宝店铺首页包含了很多模块，如图片轮播模块、宝贝推荐模块和宝贝排行模块等，每个模块有其独特的展示方式，店主们可以对这些模块进行自定义摆放和增删，从而使自家店铺的首页布局符合经营要求。

## 4.4.1 添加和删除模块

在店主创建了店铺后，进入店铺装修页面时就会看到系统已默认添加了很多模块，但并不是所有模块都有用，也并不一定包含需要的模块，此时我们就需要进行模块的增删编辑。

### 1.添加模块

当店主浏览店铺装修页面后发现缺少想要的模块，可执行添加模块的操作，具体步骤如下。

| 01 选择基础模块 | 02 拖动模块完成添加 |
|---|---|
| 进入店铺装修页面，在页面左侧的"模块"选项卡中选择基础模块。 | 按住鼠标左键不放，拖动模块到页面右侧装修区域，在适当的位置释放鼠标即可成功添加模块。最后进行发布才能使添加操作生效。 |

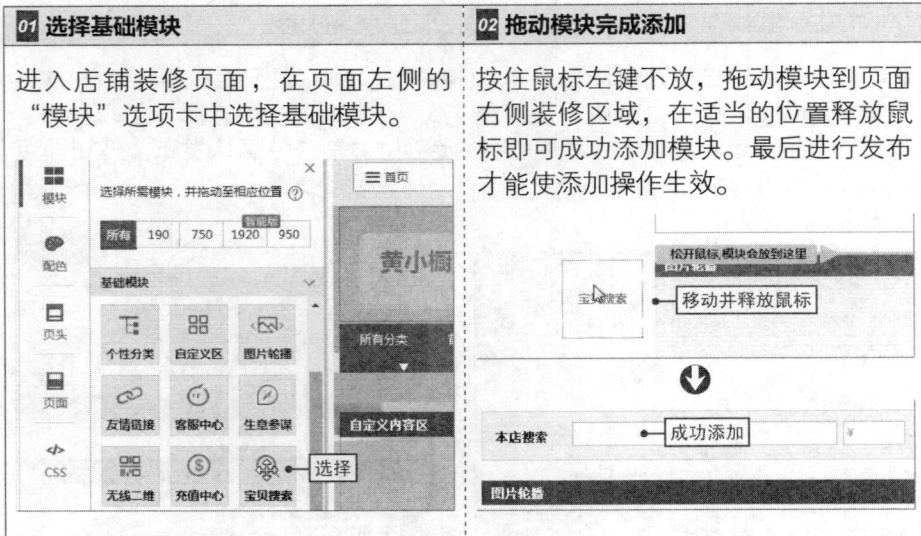

**TIPS 提示某位置不能放置某模块**

在店铺首页的装修区域中，有些位置比较特殊，它只支持放置特定的模块。比如最左侧的位置，只能放置"悬浮导航"模块，如果店主在不知情的情况下移动悬浮导航以外的模块到页面最左侧的位置，则页面中会出现红色的提示信息，提示该处不能放置该模块，如图4-8所示。

图4-8

**2.删除模块**

当店主浏览店铺装修页面后发现有不需要的模块，可执行删除模块的操作，直接在需要删除的模块处单击"删除"按钮即可，如图4-9所示。然后进行发布使删除操作生效。

图4-9

通常，店主们选择使用的是基础模块或设计师模块，这两类模块都是免费的，但如果要使用模块市场中的模块，一般需要付费。

### 4.4.2 编辑模块的属性

页面中各个模块的名称和显示方式等都是模块的属性，比如前面我们对店招模块的设计和编辑，店主们可根据自身需求自由编辑。下面来认识几个店铺常见模块的属性编辑内容。

● 店铺招牌模块

店铺招牌即店招，店主们可对该模块的招牌类型、店铺名称、背景图和高度等属性进行编辑。

● 本店搜索模块

添加该模块可以方便买家在浏览店铺时快速找到目标商品，而店主们可以进行该模块的显示设置，如标题是否显示、预置关键字、推荐关键字和是否显示价格筛选等，如图4-10所示。

● 宝贝分类模块

该模块有横向和纵向之分，但需要编辑的属性都是分类的选择，如图4-11所示为横向的宝贝分类模块编辑界面，单击"分类选择"超链接即可打开"类目选择"对话框，然后添加分类并保存，最后单击"确定"按钮即可成功编辑。

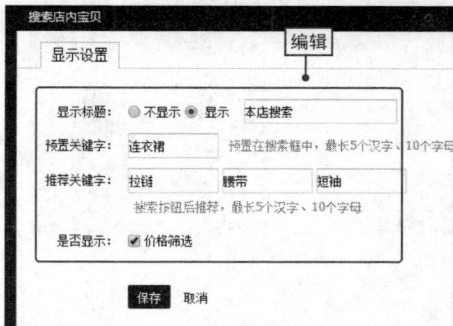

图4-10

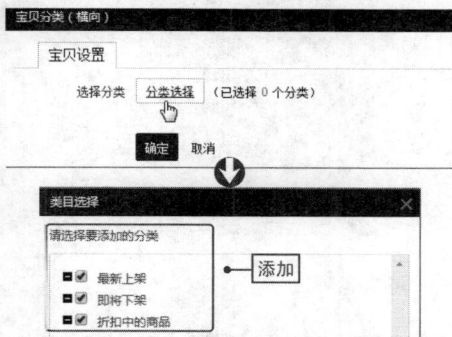

图4-11

● 宝贝推荐模块

该模块通常用于展示畅销商品和最新上架的商品等，店主们可对宝贝的推荐方式、自动推荐排序、宝贝分类、关键字、价格范围和宝贝数量等属性进行设置，同时还可以对电脑端的显示方式和显示的具体内容等属性进行设置，如图4-12所示。

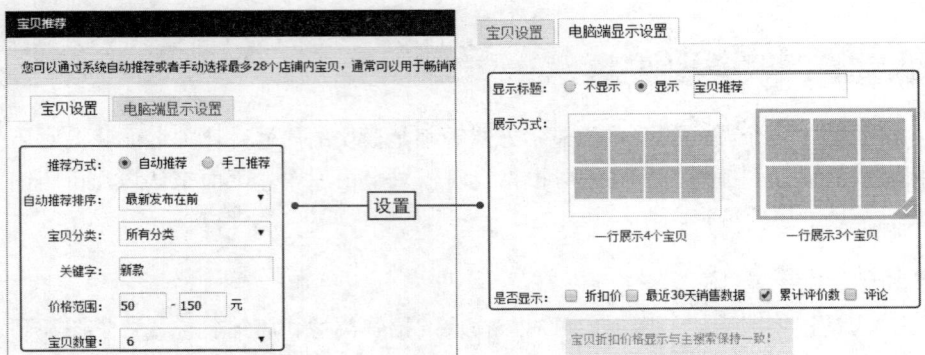

图4-12

● 自定义区模块

店主们可根据自己的喜好和目的，或者店铺经营需求，自由随性地对该模块的属性进行编辑。可以设置该模块的标题是否显示，可以在该模块中插入表格、图片甚至视频，还可以插入相关链接和BannerMaker图文，如图4-13所示。

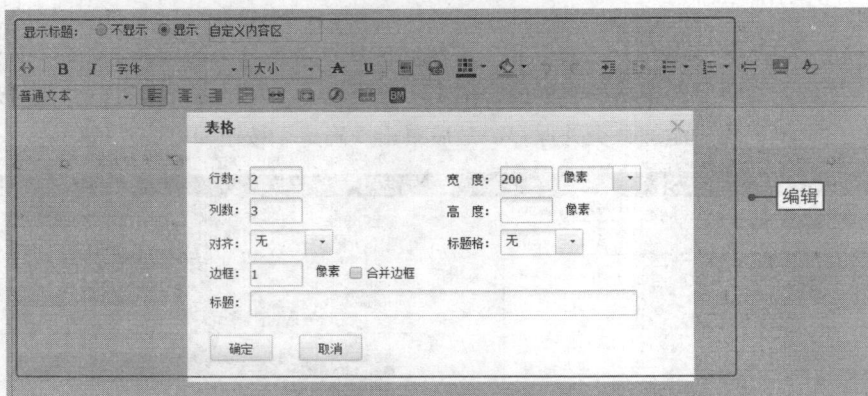

图4-13

**4.4.3** 为导航栏添加选项

淘宝店铺首页有不同风格的导航栏，可以起到快速导航的作用，方便买家在逛店铺时能快速找到目标商品。下面来学习如何为不同的导航栏添加选项。

**1.横排导航栏**

这类导航栏是淘宝店铺中最常见的，并且在店主们创建店铺以后由网站默认添加该模块，位置只能在店招的上方或紧跟在店招下方。如图4-14所示的是某店铺的横排导航栏，位于店招下方。

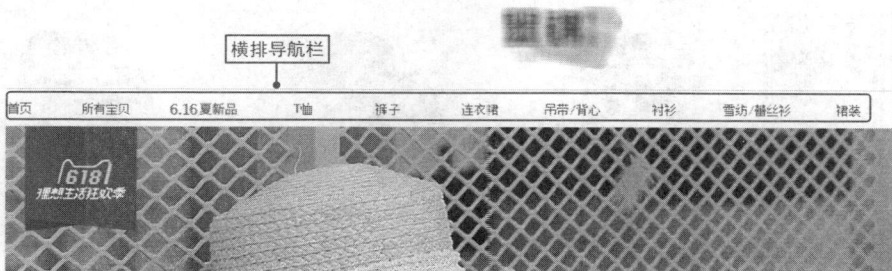

图4-14

店主们在装修这一导航栏时，只能移动其放置的位置和编辑导航栏内的具体选项，无法手动删除该模块。下面来看看如何为导航栏添加选项。

| 01 开始编辑导航栏 | 02 添加导航内容 |
|---|---|
| ❶单击横排导航栏处的"编辑"按钮，在打开的"导航"编辑器中可以看到平台已经默认添加了"首页"选项，❷单击"+添加"按钮。<br><br> | 打开"添加导航内容"编辑器，可以将宝贝分类、页面或自定义链接等选项添加到导航栏中。❶选中宝贝分类中的复选框，❷单击"确定"按钮。<br><br> |

| 03 调整选项的排列位置 | |
|---|---|
| 返回"导航"编辑器，单击向上、向下箭头按钮，调整选项的排列位置，确认设置后单击"确定"按钮即可完成为导航栏添加选项的操作。 |  |

### 2.竖排导航栏

这类导航栏通常放置在页面的左侧，可以包含多个选项，每个选项下还可分出更详细的商品分类情况，当店铺中销售的商品品种较多时，可以采用这种导航栏。如图4-15所示的是某手表旗舰店首页左侧的竖排导航栏。

图4-15

店主们可根据店铺经营需求，自行添加竖排导航栏，而添加方式就是从基础模块中选择"悬浮导航"模块并将其拖动到店铺装修页面放置即可。然后店主们即可对添加的竖排导航栏进行选项添加，具体操作如下。

| 01 设置竖排导航栏的位置 | 02 设置导航栏的内容 |
|---|---|
| 在添加的竖排导航模块处单击"编辑"按钮，打开"悬浮导航"编辑器。设置导航模块与店铺页头和内容模块之间的距离。在右侧可实时查看导航栏在首页中的具体位置。 | ❶切换到"内容设置"选项卡，在其中可依次为导航栏添加图片和点击热区，❷单击相应的按钮完成添加操作，最后再单击"确定"按钮结束设置，返回首页可查看装修效果。 |
|  |  |

### 3.横竖结合型导航栏

该类导航栏是指店铺首页既包含横排导航栏，也包含竖排导航栏，如图4-16所示的是某女装店铺首页的横竖结合型导航栏。

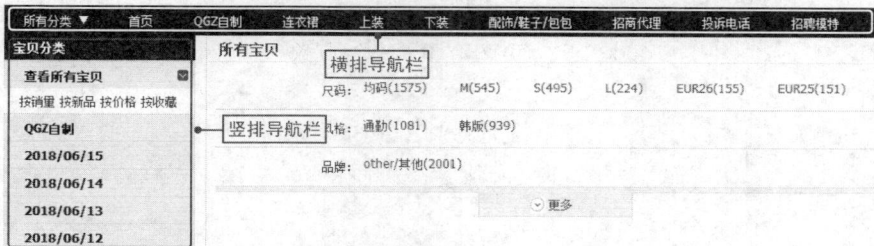

图4-16

**TIPS** **有些模块具有导航栏性质**

在淘宝店铺首页，有些模块的作用与导航栏作用类似，均起到导航和链接的作用，如"客服中心""友情链接"等模块，以及在店铺首页最下方放置的自定义模块。在这个位置的自定义模块中，一般会提供购物指南、支付方式、微信公众号、收藏和商家服务等内容的导航链接。如图4-17所示的是某服装官方旗舰店的首页底部导航栏。

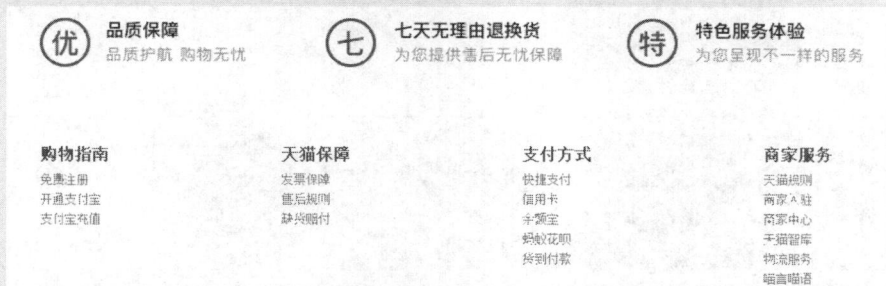

图4-17

## 4.4.4　在图片轮播模块设计Banner图

淘宝店铺中的轮播模块的作用一般是宣传推广，可对店铺中的新上架宝贝或热销宝贝等进行宣传。而Banner图即横幅广告，很多店主会在自家店铺的图片轮播区域放置商品的Banner图，目的就是宣传相关商品。

在设计Banner图之前，先来了解Banner图的显示方式和版式问题。如果图片轮播模块中只有一张Banner图，则不会出现轮播效果，其显示方式就是一张商品大图；只有放置两张及两张以上的Banner图才会出现轮播效果。

如图4-18所示的是某服装店铺首页中的图片轮播模块，其下方有4个点状的
按钮，表示该轮播区域有4张Banner图，每间隔一定的时间就会自动播放下一张
Banner图，也可手动定位其中某一张Banner图。

图4-18

当淘宝店主在设计Banner图时，可借鉴几种常见的版式，中心突出版式、
两分版式、三分版式、上下版式和上中下版式。

中心突出版式只在Banner图的中心位置放置商品图像，左右位置留白，如
图4-19所示。

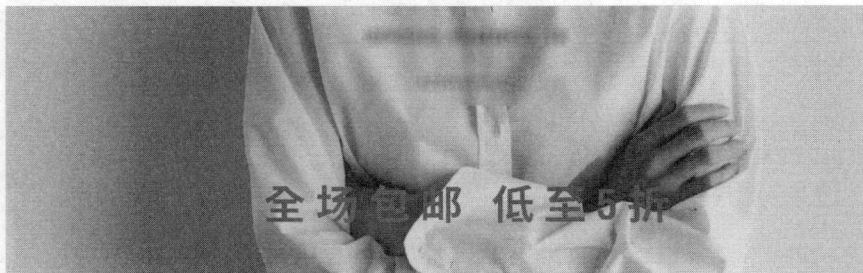

图4-19

两分版式指把Banner图分为左右两部分，分别展示商品图像和文字内容，
如图4-20所示，图像与文字之间的左右排列根据个人喜好自由设计。

图4-20

三分版式指把Banner图分为左中右3个部分，通常把文字内容放置在中间位置，两侧位置放置商品图像，如图4-21所示。

图4-21

上下版式指把Banner图分为上下两部分，放置文字内容和商品图像，该版式与两分版式相似，如图4-22所示。

图4-22

上中下版式将Banner图分为上、中、下3个部分，通常上下位置放置文字内容，中间部分放置商品图像，如图4-23所示。

图4-23

淘宝店主将制作好的Banner图上传到店铺的图片空间中，然后就需要将这些图片放置到图片轮播模块中。具体操作如下。

| 01 上传Banner图 | 02 复制Banner图商品的购买链接 |
|---|---|
| 在图片轮播模块处单击"编辑"按钮，在"内容设置"选项卡下单击▦按钮，上传制作好的Banner图。 | ❶系统自动识别图片地址，❷将Banner图片对应的商品的购买页面网址粘贴到右侧的"链接地址"文本框中。 |

| 03 进行轮播模块的显示设置 |  |
|---|---|
| ❶切换到"显示设置"选项卡，❷设置标题是否显示、模块高度和切换效果等内容，❸确认后单击"保存"按钮，最后对编辑操作进行发布即可。 | |

## 4.4.5　运用模块对宝贝进行分类管理

淘宝网为店铺提供了"默认分类"模块，店主们可利用该模块对自家店铺中的商品进行分类管理。具体如何操作呢？来看看下面的步骤。

| 01 编写分类名称 |  |
|---|---|
| 为店铺添加"默认分类"模块，并单击"编辑"按钮，❶在打开的"分类管理"页面中单击"添加手工分类"按钮，❷在下方的"分类名称"文本框中输入宝贝分类的名称，❸单击"添加图片"按钮。 | |

**02 插入分类图片**

在打开的对话框中选中"插入图片空间图片"单选按钮，插入对应图片。

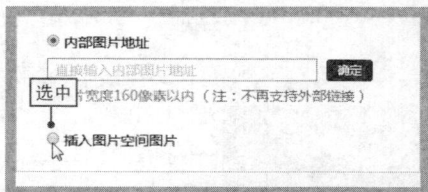

**03 继续添加分类**

重复步骤01和02的操作，继续完成其他分类的添加工作。

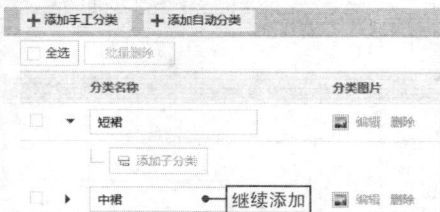

**04 给宝贝选择分类**

❶切换到"宝贝管理"界面，❷选中需要分类的商品复选框，❸单击其右侧的"添加分类"下拉按钮，❹在弹出的菜单中选中对应的复选框。

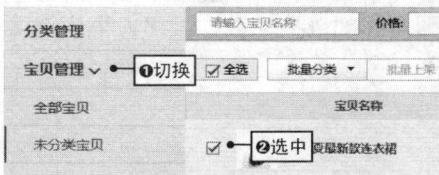

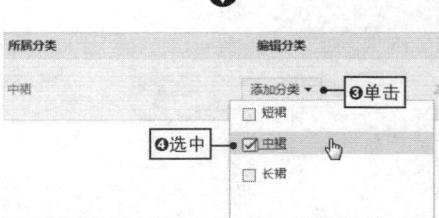

**05 保存更改结果**

确认商品分类添加完毕后，单击页面右上角的"保存更改"按钮，保存商品分类设置，最后进行发布即可。

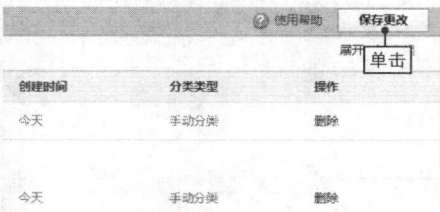

**TIPS 添加商品子分类**

在淘宝店主为自家店铺进行商品分类管理时，还可以在某一分类项下添加子分类，比如"短裙"分类下又分"拉链"、"腰带"和"坎肩"等子分类。

---

**4.4.6 如何手动添加店铺收藏区**

　　所有创建成功的淘宝店铺都有淘宝网自带的"收藏店铺"超链接，一般在店铺首页的左上方。但是，很多店主为了让买家更清楚地找到收藏店铺的按钮，会手动添加一个自定义模块，用来放置店铺收藏区。下面就来看看自行添加店铺收藏区的具体操作。

| 01 添加自定义模块建立收藏区 | 02 编辑收藏区图片 |
|---|---|
| 进入店铺装修页面，添加自定义模块，进入其编辑界面，单击"插入图片空间图片"按钮，上传店铺收藏区的图片。 | ❶选择上传好的图片并插入，❷单击"编辑"超链接。 |

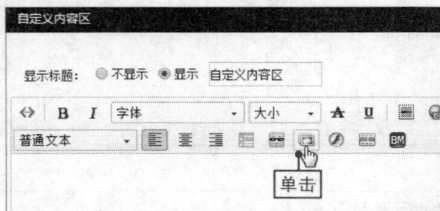

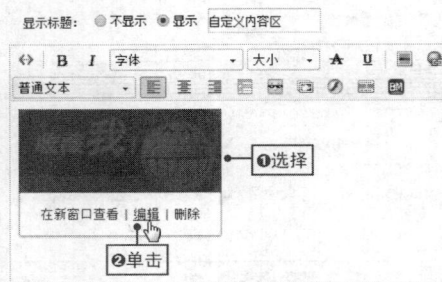

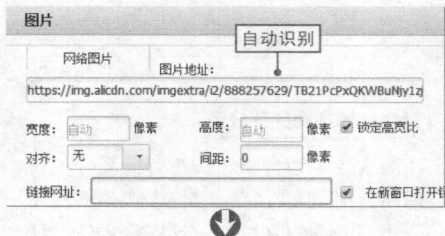

| 03 复制收藏链接 | 04 粘贴链接并确认设置 |
|---|---|
| 打开"图片"对话框，程序会自动识别添加的图片地址，此时需要淘宝店主获取收藏店铺的链接地址。然后进入自家店铺首页，❶在"收藏店铺"链接处右击，❷选择"复制链接地址"命令。 | 切换到"图片"对话框，❶将复制的链接粘贴到"链接地址"文本框中，❷单击"确定"按钮，即可为收藏区图片添加链接地址。返回首页装修页面，发布修改信息即可生效。 |

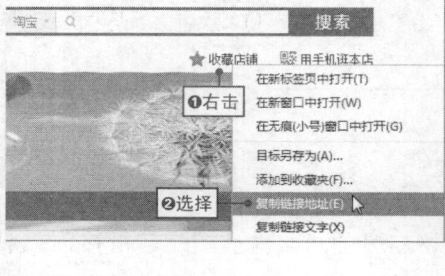

　　淘宝店主要注意，在复制链接地址时，复制的是收藏店铺的链接地址，而不是店铺首页的网址。

# 4.5 美化店铺首页的整体外观

淘宝店铺的背景颜色决定了首页的主色调，为了配合整个店铺的装修风格，店主们需要更改合适的背景色。

## 4.5.1 一键为首页选择主体色调

要迎合整个店铺首页的装修风格，首先要为店铺选择合适的主色调，具体配色操作如下。

| 01 进入配色设置页面 | 02 选择配色方案并发布 |
| --- | --- |
| 进入店铺首页装修页面，单击页面左侧的"配色"选项卡。 | 在打开的菜单中选择合适的主体色调，在右侧可立即查看效果。 |
|  |  |

## 4.5.2 分别设置页头和页面的背景色

设置了首页的主体色调后，店主们可以单独对页头区域和页面区域的背景色进行设置。

### 1.更改页头区域的背景色

页头区域包括店招模块和横排导航模块，更改页头区域的背景色可使店招更加醒目，相关操作如下。

| 01 单击"页头背景色"按钮 | |
| --- | --- |
| ❶单击装修页面左侧的"页头"选项卡，❷在打开的面板中单击"页头背景色"按钮。 |  |

**02 选择背景色**

❶在打开的"调色器"面板中选择合适的页头背景颜色，❷单击"确定"按钮。

**TIPS 精准选色**

如果店主们想选择更精准的颜色来装饰页头，可以手动更改RGB色值。

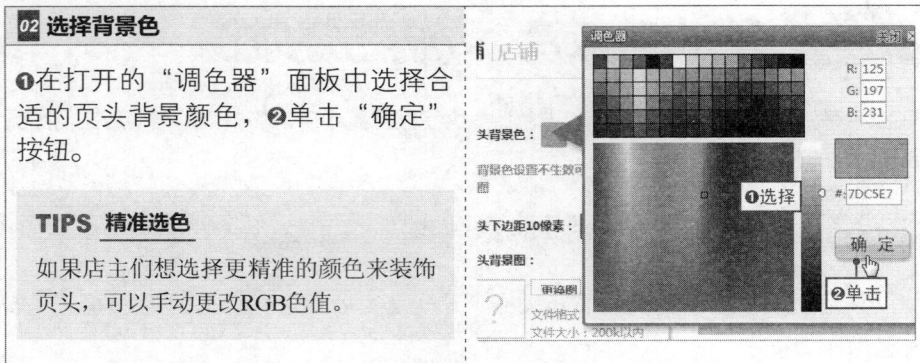

## 2.更改页面区域的背景色

页面区域包括很多模块，它是店铺用于展示商品图片的位置，因此，该区域的背景色尽量选择较淡的颜色。具体操作步骤如下。

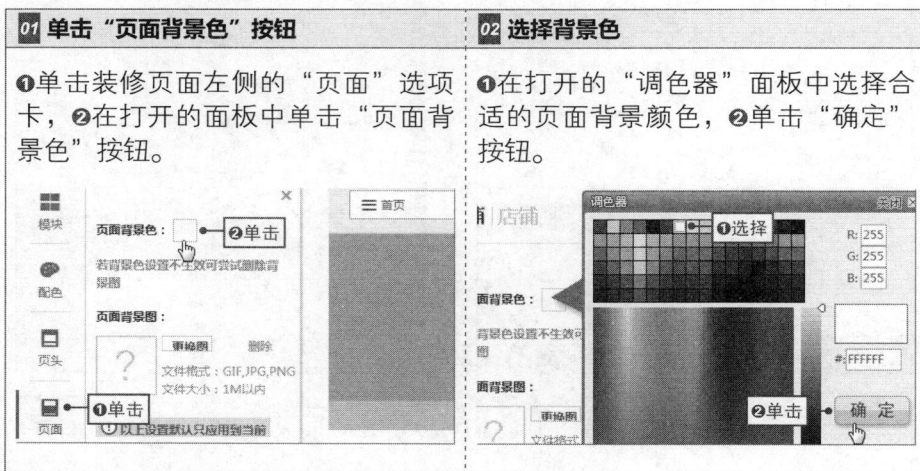

**01 单击"页面背景色"按钮**

❶单击装修页面左侧的"页面"选项卡，❷在打开的面板中单击"页面背景色"按钮。

**02 选择背景色**

❶在打开的"调色器"面板中选择合适的页面背景颜色，❷单击"确定"按钮。

店主们在为首页页头和页面选择设置背景时，除了可以直接选择纯色背景外，还可使用个性化的图片作为背景。

### 4.5.3 直接用图片作为页面背景

有些淘宝店主觉得直接给页面选择纯色的背景色无法突显店铺的个性，所以想要自行设计或借鉴他人的页面背景图。下面来看看如何将图片应用成店铺首页的页面背景。

| 01 上传页面背景图 | 02 设置页面背景图的显示与对齐方式 |
|---|---|

在单击"页面"选项卡打开的面板中，单击"更换图"按钮，打开需要作为店铺首页页面背景的图片。

背景图添加成功后，选择背景显示方式和背景对齐方式，确认后进行发布，使其生效。

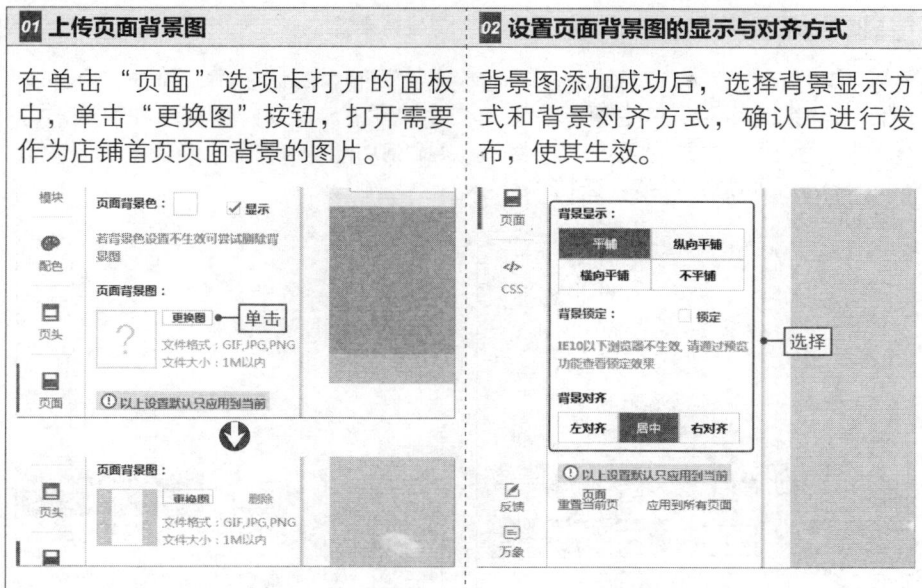

### 4.5.4 订购CSS自定义更多装修效果

CSS是用来进行店铺页面布局的一种样式表，该功能可以向店主们提供一定的修改店铺外观整体布局的权利。因此，淘宝店主要想设计出更个性化的店铺装修效果，可以订购该功能。如何操作呢？来看看下面的步骤。

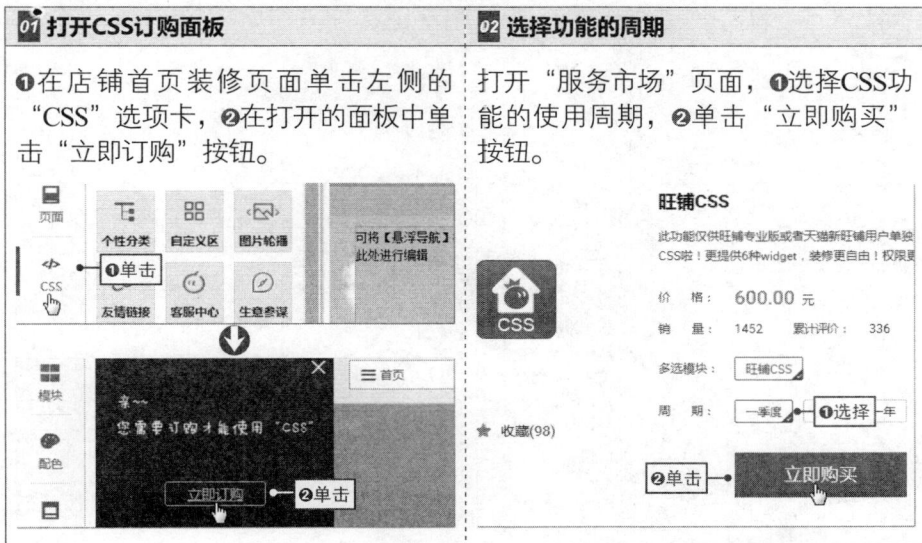

| 01 打开CSS订购面板 | 02 选择功能的周期 |
|---|---|

❶在店铺首页装修页面单击左侧的"CSS"选项卡，❷在打开的面板中单击"立即订购"按钮。

打开"服务市场"页面，❶选择CSS功能的使用周期，❷单击"立即购买"按钮。

旺铺CSS

此功能仅供旺铺专业版或者天猫新旺铺用户单独CSS啦！更提供6种widget，装修更自由！权限更

| 价 格： | 600.00 元 | |
|---|---|---|
| 销 量： | 1452 | 累计评价： 336 |
| 多选模块： | 旺铺CSS | |
| 周 期： | 一季度 ❶选择 一年 | |

★ 收藏(98)

❷单击 → 立即购买

| **03** 同意协议并付款 | **04** 支付金额 |
|---|---|
| 在打开的页面中可以查看功能的开始时间、结束时间和实付金额等信息，❶选中"我已阅读并同意……"复选框，❷单击"同意并付款"按钮。 | 在新页面中确认金额，单击"立即支付"按钮，完成支付操作即可成功订购CSS功能。 |

付款小计：￥600.00

实付款：￥600

支付宝应付 ￥600

实付款：￥600
- ☑ 到期提醒
- ☑ 匿名购买

❶选中 ☑ 已阅读并同意签署：旺铺CSS订购协议 及 服务市场交易协议

❷单击 ▶ 同意并付款

④

评价

实付款：600.00元

支付 600.00元

单击 ▶ 立即支付

---

**TIPS CSS的使用说明**

订购CSS功能后，店铺导航样式、轮播图图标效果样式、模块标题栏样式、模块底色样式、模块内互动效果、标签页、弹出层和兼容性组建等店铺效果均可完全自定义，实现更多个性化装修。但是，CSS功能仅限于旺铺专业版用户使用，智能版用户无法订购。

# 精装宝贝详情页，
# 留住买家脚步

## 学习目标

宝贝详情页主要用于对商品和服务进行详细描述，其页面的呈现效果多种多样，包括文字内容、图片甚至视频。该页面的装修效果在很大程度上会影响买卖成交率，所以店主们在装修时一定要用心。

## 知识要点

- 详情页的基本组成部分
- 在详情页放置特殊信息吸引顾客
- 编辑宝贝的详情推荐模块
- 给宝贝详情设置导航方便买家快速查询
- 使用模板装修手机端宝贝详情页

......

# 5.1 掌握宝贝详情页的基本构造

在具体实施宝贝详情页装修之前，店主们先要认识该页面的各个组成部分，以及文字信息、商品图片的展示方式等，做到心里有数，避免装修时做无用功。

## 5.1.1 详情页的基本组成部分

一旦淘宝店主通过网页端卖家中心，或者淘宝助理软件，成功发布了商品信息，平台将会自动生成宝贝详情页。并且，不同的商品，其详情页的基本组成是相同的。接下来就看看详情页的具体组成部分有哪些。

● 宝贝基础信息展示部分

在宝贝详情页中，最基础的组成部分就是在发布商品信息时自动生成的基础信息展示部分，买家可以在该部分进行商品加入购物车和立即购买的操作，如图5-1所示。

图5-1

● 详情介绍部分

在详情介绍部分会展示当前商品的详细信息，包括宝贝的各种参数、细节图或视频、尺码及各种参数对比表、买家购物须知和店铺中其他商品的链接等内容，如图5-2所示。

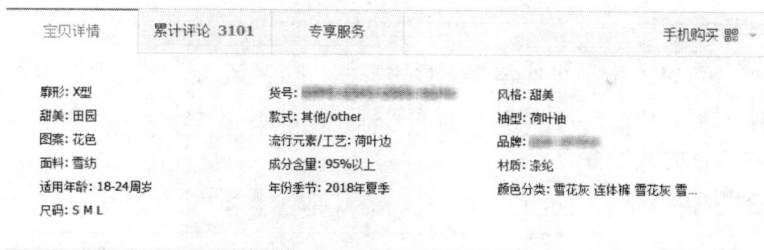

图5-2

● 累计评价部分

该部分中显示的内容是买家购买商品并进行评价后所得的结果，可以作为其他买家购买当前商品的参考依据，如图5-3所示。每条评论区域会显示买家的头像、昵称和评价的时间等信息。

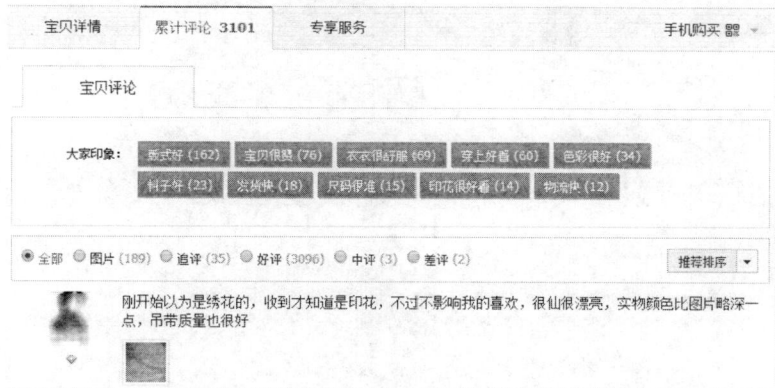

图5-3

如果以前的买家有大部分人给予了商品好评，就会在一定程度上增强买家的购买意愿。

● 专享服务部分

该部分展示的是卖家承诺的一些服务内容和价格说明等，如图5-4所示。

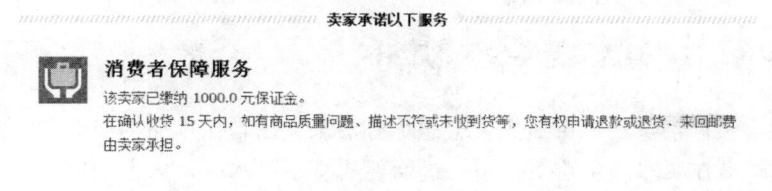

图5-4

● 侧边栏展示部分

该部分可以展示宝贝推荐、宝贝排行榜、店铺活动、客服中心和本店搜索等模块的内容，如图5-5所示。不同的店铺，其展示的具体模块不同，这取决于店主对详情页的装修情况。

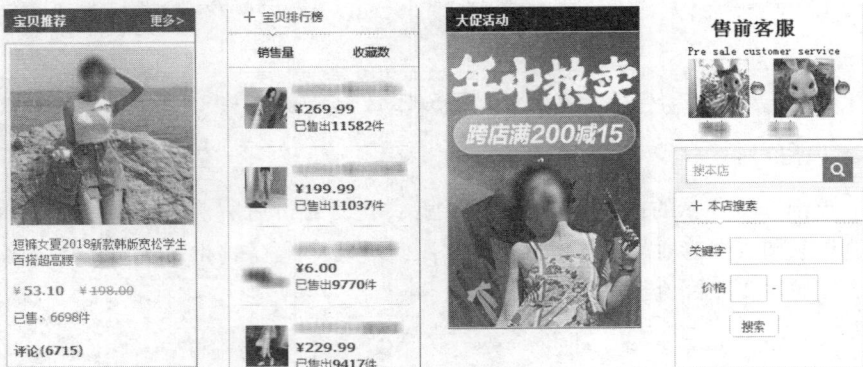

图5-5

● 页面尾部

尾部区域一般包括安全提示和内容说明，是淘宝网官方默认设置好的，如图5-6所示。

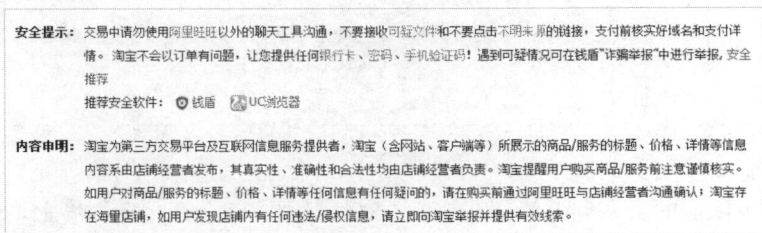

图5-6

上述详情页基本组成部分并不都需要店主们自行装修，如宝贝基础信息、详情介绍、累计评价页面、专项服务页面和页面尾部等都是平台自动设置好的。

## 5.1.2 在详情页放置特殊信息吸引顾客

在宝贝详情页，淘宝店主们会想尽办法来突出自家商品的优势和卖点，力求能鼓励潜在买家产生购买欲望，进而促成交易。那么，店主们惯用的方法有哪些呢？具体如下所示。

● 宝贝细节展示或内部质量展示

　　向买家展示宝贝的细节图或内部结构图，可以让买家感受到店主的诚意，获取买家对店铺的好感，提高交易成功的概率，如图5-7所示的是宝贝细节图（左）和面料材质图（右）。

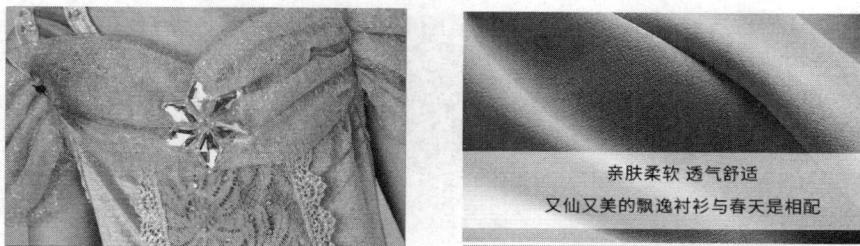

亲肤柔软 透气舒适
又仙又美的飘逸衬衫与春天是相配

图5-7

● 宝贝尺码和型号等信息展示

　　淘宝网中经营穿戴类商品的店铺，一般会提供尺码、身高和体重的对照信息表，这样方便买家根据自身情况选购相应的款型和尺码，主动解决了买家的选购困惑。如图5-8所示的是一份比较详细的尺码、型号信息图表。

| 尺码对照表 | | | | | | |
|---|---|---|---|---|---|---|
| 码数 | 35 | 36 | 37 | 38 | 39 | 40 |
| 码数 | 225 | 230 | 235 | 240 | 245 | 250 |
| 脚长（cm） | 22.0-22.5 | 22.5-23.0 | 23.0-23.5 | 23.5-24.0 | 24.0-24.5 | 24.5-25.0 |
| 前掌围（cm） | 210 | 215 | 220 | 225 | 230 | 235 |

选购尺码
-SIZE-
▼

双脚踩在地面，测量最长脚趾与脚跟之间的距离便是您的脚长。

测量脚掌宽处的距离，此为您的脚宽。

脚宽
脚长

标准脚型（标准码）　大脚趾外翻（选大一码）　二脚趾较长（选大一码）　脚掌较宽（选大一码）　瘦脚型（选小一码）　脚背高（选大一码）

图5-8

● 宝贝生产过程展示

通常，商品生产过程是不会轻易对外公布的，如果淘宝店主在自家网店展示宝贝的生产过程，会极大地取得买家的信任，从而促使买卖成交。如图5-9所示的是某家经营实木家具的店铺展示的产品生产过程。

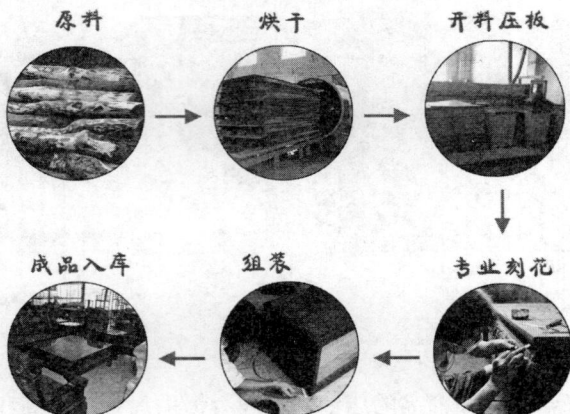

图5-9

● 商品在生活场景中的使用展示

通过展示商品在生活中的使用场景，能让买家产生共鸣，进而激发买家的购买欲望。如图5-10所示的是某餐具店铺展示的餐具图。

图5-10

### 5.1.3　不同位置的文字描述各有特点

店主们在经营店铺时，一般会以图文结合的方式向买家展示自家商品的特点和优势。不同位置处的文字描述会对商品的宣传起到不同程度的作用，下面就来看看这些文字描述的特点。

### 1.宝贝基础信息展示部分的文字描述

每一件商品都对应一个宝贝详情页，店主们会在基础信息展示部分用突出的文字内容简单并概括性地描述商品的多个特点，如图5-11所示。这样可以让买家第一眼就了解到商品的特征，起到吸引眼球和导购的作用。

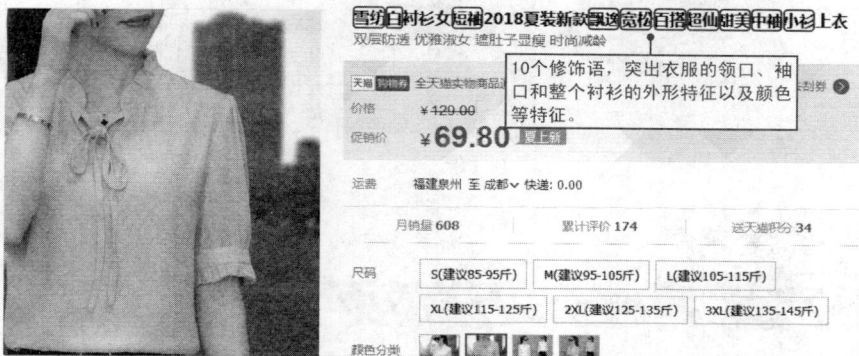

图5-11

### 2.纯文字的商品信息描述

一般来说，店主在综合描述商品的各个参数值，或者做出价格说明时，会直接使用纯文字的商品信息描述方式，这样更直观、易懂且正式。有时为了突出纯文字的商品信息，会以表格的形式展示，如图5-12所示。

图5-12

### 3.图片上添加文字描述

有些店主为了增加商品图片的说服力，同时进行补充说明，会在图片上加注文字说明，如图5-13所示。一般这些位置的文字内容比较简洁，能很好地概括商品的优势。

图5-13

# 5.2 装修宝贝详情页

店主们要对宝贝详情页中的一些模块进行编辑，以改变整个详情页的布局情况，尽可能地留住买家的脚步，促使其下单成交。

## 5.2.1 按照店铺需求增删详情页的模块

详情页的基本组成部分是平台根据店主们上传的宝贝信息和买家做出的评论等自动生成的，店主们不能对其进行编辑。但有些自动生成的模块在该页面中的作用不大，可将其删除，或者对没有的、需要的模块进行添加。下面以删除宝贝详情页中多余的"自定义区"模块为例，讲解具体的删除操作。

| **01 单击"宝贝详情页"选项卡** | **02 选择默认宝贝详情页进行装修** |
| --- | --- |
| 单击"店铺装修"超链接打开新页面，在切换到"PC端"选项卡后单击左侧的"宝贝详情页"选项卡。 | 在右侧的"默认宝贝详情页"选项处单击其右侧的"装修页面"按钮。 |

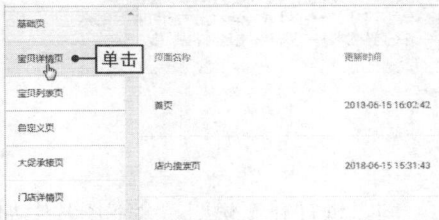

**03 进入页面编辑页面删除多余模块**

进入"页面编辑"页面，选择想要删除的多余的模块，单击模块右上方的"删除"按钮。

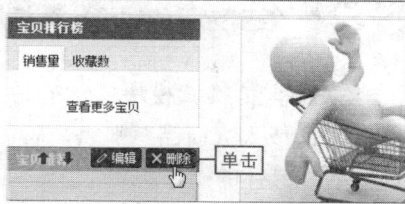

如果有其他内容需要展示，可增加相应的模块并对其进行编辑。这里要提醒店主们，对宝贝详情页进行的各种编辑操作，最后也需要进行发布，这样才能使装修页面的操作生效。

**SKILL 在布局管理页面增删模块**

上述步骤中删除模块的操作是在"页面编辑"页面进行的，除此之外，店主们还可在"布局管理"页面中增删模块。具体操作是：进入宝贝详情页装修页面，❶单击上方的"布局管理"选项卡进入布局管理页面，❷选择需要增加或删除的模块，❸执行移动操作或删除操作即可，如图5-14所示。

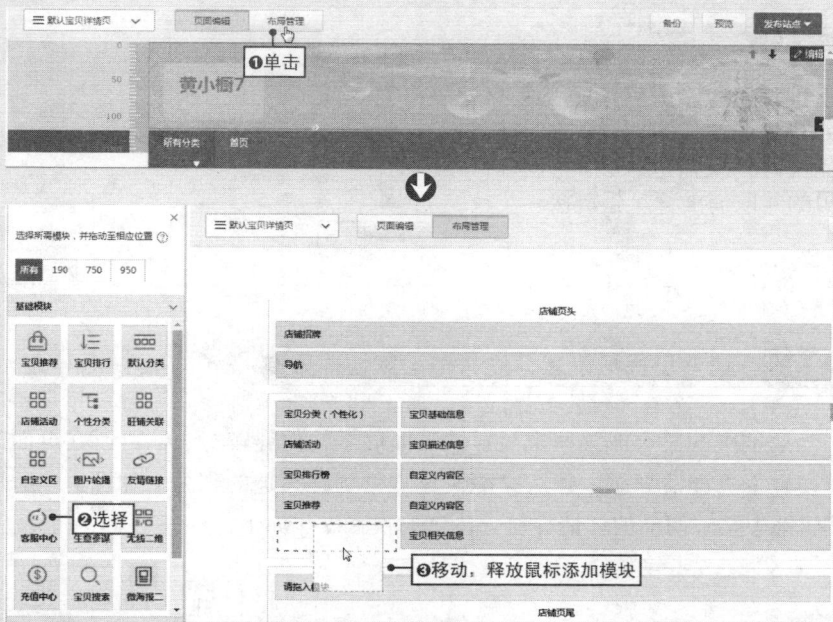

图5-14

如果要在此页面中删除某一模块，可直接单击模块名称右侧的"×"按钮。确认增删模块的操作结束后，发布修改操作即可。

**编辑宝贝的详情推荐模块**

宝贝的详情推荐模块展示的是一些推荐买家购买的商品，一般是店铺中的热卖商品或人气商品。那么，店主们要如何对这一模块的具体内容进行编辑呢？来看看具体的操作。

---

**01 单击"编辑"按钮**

进入宝贝详情页装修页面，单击"宝贝推荐"模块处的"编辑"按钮。

**02 选择推荐宝贝**

在打开的页面中选中"手工推荐"单选按钮，在下方会罗列出店铺中的所有宝贝，单击需要进行推荐的宝贝右侧的"推荐"超链接。

**03 保存设置**

确认推荐设置完成后单击"保存"按钮即可。店主们可以随时取消某件宝贝的推荐，只需进入该页面单击对应宝贝的"取消推荐"超链接。

---

**给宝贝详情设置导航方便买家快速查询**

当店铺中的某个或某些宝贝详情页面展示的内容较多时，可以在页面的侧边栏设置宝贝详情导航，使买家能快速定位到感兴趣的部分。如图5-15所示的是某店铺中某一商品的详情导航，具体的设置操作如下。

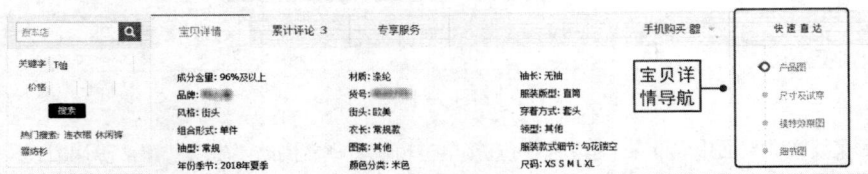

图5-15

## 01 进入出售中的宝贝页面

进入卖家中心，单击"宝贝管理"栏中的"出售中的宝贝"超链接。

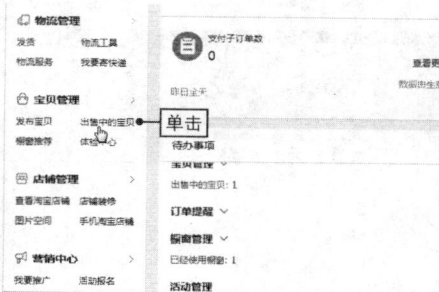

## 02 进入宝贝编辑页面

在出售中的宝贝列表中单击某一宝贝右侧的"编辑宝贝"超链接。

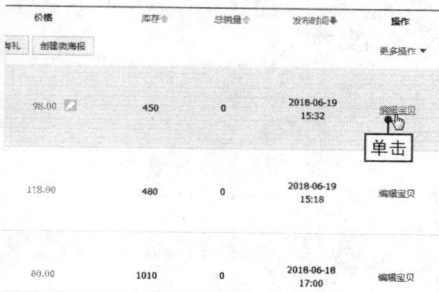

## 03 新建导航模块

在打开的新页面中找到"电脑端描述"板块，❶将鼠标光标位置定位到每一个详情模块的开始，❷在"详情导航模块"下拉菜单中单击"新建模块"超链接。

## 04 编辑详情模块信息

❶在新页面中输入模块标题和详情内容，❷单击下方的"新增并立即使用"按钮。

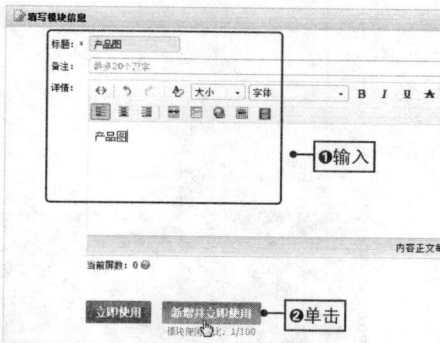

## 05 发布设置

在设置好所需的宝贝详情导航模块后，单击"发布"按钮使其生效。

**TIPS 单独移动导航模块**

如果淘宝店主在新建宝贝详情的导航模块时没有定位鼠标光标的位置，则在新建完所有导航模块后需手动移动模块的位置到具体的描述内容处。

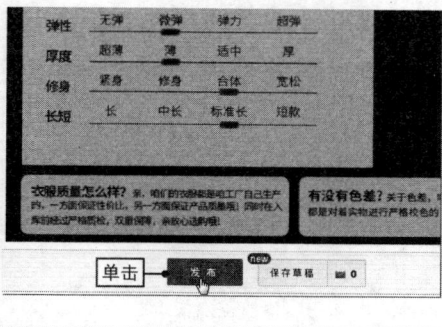

## 06 查看设置的效果

系统将自动跳转到宝贝详情页面，此时可看到页面右侧生成了一个导航栏，选择具体的导航模块即可快速定位到相应的位置。

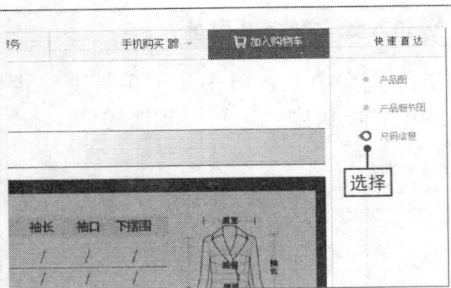

---

### 5.2.4 插入其他商品链接以便推广

很多店主为了扩大店铺的成交量，会在宝贝详情页中添加店铺中其他宝贝的链接，以此达到推销、宣传的目的。下面就来看看具体的操作过程。

## 01 单击"插入表格"按钮

进入某一件正在出售中的宝贝编辑页面，❶将光标定位在需要添加其他商品链接的区域，❷单击"插入表格"按钮。

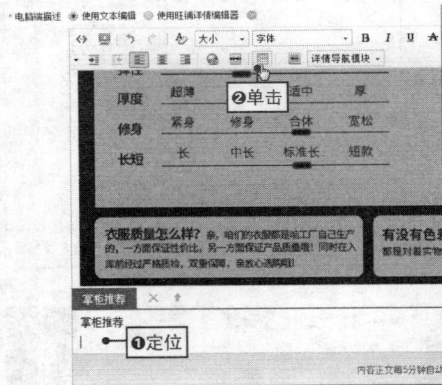

## 02 设置表格的各项参数

❶在打开的"表格"对话框中设置行数、列数和对齐方式等参数，❷单击"确定"按钮，返回即可查看效果。

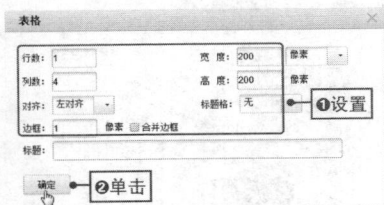

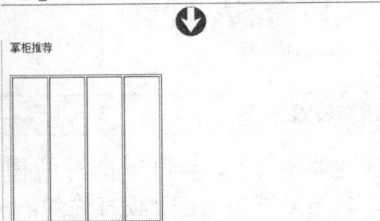

## 03 单击"插入图片"按钮

❶将光标定位在表格的第一个单元格中，❷单击"插入图片"按钮。

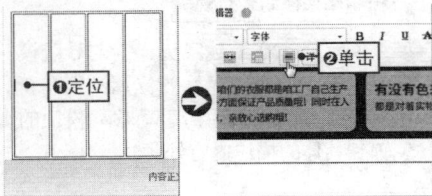

## 04 依次插入其他商品图片

插入需要推荐的商品图片，然后依次完成所有单元格图片的插入。

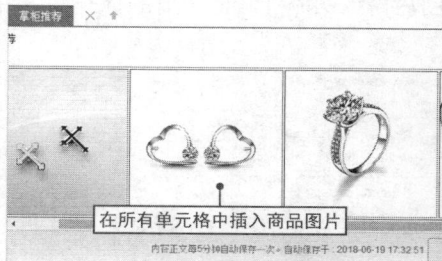

在所有单元格中插入商品图片

## 05 对每一件商品进行单独编辑

❶选择某张商品图片，❷单击"编辑"超链接。

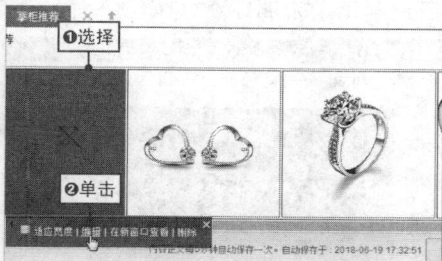

❶选择

❷单击

## 06 为商品图片添加链接地址

❶在打开的对话框中设置图片宽度、高度和对齐方式等参数，❷在"链接网址"文本框中粘贴对应商品的宝贝详情页网址，❸单击"确定"按钮。完成所有图片的链接地址添加操作后，单击"发布"按钮即可。

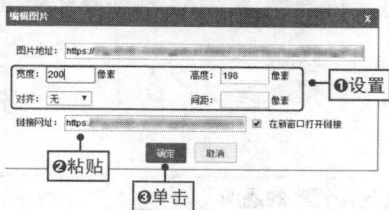

编辑图片

图片地址：https://

宽度：200 像素　高度：198 像素　❶设置

对齐：无 ▼　间距： 像素

链接网址：https://　☑ 在新窗口打开链接

❷粘贴　确定　取消　❸单击

---

### 5.2.5　上传主图视频

　　有些店铺会在宝贝详情页的宝贝基础信息部分添加商品视频，即主图视频。该添加操作不需要店主订购"淘宝视频服务"功能，只要按比例大小的要求自行拍摄视频并上传即可。具体的上传操作如下。

## 01 准备添加主图视频

进入某一件正在出售的宝贝编辑页面，单击"主图视频"按钮。

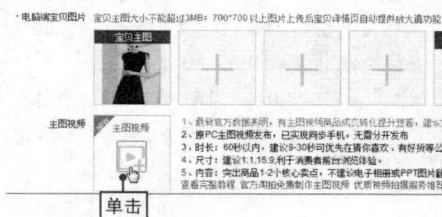

## 02 上传并添加视频

❶打开"视频中心"对话框，单击"上传视频"按钮，❷上传成功后选中视频，❸单击"确认"按钮即可。

❶单击

❷选中

❸单击

**03 为视频选择要添加的标签类型**

❶在打开的页面中选择视频标签的类型，❷当视频播放过程中选择对应的位置单击"添加标签"按钮。

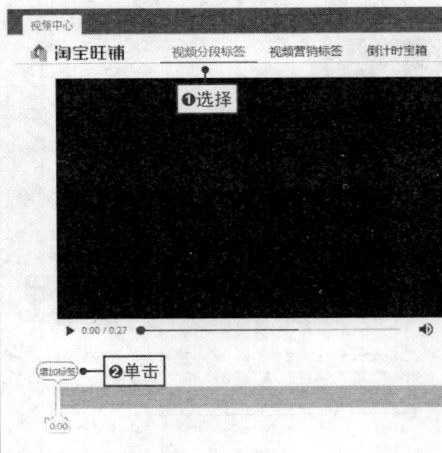

**04 选择具体标签**

❶在"标签选择"面板中选择具体的标签名称，❷单击"确定"按钮。返回后再依次添加其他位置的标签。

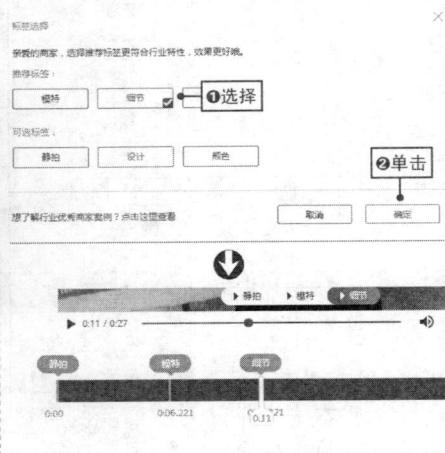

**05 完成视频的添加**

确认视频标签添加完毕后，单击"完成"按钮即可成功添加主图视频。

**SKILL 在宝贝详情页的其他位置添加视频需要订购淘宝视频服务**

如果淘宝店主想要用更多的商品视频来吸引买家，则可以在宝贝详情页的其他位置添加宝贝视频，但前提是店铺已经订购了淘宝视频服务。

具体操作为：进入出售中的宝贝编辑页面，❶单击"宝贝视频"按钮，❷在打开的"宝贝视频"对话框中单击"立即订购"超链接，打开"服务市场"页面，❸单击"淘宝视频服务（PC端）"选项处的"立即订购"按钮，❹在新页面中选择视频的服务版本和使用周期，❺单击"立即购买"按钮，❻选中"已阅读并同意……"复选框，❼单击"同意并付款"按钮，完成付款操作即可订购成功。接着要启用视频服务，❽去"卖家中心"页面，选择"卖家服务"下拉菜单中的"我的服务"选项，❾在新页面中单击"立即使用"按钮启用购买的淘宝视频服务，并完成服务授权操作，如图5-16所示。最后再返回出售中的宝贝编辑页面完成视频的上传操作，发布后即可。

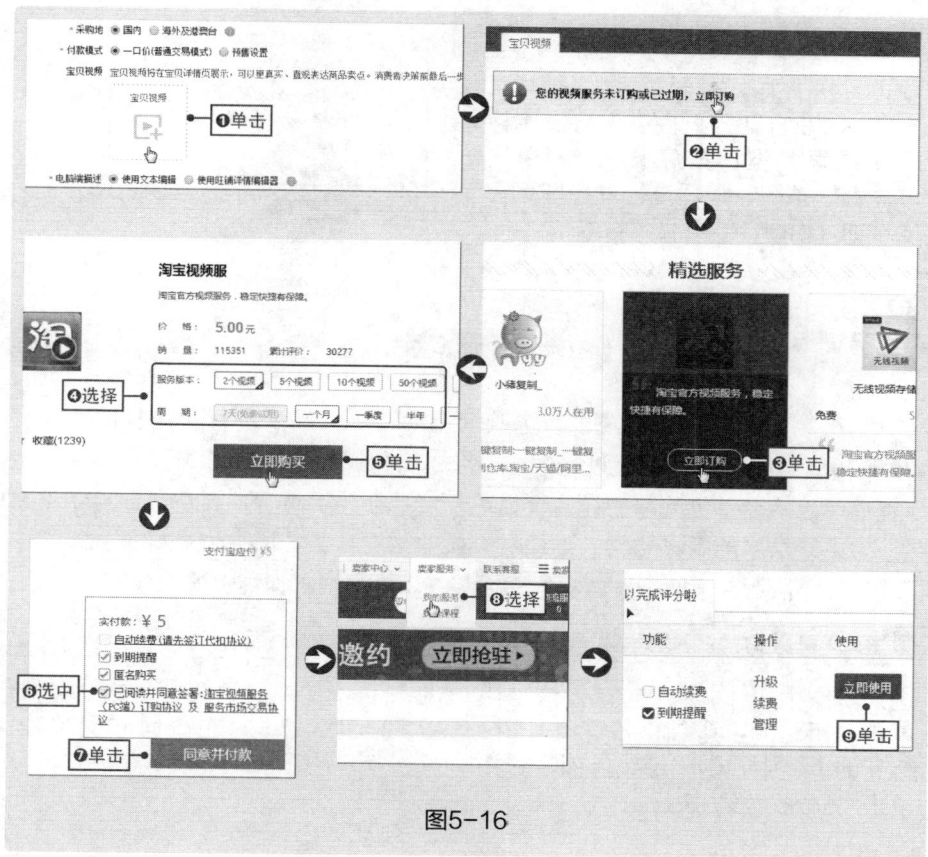

图5-16

## 5.2.6 为详情页的侧边栏添加旺铺关联

"旺铺关联"模块可以展示浏览了当前宝贝的淘宝会员最终购买了哪些商品，购买了当前宝贝的会员还购买了哪些商品以及同类热销的商品信息。因此，在详情页添加该模块，可有效帮助店主了解市场行情。下面来看看具体的添加步骤是怎样的。

**01** 添加"旺铺关联"模块

进入默认宝贝详情页装修页面，选择"旺铺关联"模块拖动到侧边栏中。

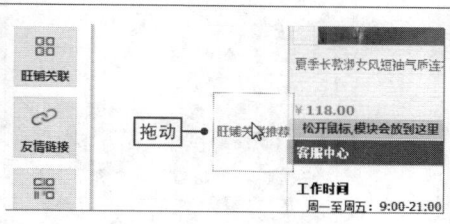

**02** 编辑旺铺关联模块的属性

单击"旺铺关联"模块处的"编辑"按钮，❶在打开的页面中设置显示标题、推荐类型和排序方式，❷单击"保存"按钮，最后进行发布即可完成添加，返回详情页可查看效果。

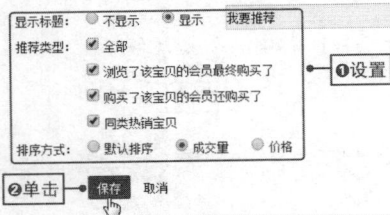

显示标题：○ 不显示　● 显示　我要推荐
推荐类型：☑ 全部
　　　　　☑ 浏览了该宝贝的会员最终购买了
　　　　　☑ 购买了该宝贝的会员还购买了
　　　　　☑ 同类热销宝贝
排序方式：○ 默认排序　● 成交量　○ 价格
❶设置

❷单击　保存　取消

## 5.2.7　使用模板装修手机端宝贝详情页

　　手机端的详情页装修要求与电脑端不同，手机端要求每张图片的宽度在480~620px之间，高度不超过960px，格式为JPG、GIF和PNG。如果淘宝店主想省事而直接导入电脑端的详情页描述，可能会使手机端的详情页面显示不完全。为了给众多的手机购物人群提供有效的购物体验，店主们最好单独设计手机端宝贝详情页。下面来看看利用模板装修手机端宝贝详情页的操作。

**01** 进入手机淘宝店铺装修页面

进入卖家中心，❶在"店铺管理"栏单击"手机淘宝店铺"超链接，❷在打开的页面中找到"无线店铺"栏并单击"立即装修"按钮。

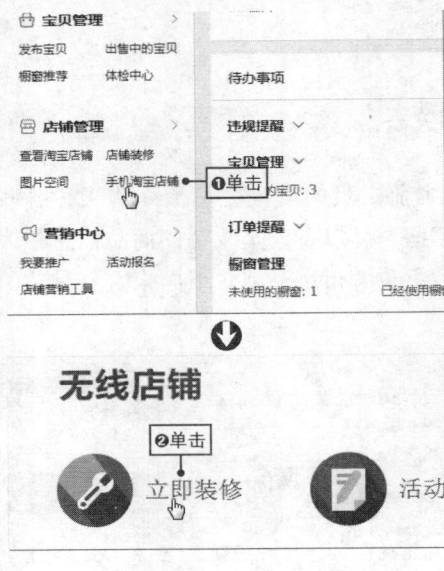

📦 宝贝管理　　　　　　　＞
发布宝贝　　出售中的宝贝
橱窗推荐　　体检中心
　　　　　　　　　待办事项

📦 店铺管理　　　　　　　＞
　　　　　　　　　违规提醒 ⌄
查看淘宝店　店铺装修
　　　　　　　宝贝管理 ⌄
图片空间　手机淘宝店铺 ❶单击　　的宝贝：3

📢 营销中心　　　　　　　＞
　　　　　　　　　订单提醒 ⌄
我要推广　　活动报名
店铺营销工具　　　　橱窗管理
　　　　未使用的橱窗：1　　已经使用橱

无线店铺

❷单击
立即装修　　　　活动

**02** 进入详情装修页面

❶在新页面的左侧边栏中单击"详情装修"超链接，❷在页面右侧单击"下一步"按钮。

店铺动态
手机海报
装修市场
详情装修 ❶单击
🔊 广播管理 ⊙
发微淘

❷单击　下一步

**03 单击"立即使用"按钮**

依次单击"下一步"按钮完成提示操作的阅读，单击"立即使用"按钮。

**04 选择模板**

在打开的页面中选择模板，单击"使用模板"超链接。

**05 购买模板**

❶在打开的页面中选择模板收费期限，❷单击"立即购买"按钮，支付金额后即购买成功。

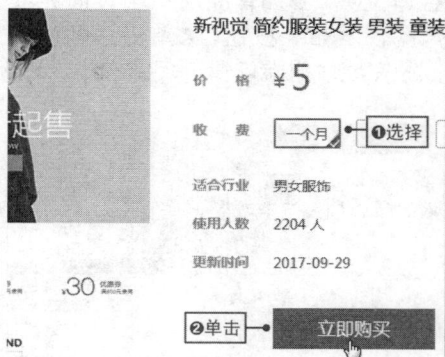

**TIPS 选择模板时要注意"适用行业"**

淘宝网为手机店铺装修提供了很多模板，包括免费的和付费的，店主们在选择模板时一定要关注"适用行业"，避免所选的模板不符合店铺装修要求。

**06 选择宝贝并进入手机详情页编辑页面**

进入"模板管理"页面，❶选中需要编辑详情页的宝贝单选按钮，❷单击"编辑手机详情"按钮。

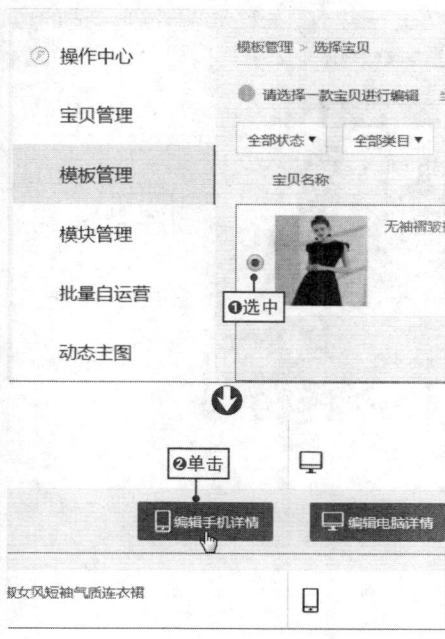

## 07 删除模板中的图片

打开手机详情页编辑页面，❶选中模板中的图片，❷单击"删除"按钮。

## 08 插入宝贝图片

❶在页面右侧打开的面板中单击"插入图片"按钮，❷在打开的对话框中选中要插入的图片，❸单击"确认"按钮。

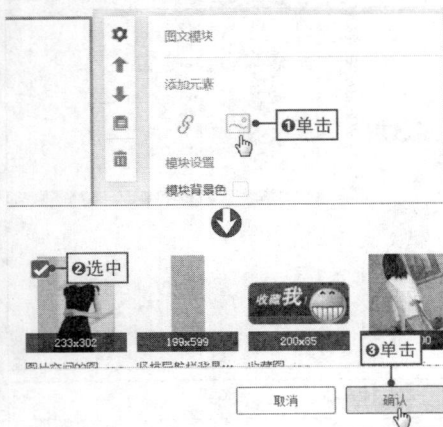

## 09 裁剪并移动图片位置

❶选择插入的图片，❷单击"裁剪"按钮进行裁剪，❸移动图片到合适的位置，❹单击"文字"按钮。

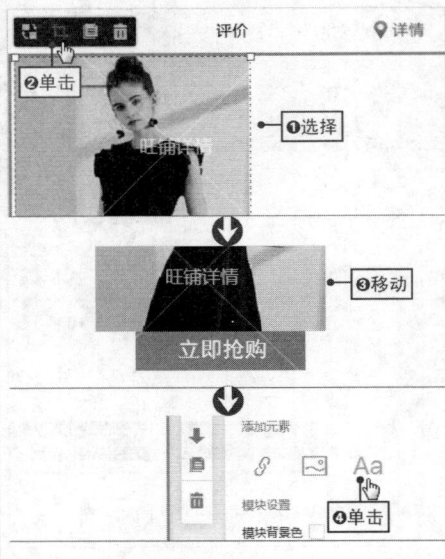

## 10 为图片添加文字并发布

❶在文本框中输入文字并将其移动到合适位置，❷编辑完后单击页面右上角的"发布"按钮，❸单击"确认"按钮完成手机端详情页装修操作。

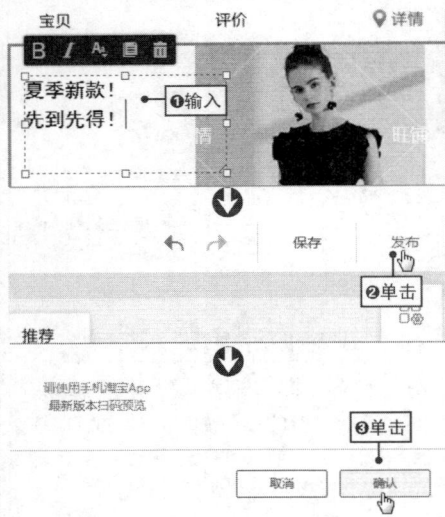

# 活用模板，提升视觉营销效果

## 学习目标

当淘宝店主使用淘宝网提供的默认店铺模板进行装修时，设计出的页面效果容易给买家"千篇一律"的感受。为了让店铺显得更加别具一格，店主们需要学习使用专业的模板来装修自家店铺。

## 知识要点

- 试用和购买装修模板
- 去三角梨官网下载装修素材
- 选购更专业的装修模板
- 不传图，复制代码安装各个模块
- 将模板中的宝贝改为自家店铺的商品

......

# 6.1 进入淘宝装修市场购买模板

有些店主不了解提供网店装修模板的网站有哪些，所以在需要购买店铺模板时可能首先想到的是直接去淘宝装修市场购买。

## 6.1.1 进入淘宝装修市场了解其基本情况

店主们在装修自家店铺时可轻松进入淘宝装修市场，了解其具体情况并选购心仪的模板。

### 1.进入淘宝装修市场

店主们按照以下操作步骤可以成功进入淘宝装修市场。

| *01* 单击"模板"选项卡 | *02* 设置参数 |
|---|---|
| 进入店铺装修页面，单击右侧的"模板"选项卡，进入下一页面。 | 单击"PC端"选项卡，在打开的页面单击右上角的"装修模板市场"超链接即可进入淘宝装修市场。 |

### 2.了解淘宝装修市场

店主们进入淘宝装修市场后，可查看到多种多样的模板，如首页中列举的畅销模板、显示折扣模板和新品模板等，具体内容如下。

● 首页中的模板类型

一般来说，淘宝装修市场的首页会列举一些畅销模板、限时折扣模板和新品模板，同时还区分PC店铺模板和无线店铺模板，以此吸引淘宝店主，并帮助店主们快速选购高质量的模板，如图6-1所示。

图6-1

● PC店铺模板页面

在该页面的左侧栏中，主要从旺铺版本、模板属性、行业、风格、色系和价格等方面对店铺模板进行了分类，具体模板类型如表6-1所示。

表 6-1　PC 店铺模板类型

| 分类 | 具体类型 |
|---|---|
| 旺铺版本 | 旺铺专业版、淘宝智能版、旺销基础版、旺铺天猫版、天猫智能版等 |

续表

| 分类 | 具体类型 |
|------|---------|
| 模板属性 | 简易模板、高级模板和JS特效模板等 |
| 行业分类 | 女装、鞋类、食品茶饮、男装、家具建材、化妆美容和珠宝饰品等 |
| 风格分类 | 时尚、简约、小清新、可爱、酷炫、古典、甜美、手绘和中国风等 |
| 色系分类 | 黑白、红色、黑色、绿色、蓝色、粉色和炫彩等 |
| 价格 | 1~7元、7~30元、30~100元、100元及以上等 |

● 无线店铺模板页面

该页面的左侧栏中同样从旺铺版本、模板属性、行业、风格、色系和价格等方面对店铺模板进行了分类，其中行业、风格、色系和价格方面的类型与PC店铺模板的相同，而旺铺版本只有手机淘宝，模板属性分类只有高级模板。

● 微海报模板页面

微海报是由淘宝旺铺官方出品的，解决店主在淘宝网以外进行无线引流难的问题所推出的H5海报工具。店主订购微海报模板后，可在微博、微信朋友圈和豆瓣等平台直接分享和传播店铺海报，而买家点击微海报后可直达店主们的店铺、商品及活动页面。

它可以实现真正的无线引流不花钱，且能对引流数据进行监控。如图6-2所示的是一些微海报模板样式。

图6-2

除此之外，店主们还可选择知名设计师设计的店铺模板，或者进行装修设计定制，来为自己的店铺装修添砖加瓦。

## 6.1.2 试用和购买装修模板

进入淘宝装修市场后，店主们可以挑选喜欢的模板，先试用，觉得效果不错就可以进行购买。下面介绍试用和购买PC店铺模板的相关操作。

| | |
|---|---|
| **01 选择模板** | **02 单击"马上试用"按钮** |
| 进入淘宝装修市场，❶选择模板类型，❷在右侧页面中单击模板图片。<br> | ❶在打开的页面中单击"马上试用"按钮，立即跳转到店铺装修页面，店主们可对各个模块进行编辑，❷单击"预览"按钮可查看模板装修效果。<br> |
| **03 退出试用** | **04 购买模板** |
| 如果预览试用效果觉得不错，可以单击"退出试用"按钮，退出试用装修页面。<br> | 返回模板购买页面，❶选择模板周期，❷单击"立即购买"按钮，完成款项支付后即可成功购买模板并用于店铺装修。<br> |

# 6.2 去提供免费装修模板的网站下载

对网店装修比较了解的店主或多或少都会知道一些提供免费装修模板的网站，进入这些网站就可免费下载店铺装修模板，不花钱就能设计出个性化的店铺。

## 6.2.1 去三角梨官网下载装修素材

三角梨官网为店主们提供了四大服务，店招、店标等在线制作，网店所需的各种素材和模板的下载，淘宝装修常用代码在线生成以及PSD素材下载。若要下载店铺装修模板，可进入"装修素材"页面查找并下载，具体操作如下。

| | |
|---|---|
| **01 进入装修素材页面** | **02 选择模板** |
| 进入三角梨官网首页（http://www.sanjiaoli.com/），单击"装修素材"按钮，打开新页面。 | 根据个人店铺的版本情况，在"装修素材"页面选择专业版模板或基础版模板。 |
| **03 单击下载按钮** | **04 保存模板的安装包** |
| 在打开的页面中可查看模板的大图效果，单击页面最下方的"下载地址1"按钮。 | 在打开的对话框中选择模板安装包的保存位置，单击"下载"按钮即可成功下载免费的网店装修模板。要注意，此时下载的安装包是压缩格式的，在使用前要先解压。 |

6.2.2 **鱼摆摆网店装修网**

鱼摆摆网店装修网（http://www.yubaibai.com.cn/）为广大淘宝店主提供了丰富的资源，不仅有类型丰富的装修模板，还提供了电商资讯、网店教程、网店货源、创业经验、电商视频和卖家工具等服务，如图6-3所示。单击相应的选项卡即可查看具体的服务项目。

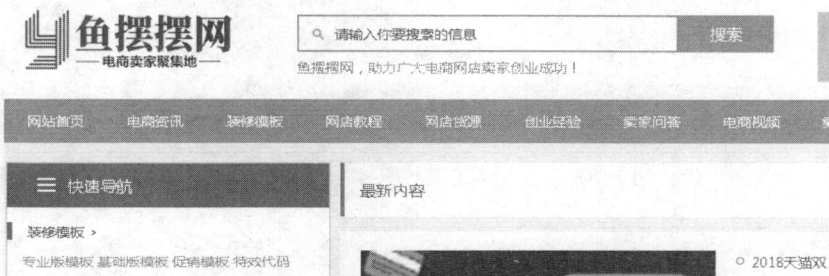

图6-3

那么，在鱼摆摆网店装修网怎么下载全套的淘宝装修模板呢？操作步骤如下所示。

| **01 单击"装修模板"选项卡** | **02 单击模板名称超链接** |
|---|---|
| 进入鱼摆摆官网首页，在页面上方导航栏中单击"装修模板"选项卡。 | 在打开的页面中选择相应的模板，单击其名称超链接。 |
|  |  |
| **03 预览效果并下载模板** | |
| 在新页面中查看模板的预览效果，确认符合要求就单击下载超链接，保存模板。 |  |

**TIPS** **如何使用鱼摆摆网店装修网提供的卖家工具服务**

❶在鱼摆摆网店装修网中单击上方导航栏中的"卖家工具"选项卡，❷在打开的页面中选择具体的工具，单击其名称超链接即可进入相应的页面使用工具，如图6-4所示。

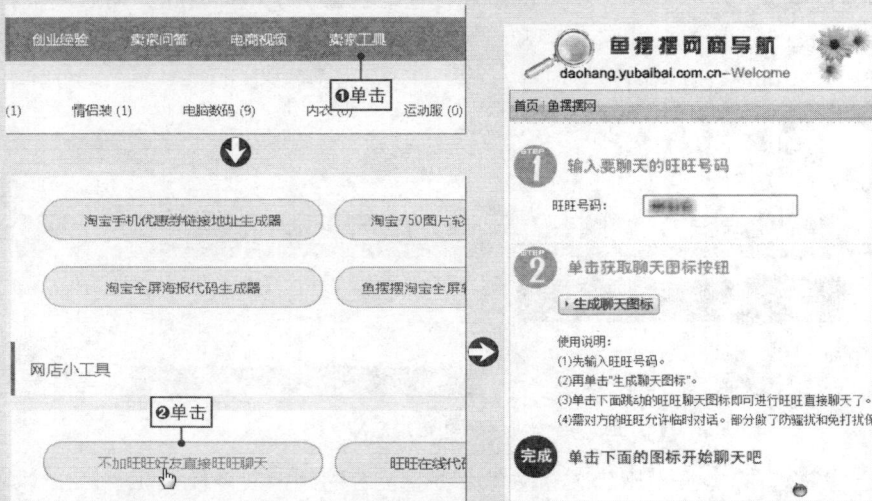

图 6-4

---

**6.2.3** **阿毛免费模板网给你多种选择**

阿毛免费模板网（http://www.amaomb.com/）为店主们提供了八大实用板块：淘宝装修教程、专业版模板、基础班模板、实用小模板、装修素材、图片处理、开店工具和淘宝大学，如图6-5所示。店主们有多种选择。

图6-5

但要注意，在阿毛免费模板网中，店主们无法直接下载模板，而需要打开淘宝店铺，将模板对应的代码复制粘贴到装修模块中，并将相关的图片进行保存，然后插入相应的模块中。在选择装修模板时，要注意其默认模板是哪一种，在装修之前要把店铺的模板更改为对应的默认模板才行。大致的操作过程如下所示。

**01 选择模板**

进入阿毛免费模板网，❶选择一款模板并单击其名称超链接，❷在打开的页面中查看默认模板的类型。

**02 进入模板管理页面**

❶进入淘宝装修页面单击"模板"选项卡，进入模板管理页面，❷查看当前使用的模板是否与要求的默认模板类型一致。若一致，则可立即进行装修，若不一致，需更换后再装修。

**03 复制粘贴代码**

返回阿毛免费模板网，❶选择相应位置的代码并复制，❷进入店铺装修页面，找到对应的模块，进入其编辑界面，选中"自定义招牌"单选按钮，❸单击"源码"按钮，❹将代码粘贴到"自定义内容"编辑框中，最后单击"保存"按钮即可将阿毛免费模板网中选中的模板店招生成到店铺中。

## 04 保存并插入图片

返回阿毛免费模板网，❶保存各个模块的背景图，❷查看其属性设置。

2、页头背景图：【属性设置：纵向平铺、居中】

3、页面背景图：【属性设置：纵向平铺、居中】 ←❷查看

发送图片到手机
发送到快剪辑
图片另存为(S)... ←❶保存
复制图片地址(O)
复制图片(Y)
重新加载图片(H)
在新标签页中打开图片(L)
审查元素(N)
属性(P)

4、广告图：

## 05 插入保存的图片并设置背景显示方式

切换到店铺装修页面，❶单击相应的选项卡和"更换图"按钮，插入保存的图片，❷设置背景显示方式和对其方式，最后进行发布完成装修。

配色

页头

页面

CSS

❶单击

若背景色设置不生效可尝试删除背景图

页面背景图：

更换图　删除
文件格式：GIF,JPG,PNG
文件大小：1M以内

背景显示：

| 平铺 | 纵向平铺 |
|---|---|
| 横向平铺 | 不平铺 |

背景锁定：　　　　□锁定

IE10以下浏览器不生效，请通过预览功能查看锁定效果

背景对齐：

| 左对齐 | 居中 | 右对齐 |
|---|---|---|

黄小楸

所有分类 ▼

收藏我

❷设置

本店搜索 连

---

**6.2.4　到素材之家选模板**

素材之家（http://www.158pic.com/）为店主们提供了多种多样的精选素材，如PSD素材、淘宝素材、矢量素材、图片素材、图标素材和网页素材等。淘宝店主可直接选择淘宝素材，下载店铺装修模板。具体操作如下。

## 01 选择淘宝素材

进入素材之家首页，❶单击"淘宝素材"选项卡，❷在页面右侧单击"淘宝全套模板"按钮。

素材之家 精选素材
158PIC.com

请输入搜索内容
热搜：海报 背

| 素材首页 | PSD素材 | 淘宝素材 ←❶单击 | 图片 |

素材类别

淘宝全套模板 ←❷单击
淘宝海报素材　淘宝装修素材

logo设计

## 02 单击模板名称超链接

在页面中选择合适的模板，单击其名称超链接。

SPECIAL PRICES

淘宝女装店铺装修全套模板代码 ←单击

350

真正的淘宝一键装修

350装修平台模板

HELLO SPRING

梦想·疯狂

**03 单击下载链接保存模板代码**

在打开的页面中可查看当前选择的模板效果，单击"下载地址"超链接，保存模板代码的压缩包。

页面背景：纵向平铺+背景居中+固定背景

模板适合：男装/女装/珠宝店铺装修模板

模板适用于：旺铺专业版店铺模板

模板风格：高端/大气/欧美风/国际代购 **单击** 简模板

下载地址：

淘宝女装店铺装修全套模板代码 http://scty.158pic.com:81/su

效果图如下：

# 6.3 去350店铺模板官网购买模板

350装修模板与淘宝网有合作，店主们进入350店铺模板网站（http://www.350zx.net）的装修平台后，可选购更专业的店铺装修模板，也可在淘宝网中搜索"350模板"关键字进行购买。本节将主要介绍进入350装修平台选购店铺装修模板。

## 6.3.1 选购更专业的装修模板

在进入350装修平台选购模板之前，店主们需要注册账号并登录，然后才能进入平台选择装修模板。下面来看看进入平台后关联淘宝店铺及选购模板的操作过程。

**01 登录平台并绑定淘宝店铺**

在350店铺模板官网单击"后台登录"超链接，进入登录页面。首次登录装修平台，系统会弹出"站内信"对话框，❶单击"关闭"按钮，会立即打开要求绑定淘宝店铺的对话框，❷此时将自家店铺的首页链接地址复制粘贴到文本框中，❸单击"验证"按钮。

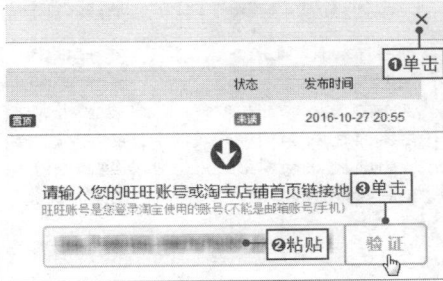

**02 查看店铺并确认绑定**

打开新的对话框，要求检查自己的店铺，❶单击"查看店铺"按钮进行查看，❷确认后单击"确认绑定"按钮，关闭对话框完成绑定操作。

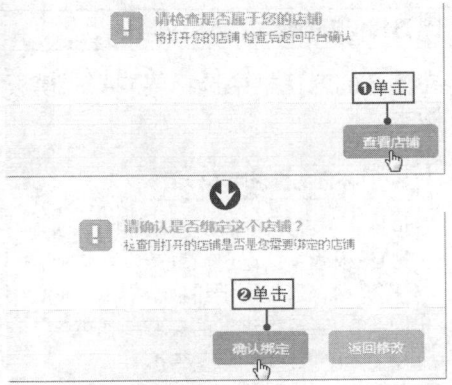

**03 进入店铺模板选购页面**

进入350用户后台，单击"店铺模板"选项卡。

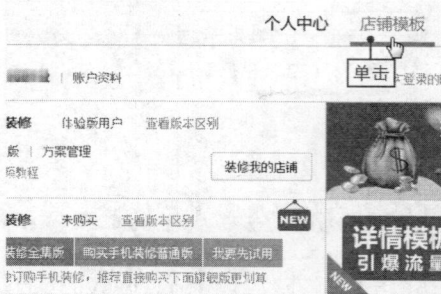

**04 快速选择模板类型**

在打开的页面中选择行业分类选项，快速选择模板类型。

**05 选择具体的装修模板**

在右侧页面中选择符合店铺经营的模板，单击"立即购买"按钮。

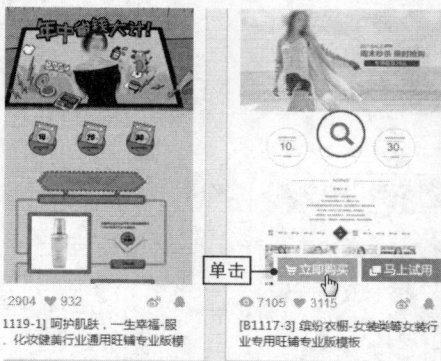

1119-1] 呵护肌肤，一生幸福-服化妆健美行业通用旺铺专业版模...

[B1117-3] 缤纷衣橱-女装类等女装行业专用旺铺专业版模板

**06 单击"立刻购买"按钮**

❶在打开的页面中选择模板风格，❷单击"立刻购买"按钮。

使用人数：**999+**

模板编号：**B1117**

适用店铺：旺铺专业版

使用周期：无限期使用

拥有风格 ▾

**07 选择模板的版本**

在打开的对话框中选择要购买的模板版本。

**TIPS 不同的模板版本介绍**

350装修平台为淘宝店主们提供了3种不同的模板版本：全能旗舰版、全集版淘宝模板和普通版淘宝模板。版本不同，店主们购买后可进行的装修操作就会不同，越贵的版本功能越齐全。

**全能旗舰版**
所有功能无限升级含手机装修

可使用模板数量：**1637**套

免费使用新模板：⊘免费使用

手机装修全集版：⊘免费使用

在线海报模板库：⊘独享使用

海量模块随意用：⊘免费使用

可保存方案数量：⊘无限

选择

您的购买价格 **¥120**

56%的人选择了全集版淘宝模板

**全集版淘宝**
百套模板无限期随

可使用模板数量：

免费使用新模板：⊘

手机装修全集版：⊘

在线海报模板库：⊘

海量模块随意用：⊘

可保存方案数量：⊘

您的购

28%的人选择了

**08 确认购买并支付价款**

❶在打开的"确认订单信息"对话框中输入验证码，❷单击"确认购买"按钮，完成价款的支付即可成功购买相应的装修模板。

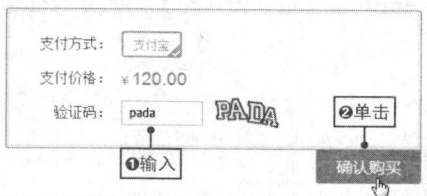

| 支付方式： | 支付宝 |
| 支付价格： | ￥120.00 |
| 验证码： | pada　PADA |

❶输入　❷单击　确认购买

## 6.3.2　直接在350后台完成装修

购买模板成功后，店主们可直接在350装修后台对店铺进行装修，相关操作如下所示。

**01 单击"我购买的模板"超链接**

进入350用户后台，单击"我购买的模板"超链接。

350 BETA!
用户后台
网店服务平台

后台首页
User Home

下午好， █████ | 账户资料

淘宝店铺装修　体验版用户　查看
我购买的模版 ←单击
▶查看█████教程

提交订单
Submit Order

账户设置
Account Settings

**02 选择已经购买的模板**

在打开的对话框中浏览自己购买的模板，选择模板。

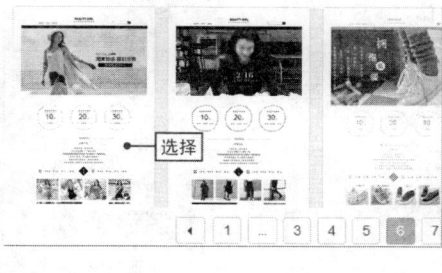

选择

◀ 1 … 3 4 5 6 7

执行完上述操作后，350装修后台会打开淘宝店铺的装修页面，按照在淘宝网页中装修店铺的流程和方法，更改商品信息和编辑不同模块的属性，完成店铺装修操作即可。

# 6.4 安装已下载的装修模板

下载好需要的模板后，店主们要将其应用到自家店铺的装修中，使店铺看起来更美观且具有个性。那么，要如何将装修模板安装到店铺中去呢？本节内容将为大家介绍具体的装修模板安装细节。

**6.4.1** 将店铺模板恢复成初始模板

　　店主们在利用下载好的装修模板装修店铺之前，需要确保店铺当前使用的模板为初始模板，即"简约时尚官方模板"。如果当前使用的不是该模板，就需要按照如下操作步骤还原初始模板。

| 01 进入模板管理页面启用模板 | 02 成功启用初始模板 |
|---|---|
| 在店铺装修页面单击"模板"选项卡后进入模板管理页面，在"系统模板"栏中选择"简约时尚官方模板"并单击"马上使用"按钮。 | 等待系统做出反应，恢复成初始模板后会显示为"正在使用"。 |

**6.4.2** 不传图，复制代码安装各个模块

　　在安装店铺各个模块的素材之前，要先将下载的安装包进行解压，然后才能使用其中的素材对店铺进行装修。下面来看看具体的装修步骤。

**01 进入店招模块编辑页面**

在店铺首页装修页面中找到对应的模块，单击"编辑"按钮进入编辑界面，❶选中"自定义招牌"单选按钮，❷单击"源码"按钮。

> **TIPS** 添加自定义区模块
>
> 由于店主们从网上下载的免费模板一般都是各个模块代码，所以要求店铺中的模块有自定义内容区，或者自行添加自定义区模块进行编辑。

## 02 复制店招模块的代码

在解压后的模板文件夹中找到并打开"店铺招牌"文档，全选代码并将其进行复制。

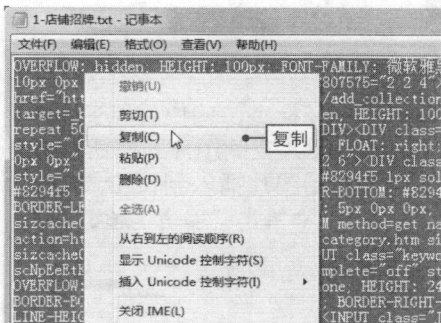

## 03 粘贴代码

返回店招编辑页面，❶将代码粘贴到"自定义内容"框中，❷单击"保存"按钮即可安装模板中的店招。

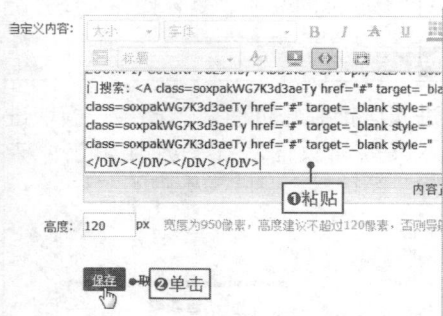

## 04 新建自定义区模块并进入编辑界面

❶在店铺页尾区域添加一个自定义区模块，单击"编辑"按钮进入编辑页面，❷选中"不显示"单选按钮，❸单击"源码"按钮。

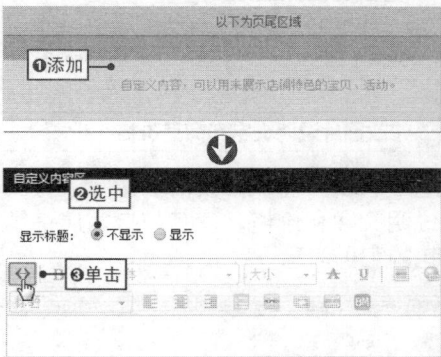

## 05 复制粘贴页尾模块的代码

在解压后的模板文件夹中找到并打开"页尾模块"文档，❶全选代码并将其复制，❷返回自定义区模块编辑页面粘贴代码，❸单击"确定"按钮完成页尾模块的安装。

重复上述操作步骤，依次复制粘贴模板中各个模块的代码。如果下载的模板中涉及具体的背景图，则需要上传图片。

注意，下载的模板中有很多模块代码，并不需要店主们将所有的模块都安装到店铺中，复制粘贴时要做好选择。确认安装完成后，店主们还不能进行发布操作，还需要将模板中的商品图片换成自家店铺的商品图片。

**6.4.3** 将模板中的宝贝改为自家店铺的商品

当店主们将装修模板安装到店铺中后，再次进入编辑页面，自定义内容框中将不再显示代码，而是具体的图片或文字内容。此时店主们需要将图片更换为自家店铺的商品，具体操作如下。

| | |
|---|---|
| **01 选择命令** | **02 设置参数** |
| 进入店铺装修页面，选择某一模块进入其编辑页面。在图片处单击"去除"超链接，删除模板中的图片。 | 保持鼠标光标定位的位置不变，❶单击"插入图片空间图片"按钮，将店铺中的商品图片插入到该位置处，❷选择图片，❸单击"编辑"超链接。 |

| | |
|---|---|
| **03 粘贴商品的购买链接** | **04 修改图片说明文字和商品价格** |
| 在打开的"图片"对话框中，系统自动识别图片地址，❶只需将该商品的详情页网址粘贴到"链接网址"文本框中，❷单击"确定"按钮。 | 返回编辑页面，修改商品图片下方的说明文字和价格，使其与自家店铺销售的宝贝信息一致。 |

**05 完成其他宝贝图片的更换**

❶按照同样的方法更换其他商品图片并添加链接网址，修改说明文字和价格，❷更换完毕后单击"确定"按钮即可成功更换图片，最后进行发布。

**TIPS 删除多余的模板内容**

在更换商品图片时，如果模板中的图片较多而无法全部替换为店铺商品图片时，要将多余的图片及文字内容删除。

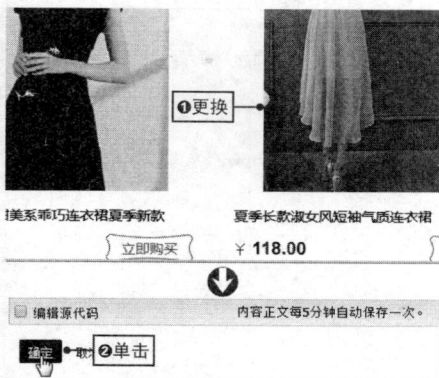

❶更换

摸系乖巧连衣裙夏季新款　　夏季长款淑女风短袖气质连衣裙

立即购买　　¥ 118.00

☐ 编辑源代码　　　　内容正每5分钟自动保存一次。

确定　❷单击

## 6.4.4 将旺旺客服链接更改为自己的旺旺

淘宝店主们在安装了装修模板后，客服栏的头像和链接等还不是自家店铺的，因此，需要更改为自己的旺旺链接，或者店铺中其他人的旺旺链接。

### 1.生成自己的旺旺图标

在更换之前，要生成自己的旺旺图标。具体操作如下。

**01 进入"旺遍天下"页面**

在淘宝首页"网站导航"的下拉菜单中单击"旺信"超链接，选择"阿里旺旺"选项，进入阿里旺旺页面，单击"旺遍天下"超链接。

首页　功能介绍　下载　旺遍天下

单击

**02 设置旺旺图标的风格与文字信息**

❶在新页面中选中风格单选按钮，❷输入旺旺名称和提示信息。

1　请选择在线状态图片风格
● 风格一 ❶选中
在线状态：和我联系　离线状态：给我留言
● 风格二
在线状态：　离线状态：

2　请填写你的文字提示信息
❷输入　例如：淘小二
点击这里给我发消息　例如：点击这里给

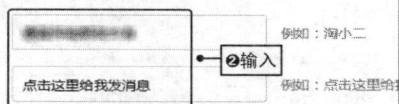

| **03 完成其他设置** | **04 保存旺旺图标** |
|---|---|
| 根据自家店铺的实际情况，选择是否分流。 | 在该页面右侧会自动生成旺旺代码和图标，右击图标进行保存。 |

## 2.更换旺旺链接

保存旺旺图标后，店主们要进入店铺装修页面，将保存的旺旺图标插入客服模块中，并为图标添加链接，这样方便买家及时联系，相关设置操作如下。

| **01 更换旺旺头像** | **02 插入旺旺图标并更换链接** |
|---|---|
| ❶去店铺的图片空间中选择旺旺头像图片并单击"复制链接"按钮，❷复制链接。❸进入安装模板后的客服模块编辑页面，删除头像上的客服图标，单击"编辑"超链接打开"链接"对话框，粘贴链接，❹输入链接名称，❺单击"确定"按钮。 | ❶鼠标光标定位在客服昵称位置，单击"插入图片空间图片"按钮插入保存的旺旺图标，❷选择图标，❸单击"编辑"超链接，❹将自己的旺旺账号链接粘贴到"链接网址"框中，❺单击"确定"按钮后发布修改结果。 |

# 适时加入官方活动，轻松做推广

## 学习目标

淘宝网会在不同的时间段开展不同的官方活动，如淘金币、聚划算和天天特价等，这些活动频道可以作为店主们推广店铺和宝贝的入口。掌握这些活动的参与事项，就能轻轻松松推广店铺。

## 知识要点

- 开通淘金币账户
- 选择淘金币活动并确认报名
- 报名加入聚划算活动
- 选择并报名加入合适的特价活动
- 为店铺购买优惠券

……

# 7.1 "淘金币"推广和橱窗推荐

淘金币是一种虚拟积分，买家可以使用淘金币抵扣商品金额、兑现权益等，可以为店铺积累一些具有黏性的买家，在店铺推广工作中起到引流的作用。除此之外，为店铺设置橱窗推荐也能达到引流的目的。

## 7.1.1 加入淘金币活动的准入条件

淘金币频道将优选全网30天最低价商品，持有淘金币的用户在购买一些商品时还能再用金币抵钱。此外，买家还能用金币进行抽奖、秒杀及兑换超值物品等。店铺加入淘金币活动后，可有效吸引买家光顾。

然而，并不是所有的店铺都能加入淘金币活动进行店铺推广的，申请加入淘金币主题活动的店铺必须符合一定的条件。而淘宝网针对参与淘金币活动的店铺制定了如表7-1所示的一些准入条件。

表 7-1 淘宝店铺加入淘金币活动的准入条件

| 大条件 | 具体条件 |
|---|---|
| 店铺基础要求 | 1. 淘宝卖家<br>①符合《淘宝网营销规则》；<br>②店铺开通了卖家淘金币账户，并设置了全店抵扣；<br>③店铺淘金币数量 ≥ 0；<br>④符合淘宝各类目的行业资质标准；<br>⑤因出售假冒商品被处罚的店铺，及店铺内非虚拟交易占比 ≥ 90% 的（本地生活、房产和卡券类等虚拟类目除外），不能报名参加；<br>2. 天猫商家、天猫国际商家<br>①符合《天猫营销活动报名基准规则》；<br>②符合天猫各类目的行业资质标准；<br>③因虚假交易被违规扣分达 48 分以上的卖家及商品，永久限制参加淘金币营销活动。其他因虚假交易被违规处理的卖家和商品，限制参加营销活动 90 天 |
| 商品基础要求 | 1. 满足商品的基本资质；<br>2. 淘金币抵扣比例（淘宝）≥ 1%；<br>3. 活动内容有商品图片、标题和详情，图片像素 600px × 450px，大小不超过 1M。不能出现水印、LOGO 和文字信息等，只突出商品本身；<br>4. 活动结束后的 15 天内，不得以低于参与淘金币活动的折扣价（抵扣淘金币后）报名其他营销活动或在店铺内进行促销 |

续表

| 大条件 | 具体条件 |
|---|---|
| 疲劳期 | 同一家店铺在一个自然月内最多可报名6款商品，每次最多可报名两款商品。商家一个月最多可参加两场活动，同商家当天最多可参加一场。单个淘金币频道、区块或大型活动等若有特殊招商规则，准入条件适用该特殊招商规则 |
| 其他 | 除符合上述标准相关要求外，报名的店铺还需符合所报具体业务活动的招商标准 |

注意，申请加入淘金币活动的店铺要同时满足表中所示的四大条件。

### 7.1.2 开通淘金币账户

淘宝店铺在参与淘金币营销活动之前，不仅要了解准入条件，还需要开通淘金币账户。具体的开通步骤如下。

**01 进入淘金币首页**

进入淘金币首页（https://taojinbi.taobao.com/），单击"卖家中心"超链接。

**02 单击按钮**

在打开的页面中单击"点击开通金币卖家账户"按钮。

**03 单击"立即申请淘金币账户"按钮**

在打开的页面中单击"立即申请淘金币账户"按钮。

没有淘金币账户，无法使用淘金币进

，您可以设置淘金币抵扣，赚取买家的淘金币，行奖励，还有机会获得淘宝的流量奖励。

**04 阅读协议**

❶进入阅读《淘金币账户服务协议》页面，❷阅读完后单击"同意协议并申请账户"按钮即可成功开通。

成功开通淘金币账户后，系统将打开"金币工具"页面，提示店铺目前是否符合参加淘金币营销活动的条件，如图7-1所示。只有当店铺资质符合要求时，店主们才能为自己的店铺选择并参与淘金币营销活动。

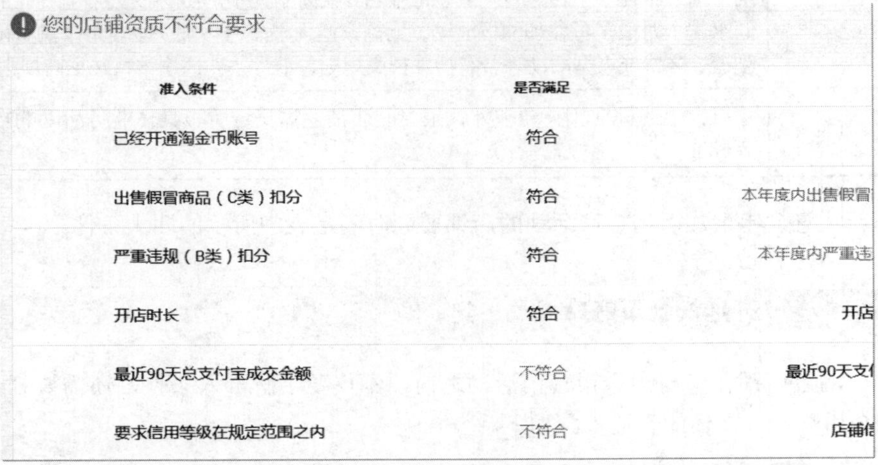

| 准入条件 | 是否满足 | |
| --- | --- | --- |
| 已经开通淘金币账号 | 符合 | |
| 出售假冒商品（C类）扣分 | 符合 | 本年度内出售假冒 |
| 严重违规（B类）扣分 | 符合 | 本年度内严重违 |
| 开店时长 | 符合 | 开店 |
| 最近90天总支付宝成交金额 | 不符合 | 最近90天支付 |
| 要求信用等级在规定范围之内 | 不符合 | 店铺信 |

> ❗ 您的店铺资质不符合要求

图7-1

## 7.1.3  选择淘金币活动并确认报名

在店铺资质达到加入淘金币营销活动的条件后，店主们就可选择具体的淘金币活动进行报名了。相关操作如下所示。

| **01 找到活动报名入口** | **02 选择具体的淘金币活动** |
| --- | --- |
| 进入淘金币卖家中心首页，单击页面右侧的"报名活动"按钮。 | ❶在打开的页面中选择活动的日期，❷在页面右侧选择具体的活动并单击"立即报名"超链接。 |

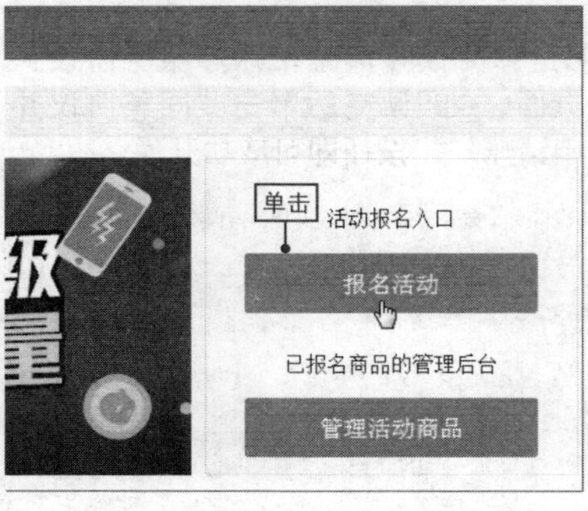

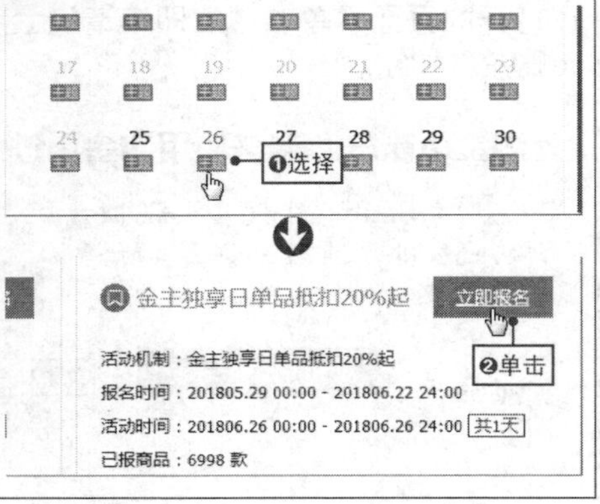

## 03 单击"确认报名"按钮

在新页面中查看活动信息和公告，单击"确认报名"按钮。

活动流量资源支持：
1,淘金币顶通（仅限大型活动可用的资源，仅限金主可见
2,部分用户定向弹屏（当天部分用户打开淘金币首页即此
招商要求：
店铺要求：
　- 信用等级>=3钻
　- DSR>=4.6
　- 开店时间>=90天
　- 近90天内有成交

商品要求：
　- 淘金币抵扣20%
　- 报名价<=30天最低价
　- 包邮

单击

确认报名

## 04 填写商品信息

❶在打开的页面中粘贴商品链接，❷填写商品名称，❸上传商品图片。

① 填写商品信息

❶粘贴

商品链接（必填）

商品名称（必填）　今夏最新款连衣裙　❷填写

活动商品图（必填）

❸上传　　　　　　　连衣裙.jpg（40.20K）
　　　　　　　　　　800*800像素，JPG.JPEG格
　　　　　　　　　　PSD模版

商品白底图　　　　　连衣裙.jpg（40.20K）
　　　　　　　　　　必须白底图，800*800像素
　　　　　　　　　　PSD模版

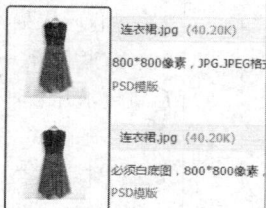

## 05 设置活动价与库存信息

❶设置商品活动价，❷选择金币抵扣比例，❸设置活动库存。

② 活动价与库存

| 30天最低价 | 元 |
| 商品活动价（必填） | 79　❶设置　元 |
| 金币抵扣比例%（必填） | ◉ 2%　❷选择　20% 　30% |

注：该商品活动实际生效抵扣比例为"报名活动的

商品抵扣后价格　77.42元 + 158金币　注：金主用户只需支

活动库存（必填）　100　❸设置　件

限购件数（必填）　　件

## 06 填写商家联系信息并提交报名

❶完善商家联系信息，❷选中协议复选框，❸单击"提交报名"按钮即可完成参加淘金币活动的操作。

④ 填写商家联系信息

| 联系人姓名（可选） | |
| 手机号（必填） | ❶完善 |
| 旺旺（必填） | |
| 邮箱（可选） | |

☑ 我已阅读并愿意遵守淘金币活动协议。查看协议

❷选中　　　❸单击　提交报名

# 7.2 加入"聚划算"推广活动

聚划算是一个进行限时特惠的营销平台，当中的活动类型和涉及的商品覆盖了众多行业领域。店主们通过参加聚划算的推广活动，可以快速提升店铺的品牌形象、抢占市场。

**聚划算品牌内购的准入条件和收费模式**

根据聚划算的各种活动招商标准可知，店铺想报名参加聚划算活动，必须同时符合商家基本资质和商品基本资质，如表7-2所示的是品牌闪购招商标准。

表7-2　参加聚划算品牌闪购活动的准入条件

| 条件 | 详情 |
|------|------|
| 商家<br>基本<br>资质 | 1.商家须符合《营销平台基础招商标准》要求。<br>2.商家仅限天猫商家、天猫国际商家、飞猪商家。<br>3.天猫旗舰店、天猫国际店铺、飞猪店铺要求开店时长在30天及以上，其他店铺要求开店时长在90天及以上，平行进口车类目及新车/二手车下的新车定金、新车全款、新车整车销售（新）叶子类目的店铺无开店时长要求。<br>4.除特殊主营类目及特殊行业外，其他店铺近半年的有效店铺评分数量应满足天猫店铺必须在300个及以上方可报名。特殊主营类目及特殊行业如下：<br>①主营类目为女装/女士精品的（天猫）店铺近半年动态评分数量必须在2000个及以上；主营类目为女士内衣/男士内衣/家居服等的（天猫）店铺，近半年动态评分数量必须在1000个及以上；主营类目为珠宝/钻石/翡翠/黄金等的（天猫）店铺，近半年动态评分数量必须在600个及以上；主营类目为平行进口车，新车/二手车等的店铺，近半年动态评分数量无要求；<br>②飞猪店铺近半年动态评分数量必须在100个及以上；<br>③天猫国际店铺近半年动态评分数量必须在50个及以上。<br>5.近30天内参加过聚划算的店铺，除主营类目为保险的店铺外，近30天参聚订单金额退款率不超过50%；除特殊主营类目店铺外，其他店铺近30天参聚订单未发货金额退款率不超过30%。<br>①主营类目为男装，女装/女士精品，女士内衣/男士内衣/家居服，箱包皮具/热销女包/男包的店铺近30天参聚订单未发货金额退款率不超过40%；<br>②主营类目为医疗及健康服务、保险的店铺，无近30天参聚订单未发货金额退款率的要求。<br>6.针对新车/二手车、平行进口车类目的商家，参与聚划算必须支持售中未使用退款和过期自动退款。<br>7.非天猫旗舰店需要提供有效的自有品牌(商标)证明、品牌（商标）授权证明或完整的进货链路证明，且商家所提供的相关资质文件必须真实完整并确保合作期内持续有效。<br>8.商家应合法、合规经营并确保所参聚商品的来源、售卖完全符合国家法律法规的规定，确保商品无任何质量、权利瑕疵，保留所有相关有效凭证 |

续表

| 条件 | 详情 |
|------|------|
| 商品基本资质 | 1.商品须符合《营销平台基础招商标准》要求。<br>2.天猫店铺报名商品的"宝贝与描述相符"评分达4.6及以上，平行进口车类目及新车/二手车下的新车定金、新车全款、新车整车销售（新）叶子类目的商品除外。<br>3.参团商品数量不得低于6款商品，以下类目除外：<br>①电脑硬件/显示器/电脑周边3C数码配件；<br>②笔记本电脑闪存卡/U盘/存储/移动硬盘；<br>③MP3/MP4/iPod/录音笔，电子词典/电纸书/文化用品；<br>④数码相机/单反相机/摄像机，品牌台机/品牌一体机/服务器；<br>⑤手机，网络设备/网络相关；<br>⑥电玩/配件/游戏/攻略，平板电脑/MID；<br>⑦平行进口车类目及新车/二手车下的新车定金、新车全款、新车整车销售（新）叶子类目。<br>4.部分高危材质和特定类目的商品必须提供质检报告或投保材质保真险，具体可参见《聚划算质检规范》及《聚划算材质保真险（卖家版）规范》，该等规范如有变动或更新的，应以其变动/更新内容为准。<br>5.除符合以上商品基本资质外，商品的报名信息应清晰、规整，商品标题和图片符合特定的格式要求，具体请见《聚划算主图规范》，该规范如有变动或更新的，应以其变动/更新内容为准。<br>6.报名商品必须设置商品限购数量，限购数量最高为5个（特殊类目除外），具体见《聚划算活动商品限购数量解读》，该解读如有变动或更新的，应以其变动/更新内容为准。<br>7.报名商品必须设置为拍下减库存 |

对于想要参加聚划算推广活动的店铺来说，不仅要了解聚划算活动的准入条件，还要清楚聚划算的收费模式，主要有两大类。

● 基础收费模式

该模式是基础技术服务费（基础费用）、实时划扣技术服务费和封顶技术服务费的组合模式。其中，基础技术服务费是在参聚商家的商品获得审核通过后缴纳的费用，这笔费用需提前存入支付宝中，在所有商品正式参团时被划扣至聚划算账户中，且不予退回。

在该模式下，参聚店铺会因为参团类型的不同而被收取不同的费用，如图7-2所示。

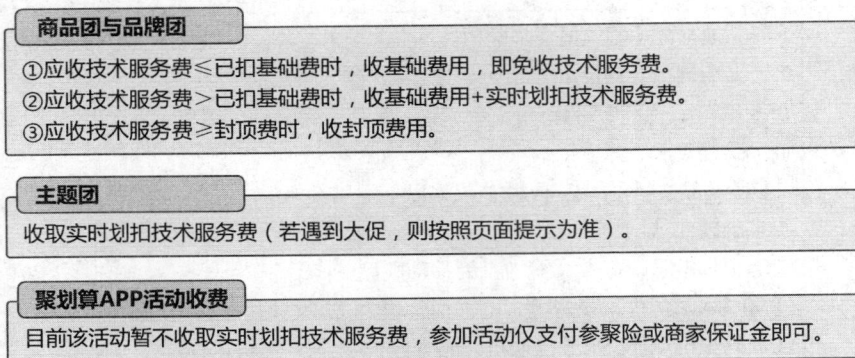

**商品团与品牌团**
①应收技术服务费≤已扣基础费时，收基础费用，即免收技术服务费。
②应收技术服务费＞已扣基础费时，收基础费用+实时划扣技术服务费。
③应收技术服务费≥封顶费时，收封顶费用。

**主题团**
收取实时划扣技术服务费（若遇到大促，则按照页面提示为准）。

**聚划算APP活动收费**
目前该活动暂不收取实时划扣技术服务费，参加活动仅支付参聚险或商家保证金即可。

图7-2

那么，该模式中的基础费用和封顶费用的具体收取标准是怎样的呢？如表7-3所示。

表 7-3 基础费用的收费标准

| 收费项目 | 基础费用 | 封顶费用 |
| --- | --- | --- |
| 单品团 | 2500元／天 | 25000元／天 |
| 品牌团 | 25000元／天 | 60000元／天 |
| 市场营销活动单品团 | 1000元／天 | 40000元／天 |
| 市场营销活动品牌团 | 10000元／天 | 80000元／天 |
| 部分业务类型 | 对基础费用及封顶费用有特殊规定的从其规定，具体详见商家所报名具体业务类型的活动所展现／公示的收费标准 | |

**TIPS 什么是实时划扣技术服务费**

实时划扣技术服务费是指店铺在天猫经营需按照其销售额（不含运费）的一定百分比交纳的费用，即卖家每成交一笔订单，天猫都要收取该笔订单的总成交金额（扣除邮费金额）乘以对应类目服务费用率的款项。比如某个参加聚划算的商家，其商品的服务费率为2%，订单的总成交金额为100元，若包邮，则收取的实时划扣技术服务费=100×2%=2（元），若含邮费10元，则收取的实时划扣技术服务费=90×2%=1.8（元）。

● 特殊收费模式

该模式下有两种收费方式，一是收取实时划扣技术服务费，二是收取固定费用。

实时划扣技术服务费的收费模式即免除基础费用的缴纳要求，不设置封顶费用，仅依照确认收货的成交金额和对应类目的技术服务费率计算实时划扣技术服务费，且部分业务或品牌按照对应类目实时划扣技术费率的8折进行扣费。

固定费用收费模式下，商家应在获得审核通过后提前正付一笔固定技术服务费（即固定费用）到商家绑定的支付宝中，并在开团时由系统划扣到聚划算账户中，且开团后系统将不再实时监控确认收货成交金额，商家也无须再缴纳实时划扣技术服务费。

具体的参聚收费标准可进入具体的聚划算活动详情页查询。

### 7.2.2　选择聚划算的活动类型

聚划算平台为广大商家提供了5种参聚类型，如商品团、品牌团、聚名品、聚新品和竞拍团。不同的类型有不同的特点和优势。

● 商品团

商品团的活动展位较多，店铺参团几率相对较大，它可以帮助商家进行主团展示，会给店铺带来比较稳定的流量，且报名时间由具体的活动决定。如图7-3所示的是参与商品团的商品抢购页面。

图7-3

● 品牌团

店铺参加品牌团活动，可以实现品牌规模化出货，快速抢占市场份额，提升品牌认知，其报名时间为每月4～12日，为期9天，商家审核时间为每月13～15日，为期3天。不同的品牌团活动有其统一的展示首页，如图7-4所示。

图7-4

● 聚名品

聚名品活动聚集了众多高端品牌，它有两种业务类型和玩法，即单品团和品牌团。单品团玩法是指商家可一次性报名多款商品，并在当日一同开售；品牌团玩法是指商家按品牌维度参加聚名品活动，与品牌团业务相同。

适合参与聚名品的主要类目有男装、女装、男鞋、女鞋、运动、户外、母婴童装、美妆、箱包、服装配饰、眼镜和家居等，在聚名品活动的首页会展示参与了该活动的商品图片，且均会显示"聚名品"3个字，如图7-5所示。

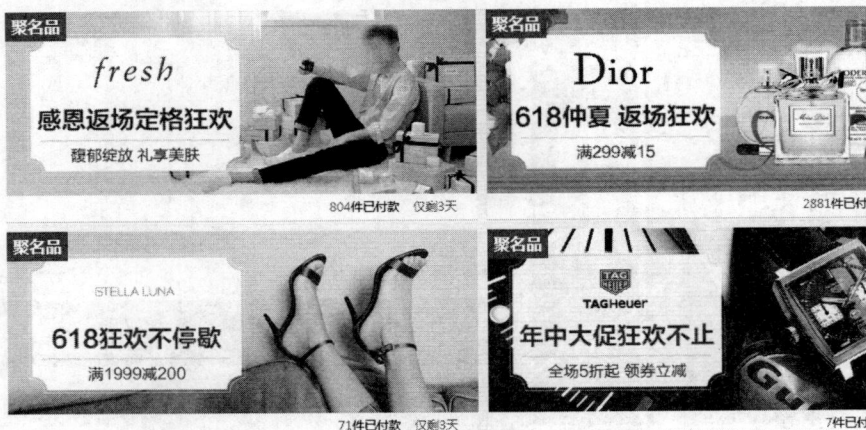

图7-5

● 聚新品

聚新品是一种新品营销活动，是淘宝全网新品首发第一站，适合有潜力且高增长的新品类商品参加。活动会根据新品的评级来确定置顶，而商家则需要提供新品营销方案。参与聚新品活动的商家或商品一般会展示在"今日上新"或"今日推荐"栏中。

● 竞拍团

竞拍团活动均采用全流程系统审核，维度丰富，中小商家参聚机会都很大。由于实行市场化的竞价方式招商，所以商家可以掌握更多参聚主动权。

## 7.2.3 报名加入聚划算活动

符合参与聚划算活动准入标准的商家，可根据需要选择具体的活动完成报名流程。相关操作如下。

| 01 进入聚划算商户中心 | 02 筛选活动类型 |
|---|---|
| 进入聚划算首页（https://ju.taobao.com/），❶单击页面右上角的"商户中心"超链接进入聚划算商户中心页面，❷单击"我要报名"按钮。 | ❶在打开的页面中单击频道类型超链接进行活动类型筛选，随即在该页面下方会显示对应类型的所有活动，❷单击活动名称超链接。 |

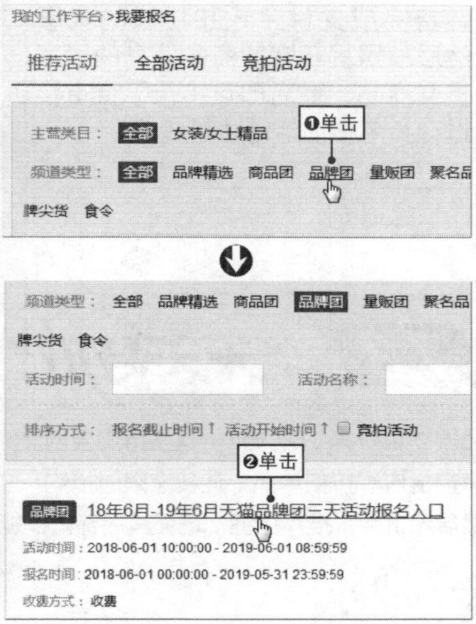

<table>
<tr><td>

**03 查看活动详情**

进入活动详情页面了解活动时间、报名时间和活动玩法等，单击"下一步"按钮。

活动详情　　　收费规则

聚划算 - 18年6月-19年6月天猫品牌团三天活动报名入口

▌基本信息

活动时间：
2018-06-01 10:00:00 至 2019-06-01 08:59:59

报名时间：
2018-06-01 00:00:00 至 2019-05-31 23:59:59

活动介绍：
18年6月-19年6月天猫品牌团三天活动报名入口

活动玩法：
聚划算-品牌团钩子品优惠（优惠额度50元以上）：
"钩子优惠"是品牌团特有的玩法：分时段限量供应（每时
点击进入Ministe并购买。"钩子优惠"将会显示在首页主list
聚划算-品牌团钩子品优惠（优惠折扣7折以下购1件才享）
"钩子优惠"是品牌团限量的玩法：分时段限量供应（每时
吸引用户点击进入Ministe并购买。"钩子优惠"将会显示在
聚划算第九期买就返红包：

单击 ▶ 下一步

</td><td>

**04 签署保证金协议**

❶在新页面中单击"点击这里"超链接，完成保证金协议的签署，再次回到活动详情页单击"下一步"按钮进入提交报名的页面，❷单击"提交"按钮。

⚠ 提示
为了您能正常止付费用,请您先签署保证金协议(保证金：是指每次参加
点击这里去签署，签署成功后，刷新页面继续报名。

❶单击

⬇

21.3本协议内容包括协议正文、附件及所有营销平台及各营销平台
具有相同法律效力。卖家在使用各营销平台提供的各项服务时，承诺
生法律约束力。

21.4乙方有权根据需要不时地修改本协议或制定、修改各类规则。
家。如卖家不同意相关变更，须立即以正式书面函件的通知方式声
表示卖家放弃接订后的协议或规则。

21.5本协议约定软件服务属于软件开发/信息系统集成/数据处理和存储服

☑本人已阅读并同意《营销平台服务协议》

提交 ◀ ❷单击

</td></tr>
<tr><td>

**05 签署支付宝代扣协议**

在打开的页面中单击"点击这里"超链接完成支付宝代扣协议的签署，然后按照提示完成商品信息的填写，提交商品，最后即可等待平台审核通过，报名参加活动才算成功。

</td><td>

**淘宝商家** ｜ 营销活动中心

⚠ 提示
请您先签署支付宝代扣协议。
点击这里去签署，签署成功后，刷新页面继续报名。

单击

</td></tr>
</table>

# 7.3 "天天特价"持续吸引顾客

和聚划算一样，天天特价是扶持淘宝网卖家成长的营销平台，通过该活动平台，优质卖家提供应季折扣单品，让买家限时抢购，实现买卖双方互动，而卖家因此可以获得高流量展示机会，推广店铺，增强其店铺营销能力。

## 7.3.1　了解"天天特价"的不同入口和准入条件

　　无论是淘宝网的PC端还是手机端，都有天天特价的入口和主页。在PC端淘宝网首页的"网站导航"菜单中单击"天天特价"超链接即可进入天天特价主页，如图7-6所示。

图7-6

　　在手机端淘宝网首页进行浏览，找到"天天特价"区后点击其超链接即可进入天天特价主页，如图7-7所示。

图7-7

了解如何进入天天特价平台的主页，店主们才能顺利找到活动的报名入口。而在报名参加活动之前，店主们同样需要了解天天特价活动的准入条件，如表7-4所示。这些条件必须同时满足才有资格报名参加活动。

表 7-4　天天特价日常单品的准入条件

| 条件 | 详情 |
| --- | --- |
| 商家条件 | 1. 本活动针对淘宝店铺和天猫店铺（含天猫国际商家、飞猪天猫商家、飞猪天猫国际商家）招商。<br>2. 淘宝店铺须支持淘宝消费者保障服务。<br>3. 淘宝店铺的信用等级为一钻及以上。<br>4. 近半年，店铺非虚拟交易的 DSR 评分的 3 项指标分别不低于 4.6（开店不足半年的自开店之日起算）。<br>5. 店铺实物交易占比必须在 90% 以上，但以下类型店铺除外：<br>①主营一级类目为消费卡、购物提货券、餐饮美食、移动 / 联通 / 电信充值中心、手机号码 / 套餐 / 增值业务、网络游戏点卡、腾讯 QQ 专区等店铺；<br>②主营一级类目为手机的天猫店铺；<br>③主营一级类目为景点门票 / 演艺演出 / 周边游、特价酒店 / 特色客栈 / 公寓旅馆 / 度假路线 / 签证送关 / 旅游服务类目的飞猪店铺。<br>6. 店铺开店市场必须在 90 天及以上。<br>7. 店铺近 30 天纠纷退款率超过店铺所在主营类目的纠纷退款率均值的 5 倍，且店铺近 30 天纠纷退款笔数 ≥ 3 笔的店铺，限制参加天天特价活动。<br>8. 店铺违反《淘宝规则》、《天猫规则》、《天猫国际服务条款规则》和《飞猪规则》达到一定程度的，将被限制参加天天特价活动 |
| 商品条件 | 1. 报名商品的库存必须在 50 件及以上。<br>2. 报名商品近 30 天的历史销售记录必须在 5 件及以上。<br>3. 除特殊类目商品外，其他报名商品的报名价格必须满足活动平台最低价要求，具体详见"营销平台 15 天最低价"。<br>4. 报名商品必须设置商品限购数量，限购数量最高为 5 个。<br>5. 品牌商品必须有品牌方提供的售卖证明或商品以报名库存为要求的购买发票，或者有品牌渠道商的资质证明；自有品牌商品提供自有品牌的相关证明。<br>6. 除特殊类目商品外，其他报名商品必须支持包邮。包邮是指由卖家处发货到买家处的大陆地区首次发货的运费为 0 元。<br>7. 报名商品的图片为 480px×480px，大小在 1MB 以内，图片清晰，主题明确且美观，不拉伸变形、不拼接、无水印、无 logo，无文字信息，支持 JPG、JPEG 和 PNG 格式，图片背景为白底、纯色或浅色。<br>8. 报名商品必须提交 800px×800px，1：1尺寸、PNG 格式的商品素材图，必须符合透明背景、无人像、无阴影、无LOGO、单品不超过 3 个平铺图等要求。<br>9. 所有提交报名的商品及活动页面素材必须确保不存在侵犯他人知识产权和其他合法权益的信息。<br>10. 报名商品还必须符合所报具体业务活动的招商标准 |

**TIPS  天天特价活动会不定期变动**

天天特价营销平台推出的特价活动，会因为时间的变化而有所不同。有时会推出×元包邮、×元生活和×元时尚等，有时又会推出一些类目活动、主题活动和清仓特卖等，具体情况以平台主页的显示为准。

**7.3.2  选择并报名加入合适的特价活动**

如果店主们确定了自家店铺符合参加天天特价活动的资格，就可以报名加入某一具体活动，下面来看看具体操作步骤。

| 01 商家报名 | 02 选择活动 |
|---|---|
| 进入天天特价平台首页（http://tejia.taobao.com/），单击页面右上角的"商家报名"超链接。 | 在打开的页面中选择具体的活动并单击其右侧的"去报名"按钮。 |

**03 了解活动详情**

在打开的页面中可以查看所选活动的详情介绍，如活动时间、报名时间和活动玩法等，单击"下一步"按钮。

**TIPS  不同活动的准入条件有差异**

天天特价的各种活动有其独有的准入条件，并非所有活动的准入条件都一模一样，当店主们进入报名页面时即可查看所选活动的具体准入条件。

第四章 违规处理

第十一条 【商家管理】按照《淘宝规则》/《天猫规则》等相关

第五章 附则

第十二条 【生效时间】本标准最新修订及发布时间2018年6月9

第十三条 【新旧衔接】天天特价极致爆款-特价王活动的所有原准。

第十四条 天天特价亦将定期或不定期组织各类营销活动，营销

活动玩法：
天天特价第二件零元；
天天特价第二件半价；
特价日常单品优惠

单击
下一步

| 04 选择参加活动的商品 | 05 选择期望开团时间并提交商品 |
|---|---|
| ❶在"填写基本信息"页面中单击"选择"按钮，❷打开"选择商品"对话框，选择要加入活动的商品。 | 返回"填写基本信息"页面，❶选择期望开团时间，❷选中"同意接受营销平台系统排期……"复选框，❸单击"下一步"按钮。接着按照提示完成商品的提交，最后即可完成报名。 |

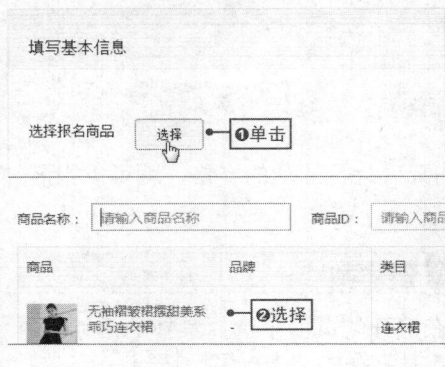

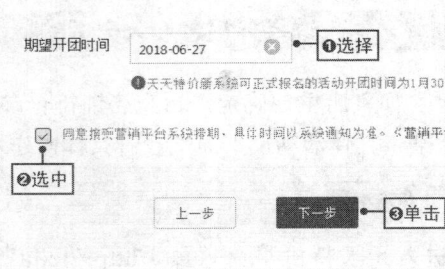

# 7.4 利用优惠券和店铺宝进行推广

优惠券和店铺宝都是淘宝网为卖家提供的店铺营销工具，主要目的是优惠促销，进而达到推广店铺的效果。

## 7.4.1 为店铺购买优惠券

优惠券是一种可以通过多种渠道进行推广的电子券，店主们设置优惠金额和使用门槛，以此来刺激店铺转化，提高客单量。目前，淘宝网提供的优惠券分为店铺优惠券和商品优惠券，店主们要购买优惠券服务后才能使用。下面来看看如何购买。

| 01 单击"店铺营销工具"超链接 | |
|---|---|
| 进入卖家中心，❶在页面左侧导航栏中单击"店铺营销工具"超链接，❷在"优惠促销"栏中单击"优惠券"工具超链接。 | 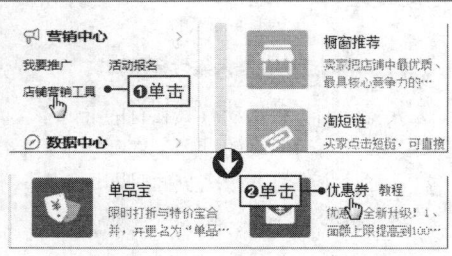 |

| **02** 单击"去订购"按钮 | **03** 选择周期完成购买 |
|---|---|
| 在打开的页面中会提示未订购优惠券服务，单击"去订购"按钮。 | 进入服务市场的优惠券购买页面，❶选择服务的周期，❷单击"立即购买"按钮，完成款项支付即可成功购买优惠券。 |

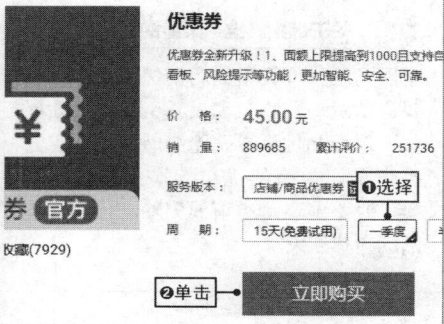

您未订购优惠券服务

去订购 ——单击

**TIPS 优惠券的免费试用**

如果淘宝店主对优惠券的使用效果存在担忧，可以先选择"15天（免费试用）"周期，试用优惠券，看使用效果后再决定是否购买优惠券服务。

**优惠券**

优惠券全新升级！1、面额上限提高到1000且支持台看板、风险提示等功能，更加智能、安全、可靠。

价　格：　**45.00元**

销　量：　889685　累计评价：　251736

服务版本：　店铺/商品优惠券　❶选择

周　期：　15天(免费试用)　一季度

收藏(7929)

❷单击—— **立即购买**

## 7.4.2　对购买的优惠券进行设置

　　店主们购买优惠券以后，要根据自身店铺的具体情况对所购优惠券进行具体的设置，比如优惠券类型、推广渠道、优惠金额、使用门槛、发行量和每人限领等信息，相关操作如下。

| **01** 选择优惠券类型 | **02** 设置推广渠道和优惠券名称 |
|---|---|
| 进入卖家中心，单击"优惠券"工具超链接，进入营销工作台的优惠券页面，选择优惠券类型并单击其对应的按钮。 | ❶选中推广渠道左侧的单选按钮，❷设置优惠券的名称和使用时间。 |

📝 需求反馈　　❓ 最新动态

❶选中—● 自有渠道推广 - 通用领券链接

⬇

单击

\+ 店铺优惠券　　\+ 商品优惠券

新建店铺券或者商品券

| * 名称： | 满50元立减5元 | 0/10 |
|---|---|---|
| * 使用时间： | 2018-06-27　2018-07-27 | |

❷设置

**03 设置面额信息**

❶设置优惠金额、使用门槛、发行量和每人限领等面额信息，❷单击"确认创建"按钮，完成对优惠券的设置操作。

面额信息·面额1

| | | | |
|---|---|---|---|
| * 优惠金额： | 10 | | 元 |
| * 使用门槛： | 满 100 | ❶设置 | 元 |
| * 发行量： | 100 | | 张 |
| * 每人限领： | 1 | ∨ | 张 |

> **TIPS 关于优惠券推广渠道的说明**
>
> 全网自动推广类型的店铺优惠券会在宝贝详情页、购物车和天猫工具栏页面展示，但商品优惠券是无法展示的。官方渠道推广类型的优惠券均无法提取链接，且不能主动结束或删除，只能等待活动自然结束。

⚠ 请谨慎设置优惠券基本信息：券链接可全网传播，请勿用于
特别提醒：严令禁止通过优惠券刷单的行为，一旦发现按淘

确认创建 ← ❷单击

　　当店主在设置优惠券名称时，不能使用特殊符号，如"："、"（）"、"#"、"¥"等，一般将优惠券名称设置为纯文字形式。而且，店主不能设置无门槛金额，可自定义1/2/3/5及5的整数倍金额，面额不得超过1000元。另外，店主们要在活动过期后及时删除无效的优惠券。

**SKILL 如何在无线端店铺首页展示优惠券**

为了统一PC端店铺首页与无线端店铺首页的优惠券信息，店主们可以为无线端店铺首页添加并展示优惠券。在设置完优惠券后，保存优惠券的链接，然后进入"手机淘宝店铺首页"装修页面，❶添加"优惠券"模块，❷设置优惠券展示个数和优惠券名称，设置完毕后进行发布即可完成无线端店铺首页的优惠券展示设置操作，如图7-8所示。

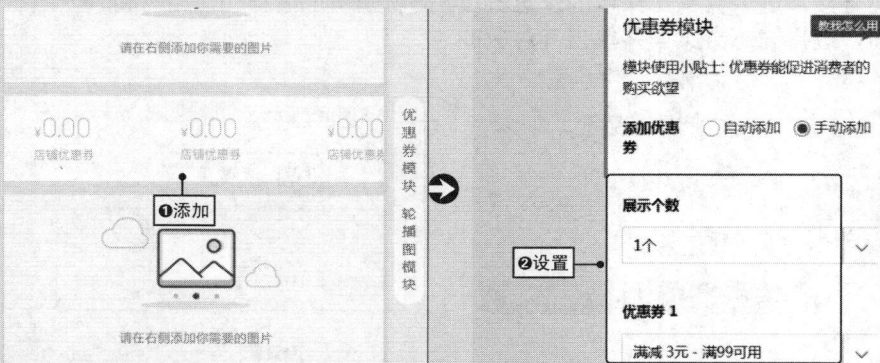

图7-8

## 7.4.3　了解店铺宝并购买

　　店铺宝是天猫"店铺优惠"与集市"满就减（送）"的全面升级，是官方工具之一，可对全店商品及自选商品进行促销活动。该服务提供多层级的优惠级别和优惠内容，可随时暂停与重启活动。

　　店主们订购了该服务后，可进行满件打折、满元减现、包邮、送赠品、送权益和送优惠券等促销活动。设置店铺宝后，优惠信息默认在PC端和无线端宝贝详情页中展示。而在使用店铺宝进行店铺推广之前，需要订购该服务。

| **01** 选择店铺宝 | **02** 单击"马上订购"按钮 |
| --- | --- |
| 进入卖家中心，单击"店铺营销工具"超链接，在页面右侧单击"店铺宝"工具超链接。 | 在打开的页面中单击"马上订购"按钮前往服务市场。 |

| **03** 选择周期并购买 | **04** 同意协议并付款 |
| --- | --- |
| ❶进入店铺宝的购买页面，选择周期，❷单击"立即购买"按钮。 | ❶进入确认订单页面，选中"已阅读并同意签署……"复选框，❷单击"同意并付款"按钮，之后完成付款即可成功购买店铺宝服务。 |

**TIPS** 店铺宝与哪些工具可以叠加使用

店铺宝是店铺级营销工具，可以与单品级（如单品宝、搭配宝等）、第三方和官方卡券级（如优惠券、购物券、红包和淘金币等）叠加使用。通常，优惠叠加顺序为：优先计算单品级优惠（默认生效最低价），再计算店铺满减及优惠券（一笔订单仅可选择一个店铺级活动），最后计算跨店优惠（如天猫购物券）。

单品级优惠有单品宝、搭配宝、聚划算/抢购活动价、大促价、日常活动价和第三方工具打折等，其特征是针对单个商品的打折、减价和促销；店铺级优惠有店铺宝、店铺优惠券、商品优惠券和第三方工具满就减/满件折等，其特征是针对全店商品或部分商品的满就减、满件打折；跨店优惠有天猫购物券、聚划算跨店满减和购物津贴等，其特征是针对一些跨店购物行为的促销。如表7-5所示的是店铺级营销工具的叠加场景与价格情况。

表7-5 营销工具的叠加场景与对应的价格情况

| 店铺级优惠工具叠加场景 | 价格情况 |
|---|---|
| 店铺宝 + 第三方店铺级工具 | 生效最低价 |
| 店铺宝商品活动 + 店铺活动 | 仅生效商品活动 |
| 店铺宝 + 优惠券 | 价格叠加计算 |
| 店铺宝 + 天猫购物券（购物津贴） | 价格叠加计算 |
| 店铺宝 + 支付宝红包 + 积分 + 点券卡 | 价格叠加计算 |
| 店铺优惠券 + 商品优惠券 | 生效最低价 |
| 店铺优惠券 + 单品宝 + 店铺宝 | 价格叠加计算 |
| 店铺优惠券 + 天猫购物券（购物津贴）+ 红包 | 价格叠加计算 |

## 7.4.4 购买成功后如何设置店铺宝

店主们购买店铺宝服务后还没有完事儿，还需要对其进行设置，即创建店铺宝活动。来看看具体的操作过程。

**01 新建活动**

进入卖家中心，在单击"店铺营销工具"超链接后单击"店铺宝"工具超链接，进入店铺宝页面，单击"新建活动"按钮，进入活动基本信息编辑页面。

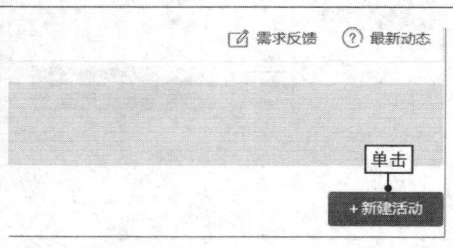

📝 需求反馈　⑦ 最新动态

单击

+新建活动

## 02 设置活动的基本信息

❶设置活动的名称、开始时间、结束时间和优惠类型等基本信息,❷单击"下一步"按钮。

❶
基本信息

* 活动名称: 满100元省10元

* 开始时间: 2018-06-28 ❶设置

* 结束时间: 2018-08-28

* 优惠类型: ● 自选商品 ○ 全店商品 ⚠

定向人群: ☐

❷单击

下一步    取消

## 03 设置优惠条件和门槛

❶设置优惠条件、优惠门槛和优惠内容,❷单击"下一步"按钮。

优惠条件

* 优惠条件: ● 满件(打折) ⓘ
　　　　　　○ 满元(减钱)

优惠门槛及内容——层级1

* 优惠门槛: 满 [ 2 ] 件

* 优惠内容: ☑ 打 [ 8 ] 折 ⓘ    ❶设置
　　　　　　☐ 包邮
　　　　　　☐ 送赠品
　　　　　　☐ 送权益
　　　　　　☐ 送优惠券

❷单击    + 增加一级优惠    删除一级优惠

下一步    上一步

## 04 选择参加活动的商品

❶在"指定活动商品"页面选中参加活动的商品复选框,❷单击"批量参加活动"超链接,按照提示完成后续操作,即可完成对店铺宝的设置,使活动生效。

**TIPS "全店商品"活动类型**

如果店主创建的是"全店商品"活动类型,则不需要进行活动商品的选择操作。注意,全店商品活动的范围是:本活动时段内全店商品中未参加其他活动的所有商品,并且活动生效时段内新发布的商品也会参加到本活动中。

选择商品    已选商品

商品名称/ID: 商品名称或ID

店铺分类: 全部商品

搜索

商品描述

☐ 全选　批量参加活动 ← ❷单击

☑ 无袖褶皱裙摆甜美系绑巧连衣裙
　　ID:

☑ 夏季长款波女风短袖气质连衣裙 ← ❶选中
　　ID:

　　除了前述这些官方活动外,店主们还可根据自身需要选择其他的官方活动,以此推广店铺。

# 使用其他推广方式，真正做好营销

## 学习目标

除了可以参加淘宝网官方营销活动外，店主们还可以采用其他推广方式来宣传店铺，如加入淘宝客、订购直通车、开通钻石展位、发布微淘广播以及在众多第三方平台上分享店铺链接等，全方位做好营销。

## 知识要点

- 了解什么是淘宝客
- 加入"直通车"为推广做准备
- 如何开通钻石展位
- 发微淘宣传店铺
- 注册微信公众号推送网店链接

……

# 8.1 利用"淘宝客"推广店铺

淘宝客是阿里妈妈旗下的一款推广产品，属于效果类营销推广，是一种按成交计费的推广模式。店主们加入淘宝客推广后，从淘宝客推广专区获取商品代码，任何买家（包括店主自己）经过店铺的推广（链接、个人网站、博客或社区发帖等）进入自家店铺完成购买后，店主们需要向淘宝客支付佣金。

## 8.1.1 了解什么是淘宝客

店主们加入淘宝客推广后，并不是成为淘宝客，而是与淘宝客建立合作关系，也就是说，淘宝客是帮助店主们推广商品和店铺并获取佣金的人。淘宝客这一产品的原理如图8-1所示。

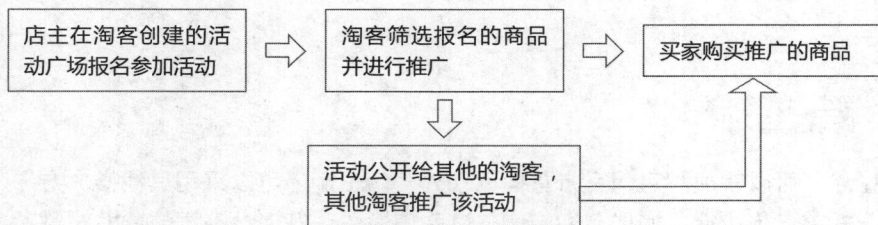

图8-1

由淘宝客活动的推广原理我们可以总结出如图8-2所示的淘宝客与店主、买家之间的关系。

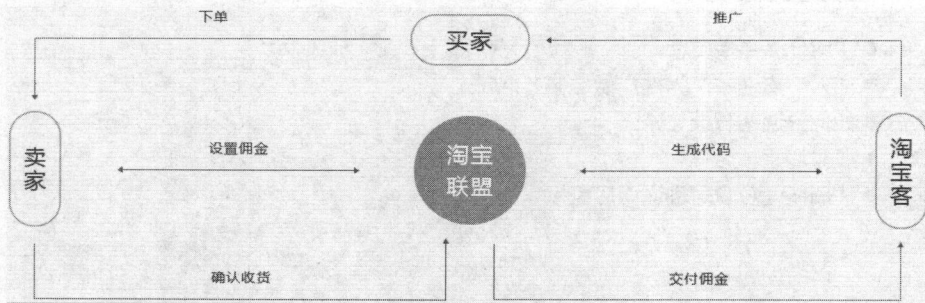

图8-2

店主参加淘宝客推广，淘宝客会将店主的店铺及店铺中的商品投放到网站、APP、微博、微信和QQ群等站外渠道进行推广。店主们加入该推广活动后，会默认全店宝贝参加，无法选择某一宝贝参加或不参加。店主在支付佣金时会按照如下计算公式核算应付佣金。

商家支付佣金=商品实际成交价格（不含运费）×商品佣金比率

店主可以针对不同的宝贝设置不同的佣金比率，没有设置佣金比率的商品将按照该商品对应类目下的佣金比率计算佣金。佣金将在订单交易成功（买家确认收货）时从店主自家店铺绑定的支付宝中扣除。

### 8.1.2 商家加入淘宝客推广的准入条件

与淘金币、聚划算及天天特价等活动一样，并不是所有店铺和商品都能加入淘宝客推广，商家加入淘宝客推广也有一定的准入条件。

**1.商家资质**

商家加入淘宝客推广的商家准入条件中，又分为通用准入条件和特殊准入条件。其中，通用准入条件是指各类型商家都必须符合的，主要有如图8-3所示的4点。

| ① | 卖家店铺动态评分的各项分值均不低于4.5。 |
| ② | 店铺状态正常且出售中的商品数≥10件（同一商品库存有多件的，仅计为1件商品）。 |
| ③ | 签署了支付宝代扣款协议。 |
| ④ | 未在使用阿里妈妈或其关联公司其他营销产品（包括但不限于钻石展位、淘宝直通车、天猫直通车等）服务时因违规被中止或终止服务。 |

图8-3

而特殊准入条件是针对不同类型的商家制定的，具体情况如表8-1所示。

表8-1　加入淘宝客的特殊准入条件

| 商家类型 | 特殊准入条件 |
| --- | --- |
| 淘宝网卖家 | 1.淘宝个人店铺信用等级在一心及以上，或参加了消费者保障计划；企业店铺信用度等级＞0。<br>2.店铺若因违反《淘宝规则》中相关规定而被处罚扣分的，还需要符合以下条件：<br>①出售假冒商品，当前累计扣分值为6分及以上的，需满足距离最近一次处罚扣分的时间为"满365天"； |

续表

| 商家类型 | 特殊准入条件 |
|---|---|
| 淘宝网卖家 | ②严重违规行为(出售假冒商品除外),6分≤当前累计扣分分值<12分的,需满足距离最近一次处罚扣分的时间为"满30天";当前累计扣分分值=12分的,需满足距离最近一次处罚扣分的时间为"满90天";12分<当前累计扣分分值<48分的,需满足距离最近一次处罚扣分的时间为"满365天";<br>③虚假交易(严重违规虚假交易除外),12分≤当前累计扣分分值<24分的,需满足距离最近一次处罚扣分的时间为"满30天";24分≤当前累计扣分分值<48分的,需满足距离最近一次处罚扣分的时间为"满90天";当前累计扣分分值≥48分的,需满足距离最近一次处罚扣分的时间为"满365天" |
| 天猫卖家、飞猪商家和天猫国际商家 | 1.店铺若因违反《天猫规则》、《飞猪规则》和《天猫国际服务条款规则》中相关规定而被处罚扣分的,还需符合以下条件:<br>①出售假冒商品,当前累计扣分分值为6分及以上的,需满足距离最近一次处罚扣分的时间为"满365天";<br>②严重违规行为(出售假冒商品除外),6分≤当前累计扣分分值<12分的,需满足距离最近一次处罚扣分的时间为"满30天";当前累计扣分分值=12分的,需满足距离最近一次处罚扣分的时间为"满90天";12分<当前累计扣分分值<48分的,需满足距离最近一次处罚扣分的时间为"满365天";<br>③虚假交易(严重违规虚假交易除外),12分≤当前累计扣分分值<24分的,需满足距离最近一次处罚扣分的时间为"满7天";24分≤当前累计扣分分值<48分的,需满足距离最近一次处罚扣分的时间为"满30天";当前累计扣分分值≥48分的,需满足距离最近一次处罚扣分的时间为"满90天"。<br>2.天猫国际商家应符合通过 tmall.hk 平台进行海关备案的条件 |

## 2.商品资质

商家加入淘宝客推广时除了有商家准入条件,还有商品准入条件,主要有4项条件。

● 特殊类目准入

在该准入条件下,有的商品类目只支持天猫卖家,有的支持天猫卖家和天猫国际卖家,有的只支持符合生活家准入要求的淘宝网卖家和天猫卖家,有的只支持阿里旅行商家,有的只支持天猫卖家、天猫国际卖家或符合手机类目管理要求的卖家，有的只支持天猫卖家或已加入消保服务并按照约定缴纳消保保证金的淘宝网卖家，有的只支持天猫卖家或入驻天机平台的商品，有的只支持代购商品或有3C认证资质的商品，以及有的只支持符合天猫智能设备热招品牌的商品。具体进入阿里妈妈规则中心（https://rule.alimama.com/）进行查看。

● 不得推广的商品类目

由于类目较多，店主们可进入阿里妈妈规则中心查看详情。

● 食品行业的商品

经营该类商品的店铺，只有满足是天猫卖家或符合《淘宝网食品行业标准》的商家的商品才能利用淘宝客进行推广。

● 属于全球购-官网直购的商品，不能采用淘宝客进行推广。

### 8.1.3 加入淘宝客，提高成交量

很多符合准入条件的商家在加入淘宝客后，自家店铺的成交数量有了明显增加。那么，店主们要如何加入淘宝客呢？

| 01 选择淘宝客 | 02 补全账户信息完成注册 |
|---|---|
| 进入卖家中心，❶在页面左侧的"营销中心"栏中单击"我要推广"超链接，❷在右侧页面中选择"淘宝客"营销工具选项。 | ❶在打开的页面中补全账户信息，❷选中协议复选框，❸单击"同意协议并注册"按钮即可。 |

**03 选择命令**

系统会提示店主进行激活，店主通过激活链接完成激活操作，即可注册加入淘宝客。随后，店主进入淘宝客就可以进行推广计划管理了，如选择推广计划、管理佣金等。

实效 ・ 首页 ・ 实

完成激活

激活邮件发送成功！

激活邮件已发送，您可以点击邮件里的激活链接来完成激活

---

**TIPS 淘宝客的4种推广计划**

淘宝客平台为众多符合准入条件的商家提供了4种推广计划，其佣金范围和暂停、删除与否等情况如表8-2所示。

表 8-2 淘宝客的 4 种推广计划

| 计划名称 | 佣金范围 | 能否暂停 | 能否删除 |
|---|---|---|---|
| 通用计划 | 类目最高佣金比率50% | 无法暂停 | 无法删除 |
| 定向计划 | 类目最高佣金比率70% | 计划运行7天后可手动暂停，暂停后无法重新开启 | 暂停后自行删除 |
| 如意投计划 | 类目最高佣金比率50% | 可随时暂停，再次开启需要暂停15天以后 | 无法删除 |
| 活动计划 | 类目最高佣金比率90% | 报名成功后不支持中途退出和修改佣金比率 | 无法删除，活动结束后自动失效 |

①通用计划是卖家加入淘宝客推广后默认开启的计划，主要由淘宝客单独获取某个宝贝或店铺的推广链接，然后发送到淘宝网以外的地方进行推广。特征是进行全店商品推广，目前只能设置类目佣金比率。

②定向计划区别于通用计划，由卖家在后台自行创建，可自定义一些功能，目前只能设置不公开且手动审核的定向计划。特征是进行全店商品推广，未设置主推商品的按类目佣金结算。

③如意投计划需要商家自行激活，由阿里妈妈系统根据商品佣金比率和宝贝综合质量情况，将商品职能推送到爱淘宝搜索结果页、中小网站橱窗推广等。

④活动计划是指卖家报名淘宝客发起的互动招商活动后，由系统自动生成的计划（主要便于查看报名活动的商品和活动效果数据）。

## 8.1.4 从哪些因素入手考察淘宝客的推广效果

与淘宝网的常用官方活动相比，很多店主对淘宝客的使用并不熟悉。那么，在加入淘宝客推广后，店主们需要从哪些因素出发，来考察淘宝客的推广效果呢？主要有以下5个方面。

● 点击数

点击数表示参与淘宝客推广的宝贝被点击的次数，点击的次数增加，则表明有买家查看了该商品，宝贝的推广起到了一定的效果。

● 付款金额

付款金额表示买家拍下且付款的商品金额，其可以与点击数相结合分析，表明买家通过淘宝客推广链接进入店铺后，下单购买的总金额数。

● 结算金额

结算金额表示买家付款并已经确认收货的金额数，其与点击数相结合分析，表明最终的买家购买金额总数。

● 佣金

佣金是店主们利用淘宝客推广而实际支付的成本，将佣金与付款金额做对比，可以掌握成本占收入的比重是大还是小。

● 平均付款佣金比率

平均付款佣金比率是结算金额与佣金之间的比值，反映的是历史成交的佣金比率。如图8-4所示的是这些数据的展示效果。

图8-4

# *8.2* "直通车" 推广针对性更强

淘宝直通车是为专职淘宝卖家量身定制的，按点击付费的效果营销工具，为店主们的宝贝实现精准推广。当买家主动搜索时，在最优位置展示店铺的宝贝，超准推荐给每一位潜在买家。加入直通车推广活动后，商品在展位上免费展示，买家点击才付费。

## 8.2.1 淘宝直通车的三大引流手段

淘宝直通车是一种全新搜索竞价模式，其竞价结果不仅可以在雅虎搜索引擎上显示，还可以在淘宝网上以"全新的图片+文字"的形式充分展示店铺。

在淘宝直通车的搜索竞价模式下，每件商品可设置200个关键字，店主可针对每个竞价词自由定价，还可以看到在雅虎和淘宝网上的排名位置。

淘宝直通车提供了3种引流方式：全域搜索、定向推广和店铺推广。

### 1.全域搜索

由店主设置与推广商品相关的关键词和出价，在买家搜索相应关键词时，推广商品就可获得展现机会和流量，此时店主按所获流量（点击数）付费。

注意，店铺加入淘宝/天猫直通车后，即默认开通搜索营销。如图8-5所示的是该引流方式的推广优势。

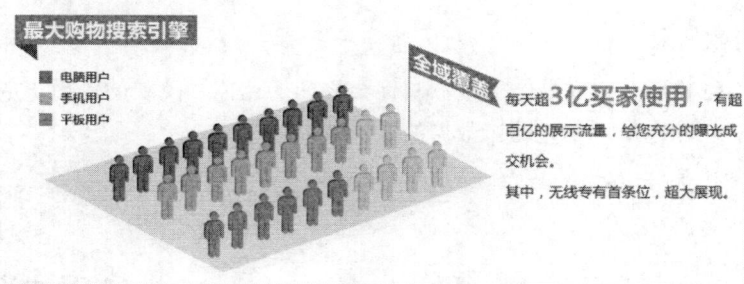

图8-5

该引流方式下，宝贝的展示形式有两种：一是显著位置展示创意图、创意标题、价格和销量，如图8-6（左）所示；二是展示位置上打出"掌柜热卖"的标识，如图8-6（右）所示。

图8-6

在全域搜索的方式下，店铺宝贝会在多个位置进行展示，如图8-7所示。

**关键词搜索结果页右侧的掌柜热卖**

**关键词搜索结果页底部的掌柜热卖**

图8-7

**淘宝热卖页面**

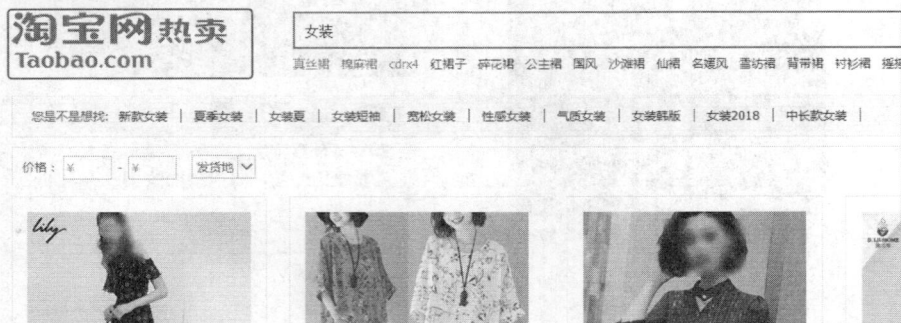

图8-7（续）

## 2.定向推广

定向推广是根据买家浏览购买习惯和对应的网页内容，由系统自动匹配出相关度较高的宝贝，并结合出价与宝贝推广带来的买家反馈信息进行展示。店主出价高，买家反馈信息好，定向推广展现几率大。

该引流方式下，宝贝的展示位置分两种：一是PC端站内资源位，如我的淘宝-物流详情页、我的淘宝-已买到的宝贝、收藏页和旺旺每日焦点等，如图8-8所示；二是无线站内资源位，如手机淘宝首页-猜你喜欢等，如图8-9所示。

图8-8

图8-9

### 3.店铺推广

店铺推广是淘宝/天猫直通车推出的一种通用推广方式，满足店主同时推广多个同类型宝贝、传递店铺独特品牌形象的需求，特别适合向购买意向较模糊的买家进行推广。

店铺推广可以推广除单个商品的详情页面以外的店铺任意页面，如分类页面、宝贝集合页面和导航页面等，并通过为店铺推广页面设置关键词而带来更多的精准流量。

该引流方式下，宝贝的展现位置有3处：一是搜索结果页右侧下方的3个展现位；二是搜索结果页店家精选"更多热卖"进去店铺集合页，如图8-10所示；三是淘宝类目频道搜索结果页右侧下方的3个展示位。

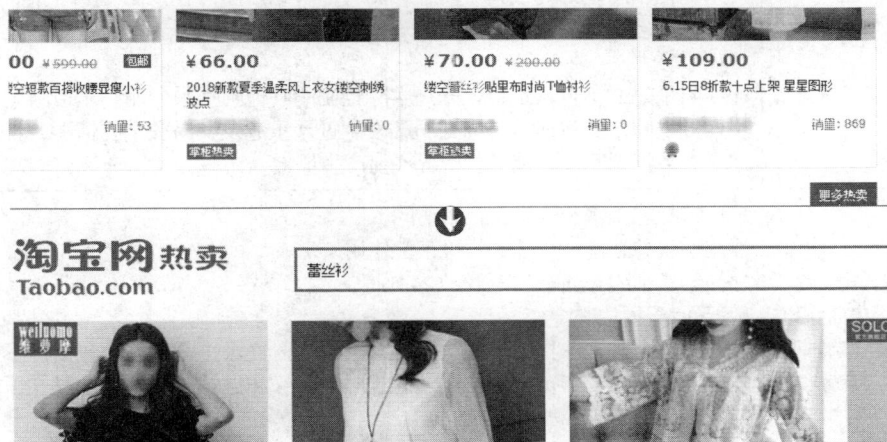

图8-10

**直通车有严格的准入条件**

需要注意的是，淘宝直通车有一定的准入条件，只有符合相应的条件才能加入淘宝/天猫直通车进行推广。如表8-3所示的是直通车的基本准入条件。

表 8-3　直通车的基本准入条件

| 用户类型 | 基本准入条件 |
|---|---|
| 淘宝网卖家 | 1. 店铺状态正常（店铺可正常访问）。<br>2. 用户状态正常（店铺账户可正常使用）。<br>3. 淘宝店铺的开通时间不低于 24 小时。<br>4. 近 30 天内成交金额 > 0。<br>5. 店铺综合排名（指阿里妈妈通过多个维度对商家进行排名，包括但不限于商家类型、店铺主营类目、店铺服务等级和店铺历史违规情况等维度）达到一定的标准。<br>6. 店铺若因违反《淘宝规则》中相关规定而被处罚扣分的，还需符合以下条件：<br>①出售假冒商品，当前累计扣分分值 ≥ 6 分的，需满足距离最近一次处罚扣分的时间为"满 365 天"；<br>②严重违规行为（出售假冒商品除外），6 分 ≤ 当前累计扣分分值 < 12 分的，需满足距离最近一次处罚扣分的时间为"满 30 天"；当前累计扣分分值 =12 分的，需满足距离最近一次处罚扣分的时间为"满 90 天"；12 分 < 当前累计扣分分值 < 48 分的，需满足距离最近一次处罚扣分的时间为"满 365 天"；<br>③虚假交易（严重违规虚假交易除外），当前累计扣分分值 ≥ 48 分的，需满足距离最近一次处罚扣分的时间为"满 365 天"。<br>7. 未在使用阿里妈妈或其关联公司的其他营销产品（包括但不限于钻石展位、淘宝客和网销宝全网版 /1688 版等）服务时因严重违规被中止或终止服务。<br>8. 经阿里妈妈排查认定，该账户实际控制的其他阿里平台账户未被阿里平台处以特定严重违规行为处罚或发生过严重危及交易安全的情形，且结合大数据判断该店铺经营情况不易产生风险 |
| 天猫卖家、飞猪商家以及飞猪国际商家 | 1. 店铺状态正常（店铺可正常访问）。<br>2. 用户状态正常（店铺账户可正常使用）。<br>3. 淘宝店铺的开通时间不低于 24 小时。<br>4. 近 30 天内成交金额 > 0。<br>5. 店铺综合排名（指阿里妈妈通过多个维度对商家进行排名，包括但不限于商家类型、店铺主营类目、店铺服务等级和店铺历史违规情况等维度）达到一定的标准。<br>6. 店铺若因违反《天猫规则》《飞猪规则》《飞猪国际服务条款规则》 |

续表

| 用户类型 | 基本准入条件 |
| --- | --- |
| 天猫卖家、飞猪商家以及飞猪国际商家 | 中相关规定而被处罚扣分的，还需符合以下条件：<br>①出售假冒商品，当前累计扣分分值≥6分的，需满足距离最近一次处罚扣分的时间为"满365天"；<br>②严重违规行为（出售假冒商品除外），6分≤当前累计扣分分值＜12分的，需满足距离最近一次处罚扣分的时间为"满30天"；当前累计扣分分值=12分的，需满足距离最近一次处罚扣分的时间为"满90天"；12分＜当前累计扣分分值＜48分的，需满足距离最近一次处罚扣分的时间为"满365天"；<br>③虚假交易（严重违规虚假交易除外），当前累计扣分分值≥48分的，需满足距离最近一次处罚扣分的时间为"满90天"。<br>7. 未在使用阿里妈妈或其关联公司的其他营销产品（包括但不限于钻石展位、淘宝客和网销宝全网版/1688版等）服务时因严重违规被中止或终止服务。<br>8. 经阿里妈妈排查认定，该账户实际控制的其他阿里平台账户未被阿里平台处以特定严重违规行为处罚或发生过严重危及交易安全的情形，且结合大数据判断该店铺经营情况不易产生风险 |

除此之外，选择加入定向推广的店铺在满足基本准入条件的同时，还要满足店铺信用等级在一钻及以上；选择加入店铺推广的店铺在满足基本准入条件的同时，还要满足店铺信用等级在4钻以上。而且，还有一些经营特殊主营类目的店铺是禁止进行直通车推广的，详情可进入阿里妈妈规则中心查阅。

## 8.2.3 加入"直通车"为推广做准备

了解了直通车的引流方式和准入条件后，接下来店主们就要学习如何加入淘宝/天猫直通车进行推广。相关操作步骤如下。

| 01 单击"我要推广"超链接 | 02 选择淘宝/天猫直通车 |
| --- | --- |
| 进入淘宝卖家中心，在页面右侧单击"我要推广"超链接。 | 在页面中部找到并选择"淘宝/天猫直通车"工具选项。 |

完成以上步骤后再同意用户协议，即可成功加入淘宝直通车。加入后，店主们还需要按照如图8-11所示的操作流程完成自家店铺的直通车推广设置，具体的操作步骤可进入"阿里妈妈客服中心-淘宝/天猫直通车-账户操作-宝贝推广设置"页面进行查看学习。

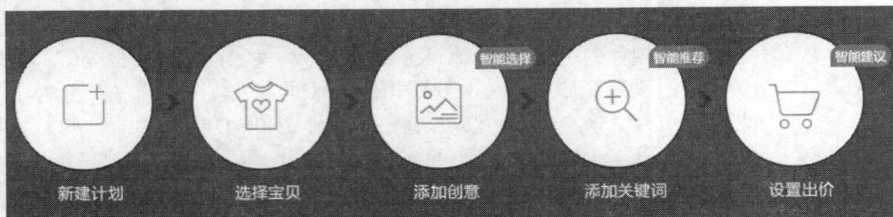

图8-11

---

**TIPS** 加入直通车需要多少费用

淘宝店主加入直通车，首次需存入500元起的预付款，付款成功后即可开通自己的直通车账户。这些预付款全部是店主们可以使用的推广费用，形式类似于手机预存话费，不会收取店主任何服务费用。另外，账户续费充值200元起即可。

---

### 8.2.4 利用直通车推广，要掌握技巧

加入直通车推广后，店主们可自由设置活动的日限额、投放时间和投放地域等限制，有效控制该推广服务的花销，合理掌控推广成本。

**1.设置日限额**

加入淘宝直通车的店主可以为推广计划单独设置每日扣费的最高限额，所有推广计划的日限额加起来就是账户的日限额总数。

当推广计划的总消耗达到限额时，该推广计划下的所有推广宝贝都会下线，第二天再自动上线。大致的设置操作如下。

---

**01 单击"设置日限额"按钮**

进入直通车首页，在"推广计划"页面选择任一推广计划进入详情页，单击页面中的"设置日限额"按钮。

---

## 02 设置日限额和投放方式

❶在打开的页面中滑动滑块，❷在下方的"日限额"数值框中输入日限额，❸选中投放方式单选按钮，❹单击"保存设置"按钮，完成日限额的设置。

### TIPS 两种投放方式的区别

标准推广：系统会根据店主的投放设置正常展示店铺的推广，但可能会因为过早到达日限额而提前下线。智能化均匀投放：根据网站的流量变化和店主设置的日限额，系统在设置的投放时间内均匀展现店铺的推广，尽可能地避免标准投放带来的提前下线弊端。

**设置日限额**

- 如当前推广计划当日消耗达到日限额时，该计划下所有的推广将全部下线。第
- 如推广计划因到达日限额下线，您可立即通过调整日限额来使推广计划重新上
- 花费可能 额的情况，但日终会自动返还超出部分，了解详情 >>

❶滑动

不设置预算 ⬤ 每日预算

日限额： 50 元 ◀ ❷输入

⬤ 标准推广 ❓ ◀ ❸选中
◯ 智能化均匀投放 ❓

保存设置 ◀ ❹单击

## 2.设置投放时间

店主们可以为自家店铺的直通车推广计划设置指定的投放时间，让推广计划只在想投放的时间内进行投放。也可以根据不同时间段推广计划带来的不同效果（店铺转化情况），设置各个时间段的出价百分比，即分时折扣。这样可以更好地控制直通车的流量和花费。下面来看看大致的设置操作。

## 01 单击"设置投放时间"按钮

在推广计划页面选择任一推广计划进入其详情页，❶单击"设置投放时间"按钮，❷在打开的页面中拖曳鼠标选择所要投放的时间段。

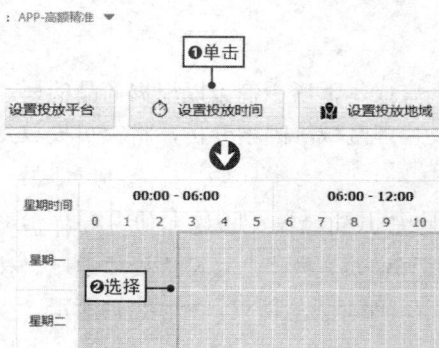

： APP-高额精准 ▼

❶单击

设置投放平台　⏱ 设置投放时间　📍 设置投放地域

⬇

| 星期时间 | 00:00 - 06:00 | | | | | | 06:00 - 12:00 | | | | |
|---|---|---|---|---|---|---|---|---|---|---|---|
| | 0 | 1 | 2 | 3 | 4 | 5 | 6 | 7 | 8 | 9 | 10 |
| 星期一 | | | | | | | | | | | |
| 星期二 | | | | | | | | | | | |

❷选择

## 02 自定义设置投放时间

❶在打开的对话框中设置该时间段的出价百分比，或设置为无折扣或不投放，❷单击"确定"按钮完成设置。

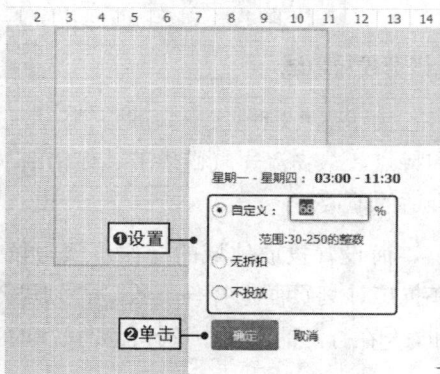

2　3　4　5　6　7　8　9　10　11　12　13　14

星期一 - 星期四： 03:00 - 11:30

⬤ 自定义： 50 %
范围:30-250的整数
◯ 无折扣
◯ 不投放

❶设置

❷单击　确定　取消

当店主们在自定义设置投放时间时，可以根据店铺以往的转化率情况进行灵活设置，以期减少推广成本。

比如，店主A的店铺，其凌晨1:00～5:00的转化率非常低，所以他对该时间段选择"不投放"；早上5:00～9:00和下午12:00～14:00的转化率比较高，对该时间段选择"无折扣"；早上9:00～12:00和下午14:00～16:00的转化率较低，对该时间段设置"70%"的出价比例；下午16:00～第二天凌晨1:00的转化率非常高，对该时间段设置"120%"的出价比例。

---

**SKILL** **保存和清空时间设置**

为了方便以后使用当前设置的投放时间，店主们可以将其保存为模板，只需单击设置页面左下角的"另存为模板"按钮即可，如图8-12所示。

图8-12

如果店主想要更改当前设置的投放时间，可以直接单击"清空"按钮，清空当前的时间设置，这样店铺就无任何投放时间。

---

### 3.设置投放地域

为了尽可能地实现精准营销，降低推广成本，店主们可以根据商品的属性和特点，从物流、气候季节、促销活动及代理区域等因素分析，将宝贝投放到合适的地域。

而设置投放地域的操作步骤与设置投放时间的操作步骤相似，同样需要在推广计划页面选择任一推广计划进入其详情页，❶单击"设置投放地域"按钮，❷在打开的页面中选择需要投放的省市，保存设置即可，如图8-13所示。

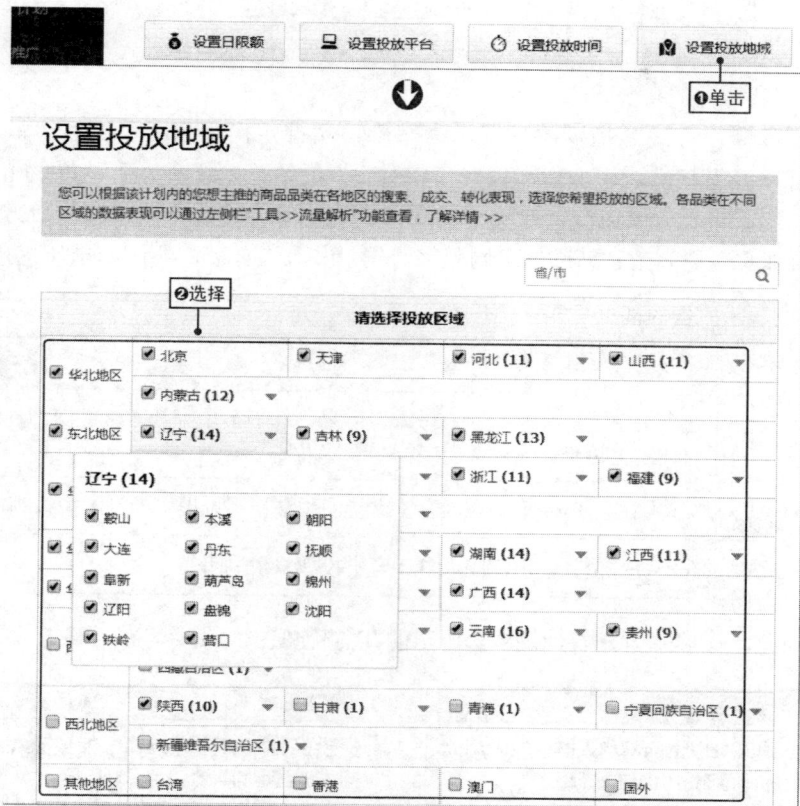

图8-13

店主们要注意，如果在设置投放地域时没有选择开设店铺所在的城市，则推广的宝贝将无法在直通车展位上进行推广。

# 8.3 利用钻石展位做好店铺营销

"智钻"即钻石展位推广，是一个通过图片、文字和视频来推广店铺和商品的实时竞价平台，其推广原则是价高者获得优先展示权。

## 8.3.1 了解钻石展位及其4种展示方式

钻石展位是一种按照流量竞价售卖的广告位，其在站内和站外都有展示方式，主要有如下4种。

● 展示广告

展示广告方式是指以图片展示为基础，精准定向为核心，实行"展示付费（CPM）为基础，增加点击付费（CPC）"的结算模式，为店铺提供精准定向、创意策略、效果监测、数据分析和诊断优化等一站式全网推广投放方案，帮助店铺实现更高效、精准的全网数字营销。其具有如表8-4所示的基础功能。

表 8-4  展示广告的基础功能

| 项目 | 内容 |
|------|------|
| 展示位置 | 包含淘宝网、天猫、新浪微博、网易、优酷土豆等几十家淘内淘外优质媒体的上百个大流量优质展位 |
| 创意形式 | 支持图片、flash 等动态创意，支持使用钻石展位提供的创意模板制作 |
| 投放方式 | 选择资源位，设定定向人群，竞价投放，价高者得 |

因此，该展示方式有如图8-14所示的几点优势。

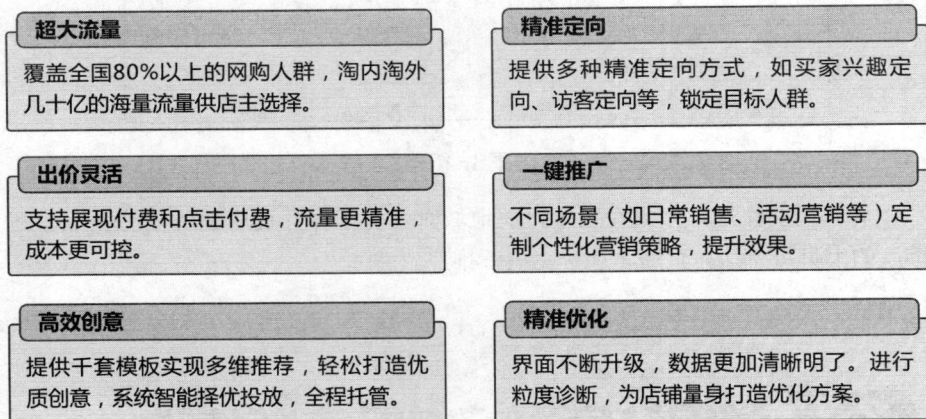

**超大流量**
覆盖全国80%以上的网购人群，淘内淘外几十亿的海量流量供店主选择。

**精准定向**
提供多种精准定向方式，如买家兴趣定向、访客定向等，锁定目标人群。

**出价灵活**
支持展现付费和点击付费，流量更精准，成本更可控。

**一键推广**
不同场景（如日常销售、活动营销等）定制个性化营销策略，提升效果。

**高效创意**
提供千套模板实现多维推荐，轻松打造优质创意，系统智能择优投放，全程托管。

**精准优化**
界面不断升级，数据更加清晰明了。进行粒度诊断，为店铺量身打造优化方案。

图8-14

● 移动广告

移动广告是通过移动设备（手机、平板电脑）访问APP或网页时显示的广告，形式包括图片、文字链和音频等。随着移动客户端上网人群的增加，移动广告突破了电视、报纸等传统广告的覆盖范围，根据访问环境，将广告直接推送到买家的手机上，传播更精准。其基础功能有如表8-5所示的4项。

表 8-5  移动广告的基础功能

| 项目 | 内容 |
|---|---|
| 展示位置 | 网络视频节目（电视剧、综艺等）播放前 / 后插播的视频贴片 |
| 展示形式 | 以视频格式展示，时长在 15 秒以内 |
| 定向支持 | 除了钻展的常规定向外，还可支持视频主题定向，筛选热门动漫、影视、演员的相关视频节目，精准投放 |
| 创意形式 | 店主们可自主上传视频，也可在创意实验室中制作视频贴片 |

鉴于此，该展示方式有如图8-15所示的几点优势。

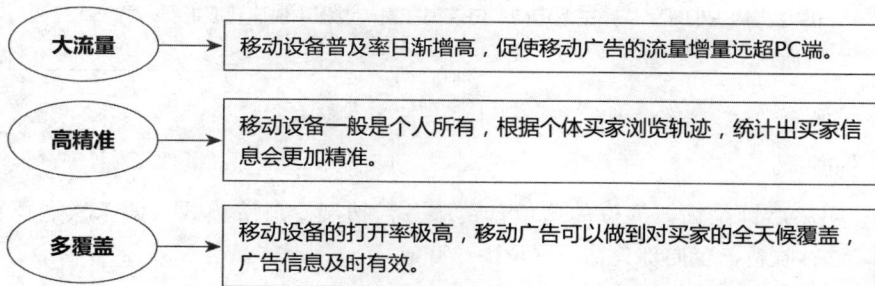

| 大流量 | ➡ | 移动设备普及率日渐增高，促使移动广告的流量增量远超PC端。 |
|---|---|---|
| 高精准 | ➡ | 移动设备一般是个人所有，根据个体买家浏览轨迹，统计出买家信息会更加精准。 |
| 多覆盖 | ➡ | 移动设备的打开率极高，移动广告可以做到对买家的全天候覆盖，广告信息及时有效。 |

图8-15

● 视频广告

视频广告是钻石展位为了获取高端流量而打造的品牌宣传类产品，配合钻石展位提供的视频主题定向，获取更精准的视频流量。其基础功能也有如表8-6所示的4项。

表 8-6  视频广告的基础功能

| 项目 | 内容 |
|---|---|
| 展示位置 | 主要展现在国内主流视频网站上，如PPS、爱奇艺和优酷等大型视频媒体，广告主要展现在视频开始前 15 秒，或在视频播放暂停时以弹窗的形式展示 |
| 展示形式 | 以视频格式展示广告内容 |
| 定向支持 | 根据目前热播剧集的名称，对视频广告的主题进行定向 |
| 创意形式 | 视频支持 FLV、MPEG 等主流视频格式 |

对于视频广告这一展示方式来说，其视觉效果会更好，主要具有如图8-16所示的宣传优势。

**优质流量，曝光环境好**

视频广告有着高曝光的优质展示效果，能更好地发挥品牌溢价，提升品牌价值，占据着视频类推广形式的重点推广位置。

**支持PC、无线等多投放**

视频播放支持PC端和无线端独立投放与设计创意，全面获取无限流量和PC流量，抢占无限流量入口。

**支持视频主题定向**

钻石展位向店主们提供视频主题定向，使店铺在宣传过程中快速获取重要人群，比普通视频的宣传更精准。

图8-16

● 明星店铺

明星店铺是钻石展位的增值营销服务，按展示付费模式（即千次展现计费）进行收费，仅向部分钻石展位用户开放。

开通明星店铺服务后，店主可以对推广信息设置关键词和出价，进行品牌曝光的同时赢得转化。如表8-7所示的是该展示方式的一些基础功能。

表 8-7　明星店铺的基础功能

| 项目 | 内容 |
| --- | --- |
| 展示位置 | 在淘宝电脑端、手淘和 UC 浏览器神马搜索的结果页最上方位置展示 |
| 展示形式 | 当买家搜索关键字触达投放广告的词时，店铺和宝贝即可在搜索结果页最上方位置得到展示 |
| 创意形式 | 提供多样式创意模板，且 PC 模板和无线模板相互独立，模板由图片和多条文案构成，满足各类消费者的浏览需求 |

比起前3种钻石展位的展示方式，明星店铺这一方式更加高端，具备了非常突出的产品优势，如图8-17所示。

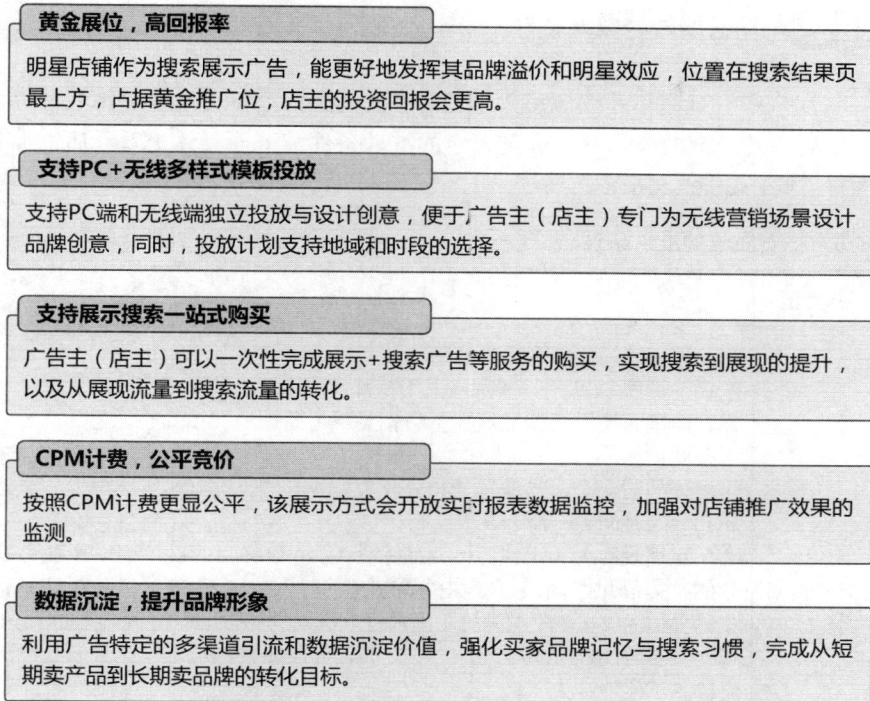

**黄金展位，高回报率**

明星店铺作为搜索展示广告，能更好地发挥其品牌溢价和明星效应，位置在搜索结果页最上方，占据黄金推广位，店主的投资回报会更高。

**支持PC+无线多样式模板投放**

支持PC端和无线端独立投放与设计创意，便于广告主（店主）专门为无线营销场景设计品牌创意，同时，投放计划支持地域和时段的选择。

**支持展示搜索一站式购买**

广告主（店主）可以一次性完成展示+搜索广告等服务的购买，实现搜索到展现的提升，以及从展现流量到搜索流量的转化。

**CPM计费，公平竞价**

按照CPM计费更显公平，该展示方式会开放实时报表数据监控，加强对店铺推广效果的监测。

**数据沉淀，提升品牌形象**

利用广告特定的多渠道引流和数据沉淀价值，强化买家品牌记忆与搜索习惯，完成从短期卖产品到长期卖品牌的转化目标。

图8-17

由于明星店铺这一展示方式只对部分钻石展位用户开放，所以其具有一定的准入条件，主要分商家条件和商品条件。店主们可进入明星店铺（品销宝）首页（https://branding.taobao.com/）单击相应的超链接查看具体的准入条件，如图8-18所示。

图8-18

### 钻石展位的准入条件

与淘宝客、直通车等一样，并不是所有的淘宝商家都可以开通钻石展位，这需要店铺及经营的类目商品满足一定的准入条件。下面具体来看看店铺准入条件有哪些，如表8-8所示。

表 8-8　钻石展位的准入条件

| 用户类型 | 基本准入条件 |
|---|---|
| 淘宝网卖家 | 1. 商家店铺的信用等级在一钻及以上。<br>2. 店铺每项 DSR 在 4.4 及以上（特殊类目无要求或可相应放宽）。<br>3. 若店铺因违反《淘宝规则》中相关规定而被处罚扣分的，还需符合以下条件：<br>①出售假冒商品，当前累计扣分分值 ≥ 6 分的，需满足距离最近一次处罚扣分的时间为"满 365 天"；<br>②严重违规行为（出售假冒商品除外），6 分 ≤ 当前累计扣分分值 < 12 分的，需满足距离最近一次处罚扣分的时间为"满 30 天"；当前累计扣分分值 =12 分的，需满足距离最近一次处罚扣分的时间为"满 90 天"；12 分 < 当前累计扣分分值 < 48 分的，需满足距离最近一次处罚扣分的时间为"满 365 天"；<br>③虚假交易（严重违规虚假交易除外），当前累计扣分分值 ≥ 48 分的，需满足距离最近一次处罚扣分的时间为"满 365 天"。<br>4. 在使用阿里妈妈营销产品（包括钻石展位服务、淘宝 / 天猫直通车和淘宝客等业务）或淘宝服务时未因违规而被暂停或终止服务 |
| 天猫卖家、飞猪商家以及飞猪国际商家 | 1. 店铺每项 DSR 在 4.4 及以上（特殊类目无要求或可相应放宽）。<br>2. 店铺若因违反《天猫规则》、《飞猪规则》、《飞猪国际服务条款规则》中相关规定而被处罚扣分的，还需符合以下条件：<br>①出售假冒商品，当前累计扣分分值 ≥ 6 分的，需满足距离最近一次处罚扣分的时间为"满 365 天"；<br>②严重违规行为（出售假冒商品除外），6 分 ≤ 当前累计扣分分值 < 12 分的，需满足距离最近一次处罚扣分的时间为"满 30 天"；当前累计扣分分值 =12 分的，需满足距离最近一次处罚扣分的时间为"满 90 天"；12 分 < 当前累计扣分分值 < 48 分的，需满足距离最近一次处罚扣分的时间为"满 365 天"；<br>③虚假交易（严重违规虚假交易除外），当前累计扣分分值 ≥ 48 分的，需满足距离最近一次处罚扣分的时间为"满 90 天"。<br>3. 在使用阿里妈妈营销产品（包括钻石展位服务、淘宝 / 天猫直通车和淘宝客等业务）或淘宝服务时未因违规而被暂停或终止服务 |

除了上表中列出的店铺准入条件外，店主们要想知道具体的商品准入条件，可进入阿里妈妈规则中心里的"智钻"页面，单击相应的超链接进入详情页查看，如图8-19所示。

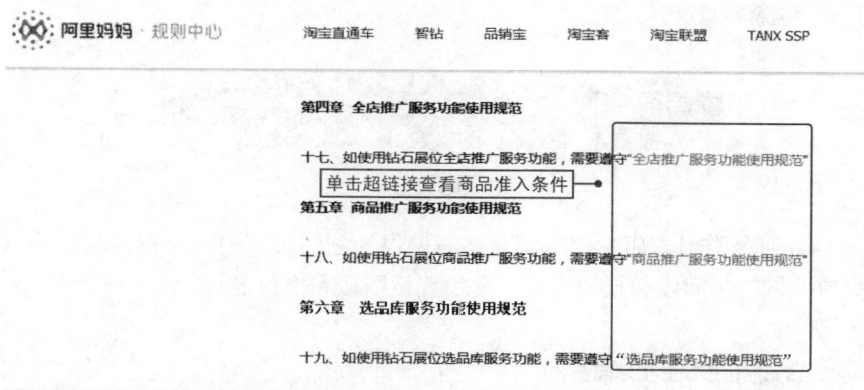

图8-19

## 8.3.3 如何开通钻石展位

如果店铺或店铺中的商品符合了钻石展位的准入条件，则店主就可按照如下所示的操作步骤开通钻石展位服务。

| 01 选择钻石展位服务 | 02 加入钻石展位推广 |
|---|---|
| 进入卖家中心，单击"营销中心"栏中的"我要推广"超链接。在打开的页面中选择"钻石展位"服务选项。 | 进入钻石展位营销平台页面，系统会提示店主是否有权限加入钻石展位推广，单击"加入我们"按钮。 |

完成上述操作后，店主们再根据页面提示，接受相关服务协议，同意加入钻石展位即可成功开通钻石展位服务。

开通成功后，店主们就需要开始创建钻石展位计划，主要分为如图8-20所示的5个步骤。

图8-20

与直通车类似，店主们在创建钻石展位计划的过程中，可根据自我需求选择投放地域、时间段和投放方式，并设置日限额和出价等。

**TIPS 钻石展位投放的费用问题**

钻展首次充值需300元，其投放预算由店主们自行决定，出价也可以自行设置。出价越高，展现机会越多。每个资源位的出价是不同的，且没有固定的价格，店主们在设置出价时系统会给出建议出价作为参考，设置的出价在建议出价以上的，将会有展现机会。

# 8.4 淘宝上的其他推广方式

除了订购一些专业的推广营销服务外，店主们还可采用其他一些分享类的推广方式来做店铺营销，如添加友情链接、发布微淘广播以及在旺旺群里分享店铺链接等。

## 8.4.1 与其他网店一起进行友情链接

淘宝店铺之间互相进行友情链接，可以起到宣传推广的作用。而店主们在为自己选择合作店铺进行友情链接时要注意以下几点。

● 不要过于在意店铺等级

有些淘宝卖家只愿意与信用等级高的店铺互换链接，以为这样可以相应地提高自家店铺的流量。但却不知，与等级高的店铺建立合作关系并不容易。所以，为了新手店铺的推广达到理想的效果，可以选择与自家店铺等级相当的店铺进行链接互换。

● 选择经营类目互补的店铺

店主们在选择合作店铺时，尽量选择与自家店铺所经营的商品性质或功能互补的店铺，这样可以进行流量互导。比如，自家店铺经营的是女士连衣裙，可以与经营饰品的店铺互换链接。

● 定期检查链接是否有效

店主要牢记，在与合作店铺互换链接后不能置之不理，还需要定期检查链接是否有效。若链接不可用，需及时向合作店主联系，查明原因，防止自家店铺因为合作方店铺关闭或不再经营等情况而使宣传效果失效。

找到合作店铺后，店主就可以在自家店铺内设置合作方的店铺链接了。具体操作要进入店铺装修页面完成。

| 01 添加"友情链接"模块 | 02 完成友情链接的内容设置 |
|---|---|
| 进入店铺首页的装修页面，添加"友情链接"模块，单击"编辑"按钮，进入该模块的编辑界面。 | ❶在打开的界面中选中链接类型的单选按钮，❷输入链接名称、地址和说明，❸单击"保存"按钮即可完成友情链接的设置。 |

**TIPS 添加合作店铺的图片链接**

为了更好地达到链接效果，店主们在设置"友情链接"的内容时，可以选择"图片"链接类型，将合作方的商品图片地址和链接地址输入框中保存即可。

在设置"链接名称"时，可输入合作店铺的店名，这样方便买家识别店铺。设置好友情链接后，店主们要进入合作方的店铺，查看自家店铺的链接是否能够正常跳转，以免对方设置的链接无效，浪费流量。

### 8.4.2 发微淘宣传店铺

微淘是商家运营粉丝的阵地，店主们可以通过微淘发布上新宝贝、图文广播、优惠券和互动等。简单来说就是店主在微淘上发布内容，已关注店铺的粉丝即可通过微淘频道查看店铺的最新动态。

在微淘上，店主们可以发布长文章和宝贝清单、上新和预上新宝贝信息、宝贝短视频、宝贝图集、好货心得以及互动问答、买家秀和活动链接等内容。部分内容介绍如表8-9所示。

表 8-9　微淘内容的类型

| 内容类型 | 介绍 |
| --- | --- |
| 长文章 | 高自由度的图文混排内容，可通过精美的图片、视频等元素与明确的文字描述进行自由组合，产出多元化的专业内容 |
| 商品排行 | 主要是为新接触内容创作或希望快速发布用于商品排行榜形式的单一内容的店主提供统一的模板 |
| 商品推荐 | 为新接触内容创作或希望快速发布用于组织某个主题下商品合集形式的单一内容的店主提供统一的前台样式 |
| 店铺推荐 | 为新接触内容创作或希望快速发布用于组织某个主题下店铺合集形式的单一内容的店主提供统一的前台样式 |
| 单品 | 高效的商品介绍内容模板，针对围绕单个宝贝或者产品展开介绍。该模板前台样式统一，不具备独立自由的编辑能力 |
| 场景搭配 | 较高自由度的搭配模板，创作者（店主）自行上传搭配的完成图，在图片上自由添加标签。可上传多个带有标签的搭配图片 |
| 拼图搭配 | 通过拼图工具拼接成一张搭配图，系统会自动添加价格标签 |
| 视频 | 通用的短视频发布模板，可以为消费者创作多媒体视频内容，更直观地阐述与表达创作者想表达的观点 |
| 问答 | 由创作者发起的问题答疑互动内容，具有非常强的粉丝互动性，同时店主能通过问题了解消费者的需求 |

了解了可以在微淘上发布的内容类型后，店主们就可根据自身需求选择合适的类型发布微淘消息，以此推广店铺。下面以在微淘上发布上新宝贝信息为例，讲解具体的操作步骤。

## 01 进入微淘创作平台

进入卖家中心，在页面右侧找到"自运营中心"栏，单击"微淘内容管理"超链接进入微淘创作平台。

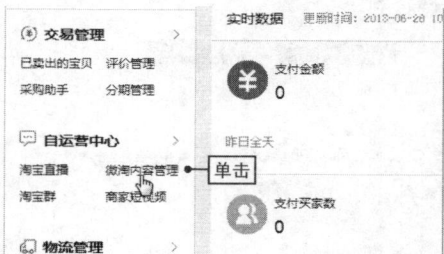

## 02 选择"发微淘"选项

在打开的页面中，找到"创作"选项卡，选择其中的"发微淘"选项。

## 03 选择"上新"类型

在页面右侧找到"上新"类型，单击"立即创作"按钮。

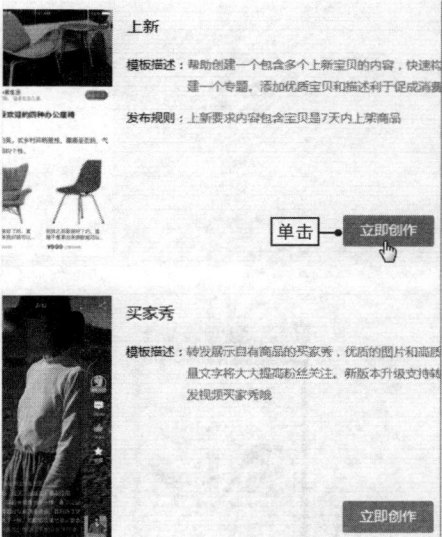

## 04 输入文字内容并添加宝贝

❶在新打开的页面中编辑对应的文字内容，❷单击"添加宝贝"按钮。

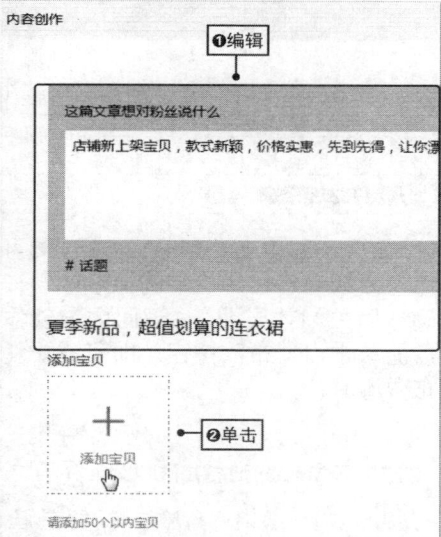

## 05 单击"添加宝贝"选项卡

在打开的对话框中单击"添加宝贝"选项卡。

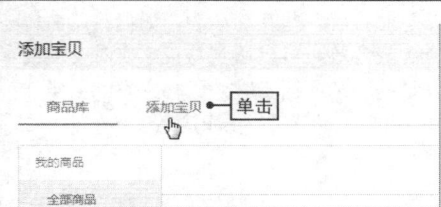

## 06 依次添加宝贝链接

❶将自家店铺所售新品的宝贝详情页链接网址复制粘贴到该文本框中，❷单击"添加宝贝"按钮，❸重复操作，继续添加其他上新宝贝，❹添加完毕后单击"确定"按钮。

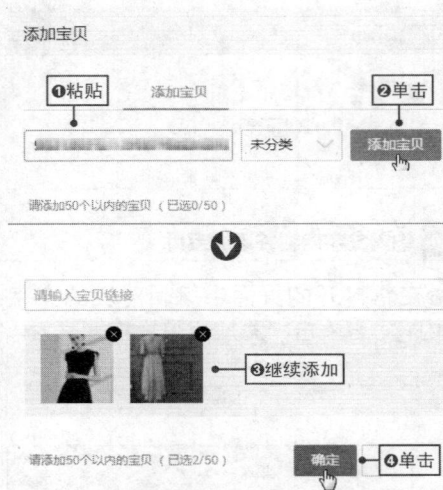

添加宝贝

❶粘贴　添加宝贝　❷单击

| | 未分类 ∨ | 添加宝贝 |

请添加50个以内的宝贝（已选0/50）

请输入宝贝链接

❸继续添加

请添加50个以内的宝贝（已选2/50）　确定 ← ❹单击

## 07 添加内容标签

返回内容创作页面，默认选中"推送至群"单选按钮，❶单击"编辑"超链接，完成推送群的创建和编辑，❷选择标签。

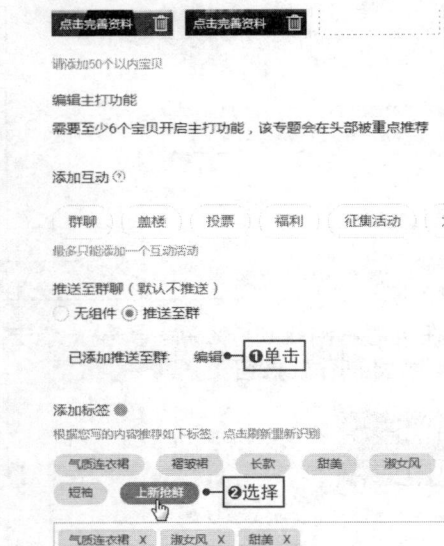

点击完善资料 🗑　点击完善资料 🗑

请添加50个以内宝贝

编辑主打功能
需要至少6个宝贝开启主打功能，该专题会在头部被重点推荐

添加互动 ⑦

| 群聊 | 盖楼 | 投票 | 福利 | 征集活动 |

最多只能添加一个互动活动

推送至群聊（默认不推送）
○ 无组件　● 推送至群

已添加推送至群：编辑 ← ❶单击

添加标签 ●
根据您写的内容推荐如下标签，点击刷新重新识别

| 气质连衣裙 | 褶皱裙 | 长款 | 甜美 | 淑女风 |
| 短袖 | 上新抢鲜 | ❷选择 |

气质连衣裙 X　淑女风 X　甜美 X

## 08 预览并发布微淘信息

❶设置完毕后单击"预览"按钮，❷可查看微淘信息在手机端的显示效果，确认后关闭效果图，❸返回内容创作页面单击"发布"按钮，即可成功发布微淘消息。

### TIPS 添加互动活动提高推广效果

到店消费的买家对商品都有一定的好奇心和了解诉求，如果店主在发布微淘消息时设置一些互动活动，如群聊、盖楼和投票等，可以达到与买家实时交流的目的，从而第一时间了解买家的需求，做出针对性的推广营销策略。

发布(今日还可发布：3篇)　保存草稿　预览

❶单击

❷查看

❸单击

发布(今日还可发布：3篇)　保存草稿　预览

那么，店主们在发布微淘消息时，究竟要怎么推荐商品才合适呢？一般要注意如图8-21所示的几个要点。

**推荐商品宜精不宜杂**

一条微淘信息中一般推荐商品数1~5个为佳，但上新、盘点等类型的信息除外。多个商品推荐中最好有主次之分，主推某一款商品。

**推荐的商品要精挑细选**

微淘信息属于导购型内容，因此商品是内容的核心。精挑细选的好货将是买家产生购买意愿的根源。

**商品的摆放位置要深究**

店主们不要在内容里随意插入宝贝，甚至是与该条微淘话题不符的商品。否则会影响买家对内容的阅读节奏，导致推荐的宝贝被买家忽略跳过。

图8-21

## 8.4.3　进入千牛工作台，在旺旺群里发布链接

除了在店铺首页添加友情链接或发布微淘消息外，店主们还可采用更有针对性的店铺推广手段，如给旺旺群直接发送店铺链接网址。其操作比较简单，如下所示。

| 01 添加淘宝群 | 02 发送店铺链接 |
|---|---|
| 登录千牛工作台，❶在主界面右上角单击"接待中心"按钮，打开聊天对话框，❷搜索并添加合适的淘宝群。<br><br> | ❶在右侧聊天界面下方的编辑框中粘贴店铺首页的链接网址或某个宝贝的详情页链接网址，❷单击"发送"按钮，即可完成旺旺群推广操作。<br><br> |

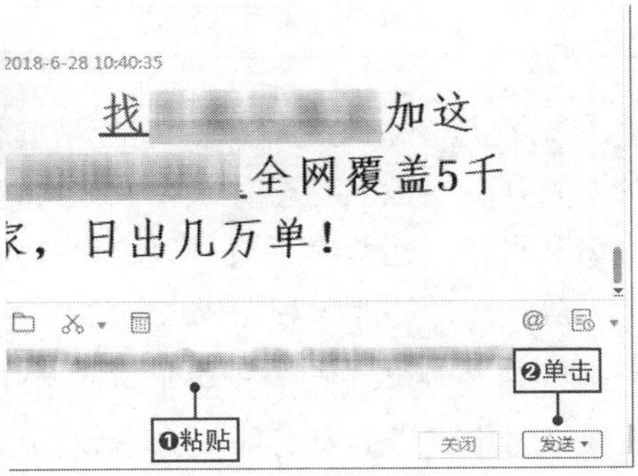

完成上述操作后，旺旺群里的人就可以单击链接查看我们的店铺或店铺中的某个商品，达到宣传推广的目的。

# 8.5 通过第三方平台进行推广

店主们除了利用淘宝网本身的营销推广活动或工具进行店铺营销外，还可以借助另一些第三方平台进行店铺和商品推广，如微信公众号、微博、QQ邮箱和豆瓣等。

## 8.5.1 注册微信公众号推送网店链接

微信这一社交工具拥有众多用户，店主可将微信中的潜在消费者引流到网店中。这就要求店主们注册一个自家店铺的微信公众号，然后推送网店链接。在注册微信公众号之前，先来看看不同类型的公众号的功能，如表8-10所示。

表 8-10 微信公众号的类型

| 类型 | 介绍 |
|---|---|
| 服务号 | 能给企业和组织提供更强大的业务服务与用户管理能力。<br>1. 每一个月（自然月）内仅可以发送 4 条群发消息；<br>2. 发给订阅用户的消息会显示在对方的聊天列表中，即微信首页；<br>3. 服务号会列示在订阅用户的通讯录的"公众号"这一文件夹中；<br>4. 服务号可以申请自定义菜单 |
| 订阅号 | 为媒体和个人提供一种新的信息传播方式，构建与读者之间更好的沟通与管理模式。<br>1. 每天（24 小时内）可以发送一条群发消息；<br>2. 发给订阅用户的消息会显示在对方的"订阅号"文件夹中；<br>3. 个人只能申请订阅号 |

无论是企业还是个人，或者是其他组织，在申请公众号时需要提交相应的资料，如企业名称全称（企业）、营业执照注册号（企业）、运营者身份证姓名和号码、运营者手机号码、已绑定银行卡的微信号以及企业对公账户（企业）等，然后才能顺利完成注册流程。

注册公众号成功后，店主可申请认证，提高公众号的权威性。接着就可以在公众号中推送群发消息，实现淘宝店铺推广目的，具体操作如下所示。

## 01 新建群发

进入微信公众平台官网首页（https://mp.weixin.qq.com/），登录微信公众号，进入微信公众平台首页，❶单击"新建群发"按钮，❷在打开的页面中单击"自建图文"按钮。

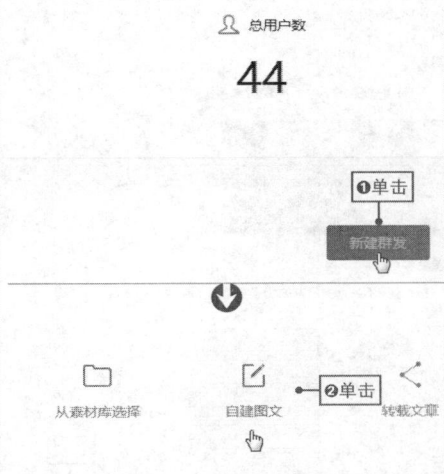

👤 总用户数

### 44

❶单击

新建群发

📁 从素材库选择　　📝 自建图文　❷单击　< 转载文章

## 02 设置群消息标题和文字内容

❶在打开的编辑器中输入群消息的标题、发布者名称和文字内容，❷单击"图片"按钮。

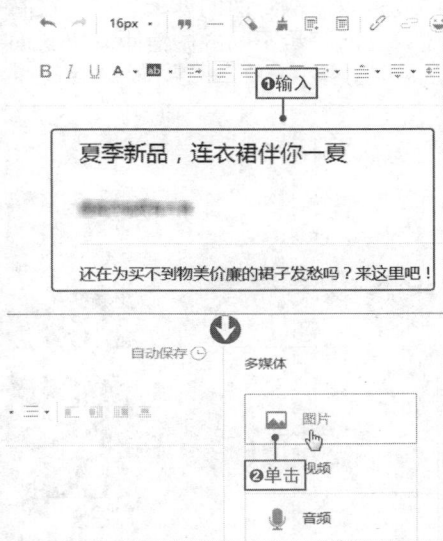

↶ ↷ 16px ｜ 𝄞 — 🖊 📄 🖼 🖽 ⌀ □ ▾

B I U A▾ ab ▾ ▤ ▤ ▤ ▤ ▾ ▾ ▾ ▾

❶输入

夏季新品，连衣裙伴你一夏

还在为买不到物美价廉的裙子发愁吗？来这里吧！

自动保存 ⏱　　　多媒体

·三▾ ⊞ 🖼 ▥ ▥　　　🖼 图片

❷单击 📹 视频

🎤 音频

## 03 上传店铺二维码

❶在打开的"选择图片"对话框中单击"本地上传"按钮，上传保存到电脑中的店铺二维码图片，返回对话框，系统默认选择刚刚上传的图片，❷单击"确定"按钮。

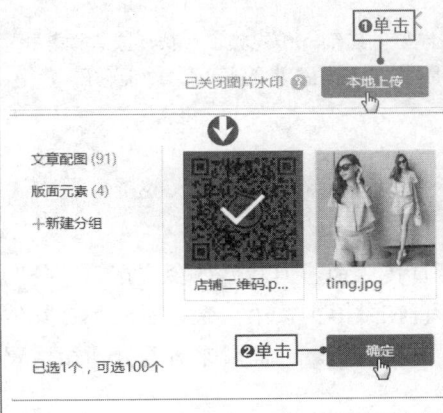

❶单击

已关闭图片水印 ❓　　本地上传

文章配图 (91)
版面元素 (4)
➕ 新建分组

✓

店铺二维码.p...　　timg.jpg

已选1个，可选100个　　❷单击　确定

## 04 设置群消息封面

❶继续编辑群发消息的内容，❷单击"从图片库选择"按钮。

还在为买不到物美价廉的裙子发愁吗？来这里吧！

❶编辑

长款、短款、短袖，样式新颖，品种多，颜色齐全

发布样式编辑

❷单击

封面

从正文选择　　从图片库选择

摘要

| 05 裁切封面图片 | 06 保存并群发消息 |
|---|---|
| 在图片库中选择要作为封面的图片，或者另行上传其他的商品图片，打开"裁切封面"面板，❶移动矩形方框的位置以选取封面的展示区域，在右侧可立即查看不同的微信版本中封面的展示效果，❷单击"完成"按钮。 | 返回群消息编辑页面，系统会自动识别出该条消息的摘要，只需单击"保存并群发"按钮即可成功发送店铺二维码链接。 |

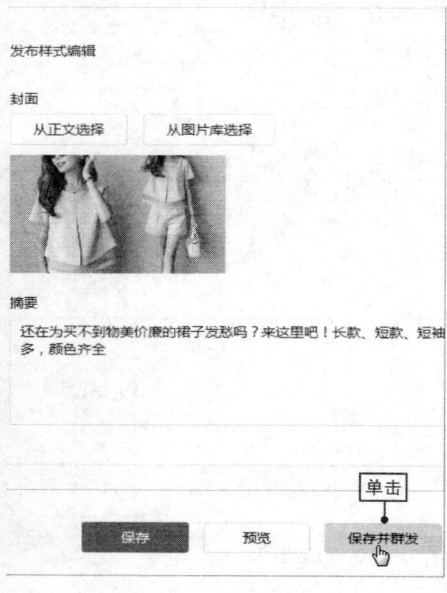

当公众号的订阅者（粉丝）收到群消息后，点击进入群消息，识别二维码即可快速进入淘宝店铺，浏览宝贝。

---

**TIPS 在群发消息里插入其他店铺宣传内容**

当店主在编辑公众号群发消息时，还可插入录制好的店铺宣传视频、音频，或者插入投票板块，促使潜在消费者选出店铺中的受欢迎商品，获取消费者的真正需求和喜好。

---

## 8.5.2 开通微博置顶功能推广网店

很多店主都知道利用自己的微博账号宣传店铺，但新微博会占据第一条的位置，如何才能让我们的店铺宣传消息一直在微博主页第一条显示而不被其他微博"淹没"呢？这就需要借助微博的置顶功能了。下面就来看看开通微博置顶功能和置顶店铺推广消息的操作。

## 01 进入微博会员中心

进入新浪网首页（http://www.sina.com.cn/），登录微博账号，进入个人主页，❶单击右上角的"设置"按钮，❷在下拉菜单中选择"会员中心"选项，进入微博会员中心。

## 02 选择"微博置顶"选项

❶选择"功能特权"下拉菜单中的"微博置顶"选项，❷在打开的页面中单击"开通会员"按钮。

## 03 选择服务时长并完成支付

❶在打开的页面中选择开通时长和开通方式，❷扫描二维码完成支付操作即可成功开通微博置顶功能。

### TIPS 不同的开通方式

在选择开通方式时，若选择微信支付、手机，则需要扫描二维码完成支付；若选择支付宝、翼支付，则需单击"立即开通"按钮完成支付。

## 04 置顶宣传店铺的微博

开通微博置顶功能成功后，进入个人主页，❶单击店铺宣传微博的下拉按钮，❷在弹出的菜单中选择"置顶"选项，即可在主页置顶显示该微博。

### 8.5.3 利用QQ邮箱发送网店推广邮件

　　有QQ号的用户一般都有QQ邮箱，店主们可以利用邮箱向QQ好友或QQ群发送群邮件，推广店铺和商品。下面以利用QQ邮箱发送店铺推广群邮件为例，讲解具体操作过程。

| 01 单击"群邮件"选项卡 | 02 单击"写群邮件"按钮 |
|---|---|
| 进入个人QQ邮箱首页，单击"群邮件"选项卡。 | 在打开的页面右上角单击"写群邮件"按钮。 |
|  | 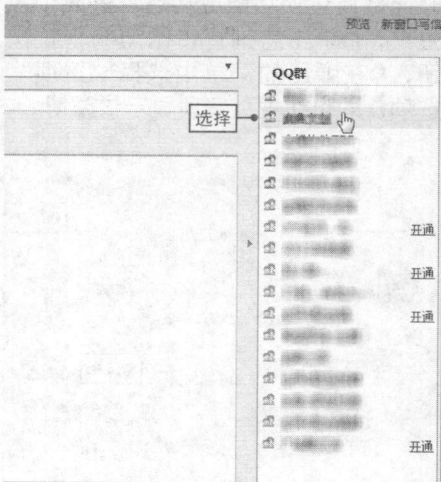 |
| **03 选择QQ群** | **04 编辑内容并发送邮件** |
| 在邮件编辑页面右侧，选择需要发送店铺推广的QQ群。 | 在编辑页面中，❶输入邮件的主题，❷编写正文内容，如输入文字信息、插入商品图片、粘贴店铺首页链接网址等，❸编辑完后单击"发送"按钮即可完成QQ邮件推广店铺的操作。 |
|  | 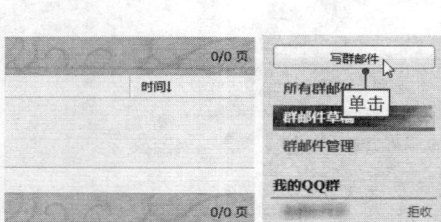 |

当群邮件发到QQ群里以后，该QQ群里的所有群友都能收到邮件内容，打开邮件并点击店铺链接，即可快速进入店铺浏览页面，选购商品。

## 8.5.4 在"豆瓣"中发布商品的购买地址

豆瓣是一个社区网站，提供读书、音乐、电影和科技等方面的信息。在豆瓣社区中，用户可以发表文章、评论信息、创建小组，是淘宝店主宣传店铺的一个有效平台。

很显然，店主要在豆瓣社区发表店铺推广信息，首先需要注册一个自己的豆瓣社区账号，然后登录账号发布商品链接。下面来看看如何在豆瓣社区中发布自家商品的购买链接。

| 01 选择"推荐网页"选项 | 02 粘贴店铺宝贝的链接地址 |
|---|---|
| 进入豆瓣网首页（https://www.douban.com/），注册个人豆瓣社区账号并登录，在首页选择"推荐网页"选项。<br> | 在打开的编辑框中，❶粘贴店铺中宝贝购买页面（即宝贝详情页）的网址，❷单击"输入网址"按钮。<br> |

| 03 编写文字内容并发布 | |
|---|---|
| ❶系统会自动识别链接地址的网页信息，❷在下方文本框中输入相应的文字内容，❸单击"发布"按钮即可在豆瓣社区中成功发布商品购买地址。<br><br>回到豆瓣社区首页，即可查看到刚刚发布的内容，网友单击宝贝名称超链接即可快速进入该商品的购买页面，如图8-22所示。 | |

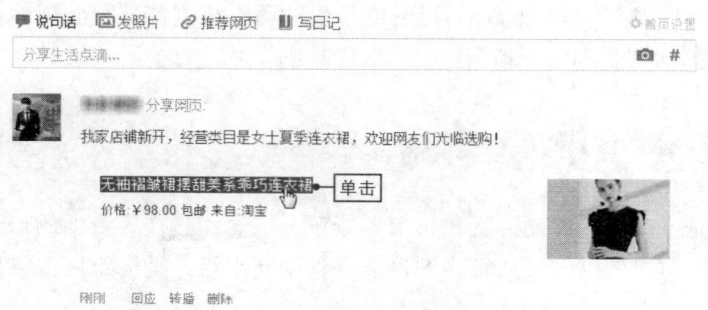

图8-22

## SKILL 豆瓣社区中的其他方式分享宝贝购买链接

在豆瓣社区中，店主们除了可以利用"推荐网页"功能发布宝贝购买链接外，还可利用"发照片"功能发布购买链接，具体操作是：❶选择"发照片"选项，❷在展开的文本框中输入内容并粘贴宝贝购买链接地址，❸单击"上传照片"按钮上传图片，❹返回后单击"发布"按钮即可完成所有操作，❺回到首页即可查看效果，网友单击超链接即可进入宝贝购买页面，如图8-23所示。

图8-23

# 淘宝运营不轻松，技巧是关键

## 学习目标

淘宝运营是店主们开店过程中最难控制和把握的事情，如何运作可以降低成本、提高利润？如何营销可以提升知名度、增大销量？这些相关的技巧都直接关系着淘宝店铺运营是否顺利、成功。本章具体介绍一些促销推广技巧与引导买家下单的技巧供大家借鉴。

## 知识要点

- 技巧一：赠送式促销
- 技巧二：多品搭配促销
- 技巧三：服务附加型促销
- 方法二：尊重法赢得好感
- 方法四：对比法突出优势

......

# 9.1 店铺运营要学会的促销推广技巧

促销实质上是一种沟通活动，即营销者（信息提供者或发出者）发出可以刺激消费的各种信息，以影响信息接收者的态度和行为。在网店运营中，有哪些促销推广技巧可以使用呢？

## 9.1.1 技巧一：赠送式促销

对淘宝店来说，赠送式促销包括购买A产品赠送B产品、加钱换购产品等。店主们可自行设置，发挥赠送促销的作用。

### 1.买A产品赠送B产品

这类赠送式促销手段是淘宝网中使用较多的一种，当买家购买店铺中的主营产品后，店主会赠送买家一些店铺中的非主营产品，通常是小物件。

● 买电子产品赠送相关实用物件

如手机、电脑和相机等电子产品，淘宝店主可以在促销时利用手机膜、手机壳、电脑清洁套装、电脑包、移动电源和数据线等作为小礼品送给买家，如图9-1所示。

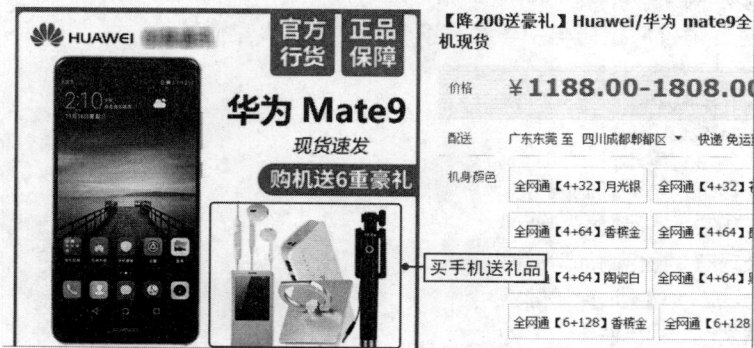

图9-1

● 买家电产品赠送相关工具

如蒸烤箱、电饭煲和电火锅等家电产品，店主们可以在促销时利用烘焙食谱、全套烘焙工具、锅铲、汤勺、漏勺和蒸片等作为赠送产品一并邮寄给买家，如图9-2所示。

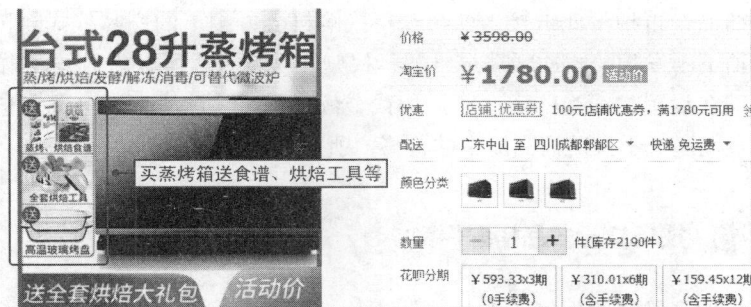

图9-2

有时，店主们为了促销店内的产品，并不是在宝贝详情页直接说明赠送礼品，而是直接在买家下单后，自行将赠送礼品与商品一起邮寄给买家，买家收到宝贝后才会得知有赠送物件。

## 2.加钱换购产品

目前淘宝还没有官方工具可以设置"加钱换购商品"，但卖家可直接设置"满×元加×元换购××"活动海报放置在店铺中可以放置海报的地方，然后当买家拍下相应的宝贝并满足换购条件时，通知买家换购活动，接着买家将原本购买的商品和换购商品一起拍下，最后由卖家直接在后台改价即可。比如"满100元加5元换购35元商品"，即买家购买店内的商品满100元时，再加5元可换购一件价值35元的商品。如图9-3所示的是某店铺打造的加钱换购产品的促销活动。

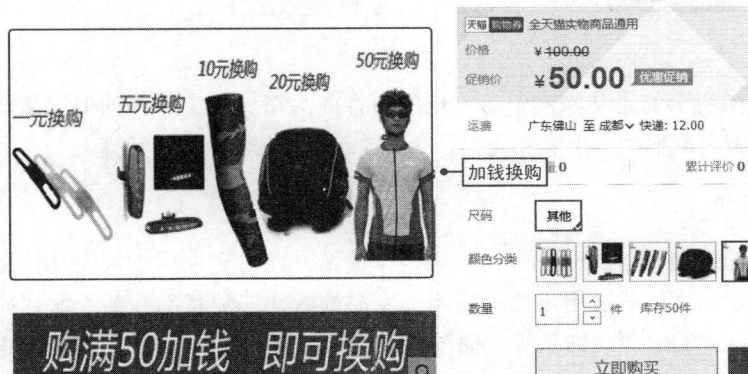

图9-3

不同的店铺，换购的具体规则需根据自身需求来确定，比如上图所示的换购促销活动，店主制定的换购规则如下：此商品链接为换购活动链接，需购买满50元商品，再拍下此链接，就可获得换购机会；拍下的产品款式随机发放，若单独拍下不发货；本次活动最终解释权归××专营店所有。另外，由图9-3可知，店铺在设置加钱换购活动时，加钱金额不同可换购不同的产品，但总的来说加钱金额远低于换购商品原本的价格，所以类似于赠送。

### 9.1.2 技巧二：多品搭配促销

所谓的多品搭配促销，就是几件商品一起搭配购买可以享受折扣，或者买送促销、买免促销等。

#### 1.多件商品搭配购买享折扣

有些店铺的经营产品属于一整套，为了减少产品单卖形成的差距，店主们往往会采取搭配销售的促销方式，对买家来说可以减少单买数件的钱。如图9-4所示的是搭配购买运动手套和极限飞盘的促销活动。

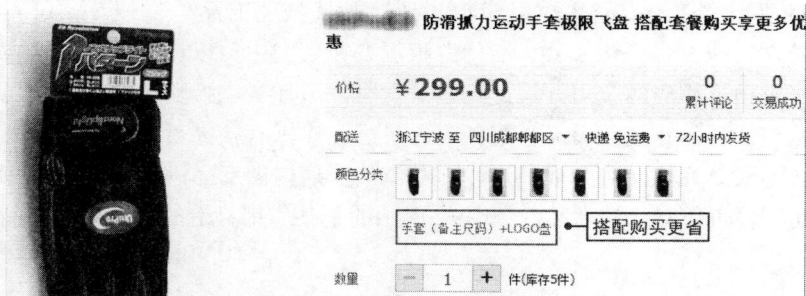

图9-4

上图所示的是某家淘宝店推出的两件商品搭配购买省钱的促销活动，若买家在该店内单独购买手套和飞盘，价钱会比搭配购买的299元高。

#### 2.买送促销

有的店铺经营品种单一，也可以做促销，此时可采用购买满几件送一件或几件的方式。一般适用于比较实用的商品或者快速消费品，如衣服、裤袜、食品、建材、家纺和装饰品等。如图9-5所示的是某销售花摆件的店铺制定的"买5送1"的促销活动，即花5件商品的钱得到6件商品。

图9-5

这种促销方式下，卖家一般会限制买家自行选择赠送商品的款式，即卖家会向买家随机赠送款式。这么做的好处是卖家可以有效平衡同一种商品的不同款式之间的存货量，防止某种款式滞销带来的成本增加问题。

### 3.买免促销

这种促销方式与"买送促销"的实质是一样的，只是表现手法不同。比如买2送1，付的是两件商品的价钱，得到3件商品；而买2免1，付的是一件商品的价钱，得到两件商品。如图9-6所示的是某淘宝店铺推出的买免促销活动。

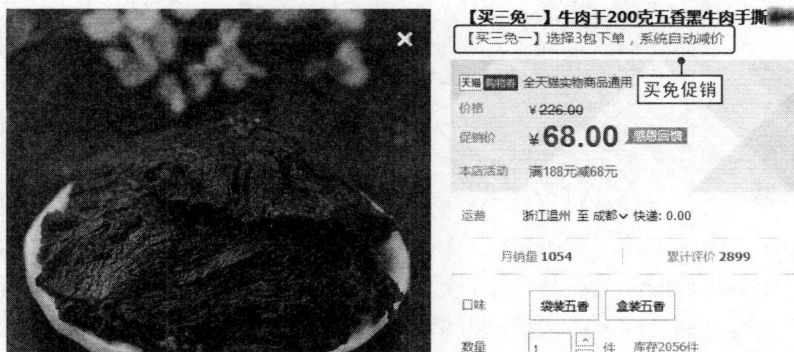

图9-6

从促销活动中涉及的商品件数来看，这3种促销方式涉及的商品件数都在两件及以上，因此属于多品搭配促销这一大类。不同的商品属性，要选择合适的搭配促销，尽量使店铺的经营平稳发展。

### 9.1.3 技巧三：服务附加型促销

服务附加型促销大多与商品本身没有关系，只在售前、售中或售后的一些服务上做文章，比如首次购买包邮、好评有礼等。

● 首次购买包邮

有的店铺没有稳定的快递合作商，其向买家寄送快递时无法免运费，这是一种很常见的将买家挡在"门外"的情况。而有些店主为了吸引对自家产品感兴趣的顾客，会开展"首次购买包邮"的促销活动，以招揽顾客。如图9-7所示的是某店铺销售砂锅陶瓷煲推出的首次购买包邮活动。

图9-7

这种促销方式适合产品本身比较实用，或者比较有特点、有个性，很可能吸引顾客购买的情形；也可以是一些使用寿命比较长的商品，如家电、家具、和厨房用品等。

● 好评有礼

好评有礼是一种针对售后服务的促销方式，买家给店铺好评，店铺返现或赠送礼品。由于这是一种售后行为，因此很多卖家会将"好评返现"或"五星好评有礼"等说明券随商品一起寄给买家，买家收到商品后根据实际情况和需要决定是否给商品或者店铺打"五星好评"。这类推销语一般不出现在店铺页面中。

如果店主不在店铺中写明好评有礼的广告语，而是在买家不知情的情况下将说明券随商品一起寄出，这种做法比较适合吸引回头客。而如果将"好评有礼"这样的推广语直接标示在店铺海报或其他位置，可能还会吸引一些喜欢贪小便宜的人，间接地增加销售量。如图9-8所示的是某店铺给买家寄去的好评有礼说明券。

图9-8

## 9.1.4　技巧四：限时、限量促销

限时、限量促销的明显效果是给买家营造一种商品很紧俏、错过就是损失的感觉，促使他们尽快下定决定购买商品。

### 1.限时促销

限时促销即限定时间销售，如"仅限2小时，超低价销售""限时秒杀""淘抢购"等。如图9-9所示的是淘宝店铺参与淘宝网的"淘抢购"活动后，店铺信息显示在"淘抢购"页面的效果。

图9-9

那么，商家如何参与"淘抢购"活动呢？具体操作如下所示。

| 01 进入"淘抢购"页面 | |
|---|---|
| ❶进入淘宝网首页，❷单击"淘抢购"超链接，可进入"淘抢购"页面。 | |

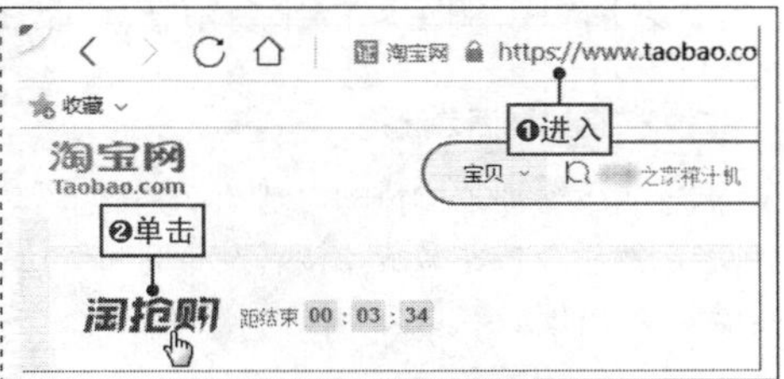

**02 单击"商家报名"超链接**

在"掏抢购"页面右上角,单击"商家报名"超链接,可以进入活动报名页面。

★ 收藏夹 · 商品分类 · 卖家中心 · 联系客服 · ☰ 网站导航

🅥 30天低价 · 全场包邮 · 👤 商家报名

**单击**

19:00 · 默认 · 按销量↓ · 格↑

**今日必抢**
超值单品
每日更新

**03 单击"我要报名"按钮**

在打开的页面右侧单击"我要报名"按钮。

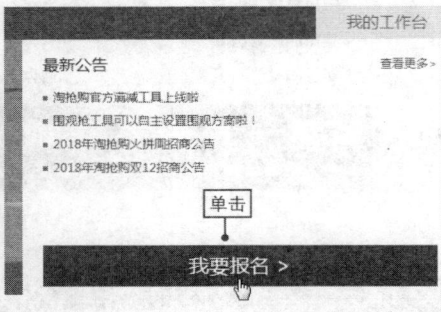

我的工作台

**最新公告** 查看更多>

■ 淘抢购官方满减工具上线啦
■ 围观抢工具可以自主设置围观方案啦!
■ 2018年淘抢购火拼团招商公告
■ 2018年淘抢购双12招商公告

**单击**

我要报名 >

**04 单击"我要报名"按钮**

在新页面中找到"快捷入口"栏,单击"我要报名"按钮。

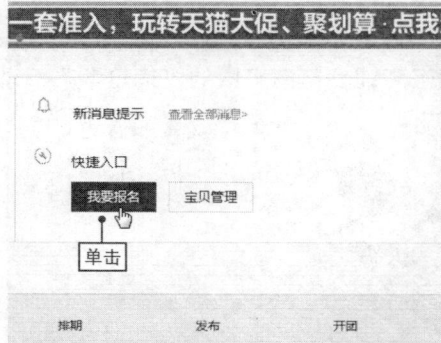

一套准入,玩转天猫大促、聚划算·点我

🔔 新消息提示 查看全部消息>

⊛ 快捷入口

我要报名 宝贝管理

**单击**

排期 · 发布 · 开团

**05 选择活动**

在打开的"推荐活动"页面找到合适的活动,单击其名称超链接。

必抢 18年12月淘抢购今日必抢活动招商入口

活动时间:2018-12-01 00:00:00 - 2018-12-31 23:59:59
报名时间:开团前45天 至 开团前 4天
收费方式:收费
查看详情>

**单击**

淘抢购 18年12月淘抢购日常单品活动招商入口

活动时间:2018-12-01 00:00:00 - 2018-12-31 23:59:59
报名时间:开团前15天 至 开团前 4天
收费方式:收费
查看详情>

**06 完成报名流程**

进入活动详情页,可查看活动详情和收费规则,单击"下一步"按钮,按照页面提示进行操作,即可成功报名。之后等待淘宝网的平台审核。

**TIPS 掏抢购活动流程**

淘宝店主参加"掏抢购"活动,先要报名,然后审核、缴费,接着发布商品信息,最后预热、上线。

活动详情 收费规则

淘抢购 - 18年12月淘抢购日常单品活动招商入口

▌基本信息

活动时间:
　　2018-12-01 00:00:00 至 2018-12-31 23:59:59
报名时间:
　　开团前 15天 至 开团前4天
活动介绍:
　　符合淘抢购日常单品招商标准,单个商家单次活动限报名6款商

下一步 **单击**

## 2.限量促销

限量促销即限定数量销售，如"限时限量疯狂抢购""限量秒杀"等，如图9-10所示的是某淘宝店针对秋冬牛仔裤推出的"限购5件"的促销活动。

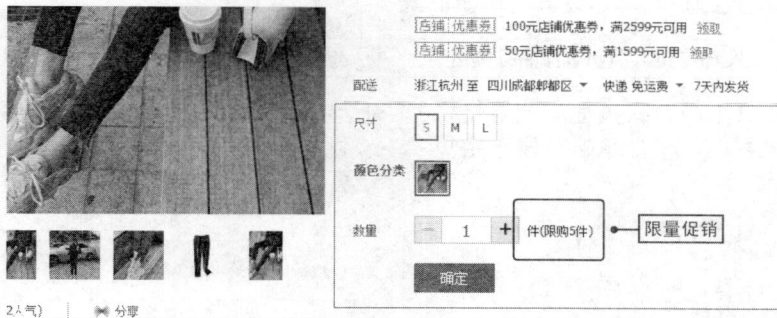

图9-10

一般来说，限时、限量促销活动都搭配低价策略。很多商家在月底、年底、节假日和其他一些特殊节日时常采用这种促销手段，一是为了冲销量、增加营业额；二是为了回馈新老客户、赢取好口碑。

## 9.1.5 技巧五：个性化促销手段

除了前面介绍的四大类促销技巧外，还有一些个性化的促销方法可供商家们选择使用，如节假日特惠、周年庆促销、收藏让利促销和公益促销等。

## 1.节假日特惠

就以往的营销记录可知，淘宝网平台上可能出现的节假日特惠主要涉及元旦节、春节、三八妇女节（"女王"节）、母亲节、六一儿童节、端午节、父亲节、中秋节、国庆节、情人节、双十一和双十二等。如图9-11所示的是某店铺推出的双十二优惠促销活动。

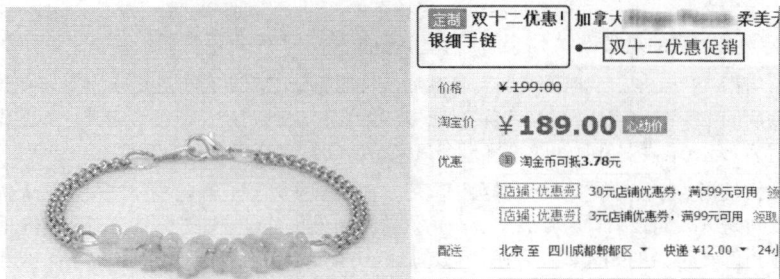

图9-11

节假日促销除了有降价处理，还有一个处理方式是商家配合淘宝网平台做"预售"，这种方式是使买家在节假日活动到来之前就确定要购买某商品，而不是在节假日活动当天进行抢购。对于淘宝店主来说，预售设置入口在编辑页的付款模式处，其具体设置操作如下。

| **01** 进入"发布宝贝"页面选择商品类目 | **02** 选择商品类目 |
|---|---|
| 进入卖家中心，在页面左侧导航栏的"宝贝管理"栏处单击"发布宝贝"超链接。 | ❶选择需要预售的商品类目，❷单击"我已阅读……"按钮，即可进入编辑页。 |

| **03** 进行预售设置 | |
|---|---|
| 在宝贝编辑页面的付款模式处选中"预售设置"单选按钮，即可对预售方式进行详细的设置。 | |

**TIPS 预售方式的类型**

淘宝店主要注意，不一定每个类目都会开放预售设置入口，而且各类目的预售设置方式也有不同，具体以编辑页显示为准，不显示"预售设置"单选按钮就表示所选商品类目不支持预售，且无法申请开通。预售方式有3种类型：全款预售、定时预售和高级预售。

全款预售是淘宝卖家使用最多的一种预售方式，操作简单，买家支付订单全款，一段时间后，卖家发货。店主在设置发货时间时最长不能超过支付时间的90天，其中水产肉类/新鲜蔬果/熟食类目的最长设置不超过支付时间的30天。

定时预售指买家在规定的时间支付预付款后，按照系统时间支付尾款，卖家需要在买家支付尾款后的72小时内完成发货。该种预售方式的预付款时间最长可设置90天，尾款支付时间固定为7天，尾款支付时间的设置最多只能是商品发布时间后的90天。

高级预售是指买家在规定时间支付预付款后，卖家确认订单后开始尾款支付，卖家需要在买家支付尾款后的72小时内完成发货。预付款时间最长可设置90天，卖家确认订单时间最长为预付款支付后的90天，卖家确认订单后的168小时为尾款支付时间。这种方式比较复杂，不推荐新手卖家使用。

## 2.周年庆促销

一些店铺有自己的品牌，因此知名度比较高，在淘宝上有自己的专卖店。这样的淘宝店铺一般会在其周年庆时进行促销活动，目的是回馈老客户、拓展新客户，同时也从侧面告知消费者自己的成立时间和经营实力。如图9-12所示的是某珠宝旗舰店推出的周年庆定制促销活动。

图9-12

## 3.收藏让利促销

顾名思义，收藏让利促销即卖家告知买家收藏店铺或宝贝，可以获得一定的折扣或减价，有时是收藏送礼。如图9-13所示的是某名字贴刺绣店铺推出的"收藏商品送商品"的活动。

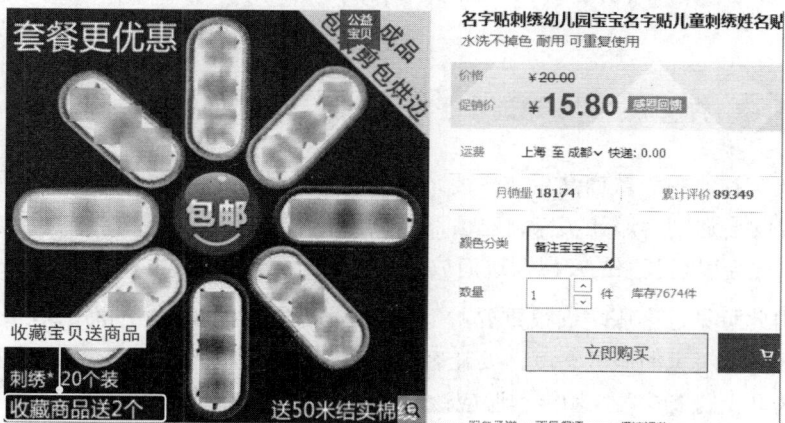

图9-13

## 4.公益促销

有些店铺销售的商品参加了淘宝网平台提供的"公益宝贝计划"，卖家承诺每笔成交将为特定人群捐赠一定百分比的销售额。一般来说，店铺加入了该计划后，在其宝贝详情页的"宝贝详情"栏中就会写明相关信息，如图9-14所示为某销售取暖器的淘宝店铺加入公益宝贝计划后的详情说明。

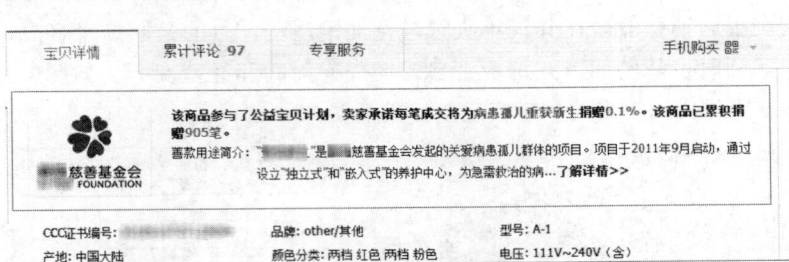

| 宝贝详情 | 累计评论 97 | 专享服务 | | 手机购买 ▼ |

该商品参与了公益宝贝计划，卖家承诺每笔成交将为病患孤儿重装新生捐赠0.1%。该商品已累积捐赠905笔。
善款用途简介："▓▓▓▓▓"是▓▓▓慈善基金会发起的关爱病患孤儿群体的项目。项目于2011年9月启动，通过设立"独立式"和"嵌入式"的养护中心，为急需救治的病...了解详情>>

| CCC证书编号：▓▓▓▓▓▓ | 品牌：other/其他 | 型号：A-1 |
| 产地：中国大陆 | 颜色分类：两档 红色 两档 粉色 | 电压：111V~240V（含） |

图9-14

这种促销方式对于大众淘宝商家来说，不能明显提高销量或浏览量，只能吸引一些非常有爱心的人关注，他们为了给需要帮助的人提供帮助，同时省事，就会通过购买这样的商品来达到献爱心的目的。

## 9.2 店主们如何引导买家下单

淘宝店主们要想成功引导买家在自家店铺下单购买商品，就需要学会揣摩买家的心理，解决买家的疑虑，从而投其所好，赢得好感，激发其购买欲望，促使其下定决心购买商品。

### 9.2.1 方法一：客服培训解疑惑

买家在看中一款商品后，想要了解一些更细致的信息，就会联系客服。而此时经常会遇到客服让买家自己去商品页面看，不直接为买家做解答。这样的行为往往会引起买家的反感，进而放弃在本店消费。

由此可见，客服培训很重要。不仅要培训客服应具备的专业知识，还要培训客服对待买家的服务态度，要让客服人员深刻明白"买家是上帝"的服务原则。这里我们来看看，淘宝客服应该掌握的基本知识有哪些？

● 懂淘宝规则正确引导

一个专业的淘宝客服，学习好淘宝规则是前提，要明白淘宝平台上的生存法则。明白章程，懂得规避，避免因规则问题被淘宝处罚的情形发生。同时，还要了解差评师最常用的诈骗手段，才能最大限度避免差评师。另外，了解规则还可以引导买家更快、更省、更有效地购物。

● 晓产品知识准确引导

产品知识是客服的基础。很多客服甚至连产品都不熟悉，就直接接待买家，这样即使产品卖出去了也可能因为客服的不专业导致很多售后问题。店主可以让客服从自己店铺的详情页、竞争对手的详情页以及中差评信息中了解自家产品，明确优劣势。

尤其是远程客服，最好能先给客服送去产品的样品，让其能实实在在看到实物，对功能性产品最好能亲自操作，实际体验，做到对产品的真正了解。

比如衣服类目，客服需要了解服装的设计理念、颜色搭配、肤色搭配、每种款式适合的人群以及不同人群穿同一款式的效果等信息和技巧，这样在交易时，客服可以很清楚地建议买家拍下什么款式、什么颜色以及什么尺码的衣服，给买家一个顺畅、满意的购物体验。

● 通后台流程快速引导

后台流程是每个客服必须掌握的操作。对于客服来说，首先要对淘宝平台非常熟悉，不仅能提高个人的工作效率，还能更好地引导客户下单，解决客户在流程操作方面的疑虑。比如，某位买家在拍下商品付款时，发现页面无法正常显示，此时联系到客服，客服就要准确、及时地给买家提供不同情况下的处理操作，如刷新页面、取消订单重新拍等。

又比如，对于需要退货、换货等有售后问题的买家，客服需要清楚地告知买家退换货流程，然后在换货发出时主动告知买家发出时间、发出单号和快递公司等信息；而不是等待买家自己主动咨询时再被动告知。即使是要求退款的买家在退款成功后，客服也要尽量主动告知买家退款成功的结果，并让其查收。

● 知引导技巧有效引导

客服引导买家下单的技巧是非常关键的培训内容，它直接影响到店铺的询单转化率和整个店铺的营业额。

对于店铺中的新客服，最好能每天查看其与买家的聊天记录，重点查看询单没有拿下的那部分聊天记录，找出其中存在的问题，是对产品不熟悉，还是对买家提出的问题反应不灵敏，还是介绍产品时不够主动，或者是不能很好地理解买家存在的疑问或异议等，导致订单没有拿下，以便有针对性地对客服进行再次培训，从而使客服掌握引导技巧，让其能有效引导买家下单。

特别要注意客服与买家聊天的时效性和针对性。提醒每位新客服在询单转化率不高时不要盲目接待太多买家，而应尽力做到每位买家都能转化。另外，客服自己也要实时跟踪自己的接待情况，便于客服培训人员对没有成交的买家订单进行及时的指导，挽回潜在买家。

**9.2.2** **方法二：尊重法赢得好感**

任何人都希望被他人尊重，得到尊重的同时就会对对方产生好感。在淘宝销售中，客服可以利用这一心理促使买家下单。下面就来看一个具体的案例。

买家：（发送宝贝链接）老板，你家这款粉色毛呢大衣看起来还不错！就是不知道上身效果怎么样？

卖家：亲，您眼光真好！我家这款毛呢大衣版型好，上身效果极佳，我现在就穿了一件。我家这款宝贝属于高端定制，大多数人穿上去都会很有气质。

买家：但是价格好贵啊！有没有优惠呢？

卖家：我家的这款大衣目前是有优惠活动的，现在购买可享受8.5折的优惠。而且，我家的这款大衣获得了众多好评，亲要尽快下单哦，我们会在第一时间发货。

买家：呵呵，我知道了，谢谢！我再看看吧。

淘宝店铺的客服人员在与买家沟通的过程中，要尽力让买家感到被尊重，使其有存在感，要让买家感觉到卖家是在设身处地为他考虑问题。而要达到这种效果，就需要选择恰当的人称，要少用"我""我们"这样的第一人称，因为用多了会给人带去一种十分自我的感觉，会让买家产生抵触甚至厌烦心理。而上述案例中的客服人员就犯了这种错误，字里行间都给买家展现了一种自恋的姿态，所以买家"不买账"，询单未得到转化。在实际操作中，可参考如下技巧。

**少用第一人称"我"，规避自我性描述**。比如上述案例中客服人员在对大衣进行优势描述时，可以这样说："亲，您眼光真好！这款毛呢大衣版型好，上身效果极佳。它属于高端定制，穿上去会显得很有气质。"

**多用第二人称"您"，向买家表示尊重**。该字本身就是礼貌用语，因此很容易让买家感受到自己被尊重，这样可以使买家高兴，进而决定下单。

**多用"咱们"，向买家表示亲切**。该词语能让买家在潜意识觉得卖家和他的战线是统一的，所站的角度是买家的角度，因此会给买家一种"他的推荐是适合我的"的感觉。比如，在介绍产品时可以将第一人称"我家店铺"或"我们的店"换成"咱们店""咱们这款产品"等，从而促成订单。

## 9.2.3　方法三：询问法摸清需求

对于买家来说，任何人都不希望买到与自己不搭的衣服。为了真正摸清买家的需求，客服就需要多问，切忌盲目推荐。下面就来看一个具体的案例。

买家：（发送宝贝链接）你好，这款围巾只有粉色和墨绿色吗？

卖家：是的，亲！就算您50岁，选择墨绿色围巾都能围出30岁的效果。

买家：额，我只是想给我妈妈买一条。

卖家：那正好啊，墨绿色比较适合年龄稍大一点的人群。

买家：我知道了，谢谢！

很明显，上述对话中的客服处于比较被动的地位，买家问什么就回答什么，在还没有弄清楚买家的真实需求时就盲目推荐，以致前后回答相互矛盾，并且用"就算您50岁……"这样的表达会显得客服很不会说话，将买家定位在年龄很大的位置上，会引起买家内心的不愉快。由此，买家就不愿意让你赚到他的钱，他们会果断地选择离开。因此，摸清买家的真正需求非常重要，可从如下两个方面入手解决。

**认清购物对象的基本情况。** 客服人员要准确定位购物对象是谁，弄清楚其是为自己购物还是为他人购物，了解商品使用人的年龄、性格和喜好等，依靠这些特点来进行有针对性的商品描述，才能更有效地提升成交概率。

**明确买家的购物目的。** 不同的人有其特殊的购物目的，比如买衣服，有人选择保暖的，有人选择好看的；又如盆栽，有人选择品种稀有的，有人选择实用性强的。不同的目的会导致买家对同一商品的选择结果出现偏差，因此，客服要成功引导买家下单，就必须清楚买家的购物目的，为其推荐合适的商品。这样一来，我们可将上述对话变成这样。

买家：（发送宝贝链接）你好，这款围巾只有粉色和墨绿色吗？

卖家：是的，亲！请问您是自己用还是给其他人买？

买家：我想给我妈妈买一条。

卖家：您真体贴。最近天气转凉了，咱家的围巾保暖性是用仿羊绒做的，很保暖，相信很适合您母亲。请问您母亲喜欢什么颜色？

买家：没有很喜欢的颜色，只要不太鲜艳就行。

卖家：好的，亲。其实咱店这款围巾的墨绿色上身效果很好，颜色也比较稳重，款式也很洋气，很多到店的客人都给自己的妈妈买了这款墨绿色围巾。

买家：好的，那我拍一条墨绿色吧。

这样看来，该客服人员就更主动，积极获取买家的购买信息，逐步得知买家的购买需求，进而为客人推荐出满意的商品，促使其下单。

### 9.2.4 方法四：对比法突出优势

人都是这样，在有多种选择时，总是会选择更好的那一种。抓住这种心理，淘宝店铺的客服就可巧妙地促使买家坚定决心下单。下面就来看一个具体的案例。

买家：（发送宝贝链接）老板，你家的剃须刀有两刀头和三刀头，有什么区别吗？

卖家：有区别的，亲。两刀头的剃须面积比三刀头的小，适合胡须比较少的人，当然，价格肯定比三刀头的便宜。而三刀头的剃须面积更大，适合胡须比较多的人，而且它能完全根据使用者的面部轮廓自动变化贴面角度，进行三维立体浮动剃须，舒适度更高，价钱也会贵一些。请问您平时经常外出吗？

买家：我经常出差。

卖家：如果您胡须量不是很多的话，推荐您购买两刀头的，它的刀头少、体积小，适合经常外出的男士使用，主要是便于携带。而且您放心，两刀头的剃须效果也是很彻底的。

买家：好的，那我就买一把两刀头的。

上述案例中的淘宝客服很明显采用了对比法，突出了两刀头与三刀头的优势，再结合买家的需求推荐真正适合的商品款式。由于对比法比较的是自家店铺中的两款商品，因此在突出优势时，尽量将各自的劣势以最委婉的方式表达，不要把劣势说成了"缺陷"，否则很容易使买家放弃购买。

如果采用对比法比较的是自家店铺中的某一款商品与其他店铺中的同款商品时，要突出自家店铺商品的优势，同时也不能过于贬低其他店铺的商品，容易给买家一种在诋毁别人的感觉，引起反感，进而对人产生偏见，影响交易。在具体使用对比法突出自家商品优势，促使买家下单时，有这样一些技巧。

**相互对比的产品必须同类型**。只有同类型才具有可比性，买家才能真正了解相互对比的商品的优劣性，进而做出准确地选择。

**相互对比的产品要有各自的特点**。进行比较的两款产品要有各自的产品特色，比如性价比、实用性和款式等，不同的特点会促使买家根据自己的考虑下定决心拍单。

**相互对比的产品要有价格差异。** 无论进行对比的产品之间的优劣性怎样，都要体现出价格上的差异，毕竟很多买家在购买商品时，价格是影响其购买决定的很重要的因素。这样可以避免出现买家在权衡优劣势之后还无法确定购买哪一款商品的情况。由于很多消费者购买商品都会倾向于更便宜的，因此，客服在介绍本店商品时，如果本店商品的特点不是非常突出或者吸引人时，最好选择进行比较的商品的价格要比本店同款商品的价格高一些。

## 9.2.5　方法五：缺货法营造紧迫感

有一些淘宝买家在询问客服有关商品信息时，其实已经想要购买商品，只不过因为性格原因还在纠结，此时就需要客服"临门一脚"，帮助买家下定决心拍单，常用的方法就是缺货法，这种方法是给买家营造一种紧迫感，使其为了抓住此次"难得"的机会而下单购买。下面就来看一个具体的案例。

买家：（发送宝贝链接）老板，这款衣服我不知道自己应该买哪个尺码。

卖家：亲，能说一下您的身高和体重吗？

买家：156cm，47kg。

卖家：好的，亲。本店衣服的尺码是比较标准的，建议您拍S码哦。

买家：好的，谢谢。

卖家：亲，咱家的这款衣服因为款式比较特别、新颖，所以订购的人很多，目前库存不足10件，您如果满意的话可能要尽快下单哦！

买家：谢谢。我已经决定了，马上就去下单。

从上述对话中可看出，该客服人员针对买家的疑惑做出了反应，第一时间询问买家的身高和体重，以此获取买家的基本信息，从而为其推荐合适的衣服尺码，给买家一种非常专业的感受。同时，以缺货法给还不能下定决心购买的买家一种紧迫感，让其认为"这时不买以后就买不到了"，从而尽快下单。客服在使用缺货法时，有一些细节需要注意。

①如果销售的是一款商品，且只有一个颜色，则宝贝详情页中给出的库存件数要与使用缺货法时提到的库存数量相一致，否则会被细心的买家提出"页面中显示的库存还有很多，为什么你说库存只有几件了？"这样的质问。

②如果买家询问的商品刚好在优惠促销时期，则使用缺货法时可结合"优惠时间有限"这一现实来加强紧迫感，更能让买家快速下定决心购买。

### 9.2.6　方法六：欲扬先抑法展现诚信

很多淘宝卖家认为，告诉了买家商品的缺点就会失去买家。其实，事实不尽如此，有些时候我们主动向买家透露商品的缺点，反而会让其感受到我们的真诚，进而对店铺和人产生好感和信赖感，让其能放心大胆地下单购买。下面就来看一个具体的案例。

买家：（发送宝贝链接）老板，你们家这款床单是纯棉的吗？

卖家：是的，亲。您是打算冬天使用吗？

买家：对。

卖家：这款床单的款式比较素净大方，但如果您想要在冬天使用的话，它就有一点不足，就是不太暖和，请您慎重选择！但是，在质量方面是完全没有问题的，材料采用100%新疆全棉，柔软舒适，植物纤维亲肤棉柔，不掉色。除了冬天使用不保暖，其他季节使用会非常适合。

买家：老板，你还挺实诚的。连这个都告诉我。不过这也不算它的缺点，只不过不适合在冬天使用。那你帮我推荐一款可以在冬天使用的床单吧。

卖家：好的，亲，诚信是我们开店的根本，很高兴为您服务。您可以选择咱店中的××款床单，它是绒面的，很适合冬天使用，既暖和又洋气，而且可供选择的颜色比较多。

买家：好的，谢谢，我去看看。

（过了几分钟）

卖家：（收到买家拍下订单的信息，并向买家发送订单确认信息）亲，您好。请确认订单信息是否正确。

买家：（确认订单信息）。

由于网购本身存在不信任感，很多买家在淘宝网上购物时都对商品质量存在疑虑。面对这种情况，店家越是阐述商品的完美，越会使买家产生怀疑。其实，坦诚地说出商品的缺点，更容易得到买家的信任，让其感受到我们的真诚，从而促使其下单购买。但坦白缺点后要适当地渲染优点，如产品性能如何优越、制作技术如何高超等，避免缺点盖过优点，导致买家放弃购买。

# 做好物流与售后，
# 成就好口碑

## 学习目标

当有买家购买店铺商品并付款成功后，店主们就要及时确认订单，并开始包装商品，然后联系快递公司揽收商品并发货，直到买家收到宝贝。如果买家发出退换货申请，店主还要做好一系列售后服务。

## 知识要点

- 3种方式查看商品订单
- 如何设置提醒买家确认订单的信息
- 商品包装要讲究技巧
- 不同的商品适合不同的运输方式
- 进入卖家中心开启邮寄快递的第一步

……

# 10.1 查看订单并包装商品

店主们在向买家发货前，需要确认订单信息，方便填写快递单。然后精心包装商品，确保买家收到准确的、完好无损的商品。

## 10.1.1 3种方式查看商品订单

店主需要查看订单详情时，有3种方式：一是淘宝网卖家中心；二是千牛工作台；三是淘宝助理。

### 1.进入卖家中心查看订单

店主们登录淘宝账号并进入卖家中心后，即可查看订单。相关操作如下。

| 01 单击"待发货订单"超链接 | 02 设置参数 |
| --- | --- |
| 进入卖家中心，在页面中找到"待办事项"板块，❶单击"订单提醒"下拉按钮，❷在弹出的下拉菜单中单击"待发货订单"超链接。 | ❶在打开的页面中单击订单信息右侧的"详情"超链接，❷在新页面中即可查看订单的详细信息。 |

**TIPS 卖家中心查看订单的其他方式**

店主们进入卖家中心后，除了可以从"待办事项"板块查看订单，也可直接单击"交易管理"栏中的"已卖出的宝贝"超链接进行查看。

## 2.登录千牛工作台查看订单

店主们可以不用登录淘宝网，直接登录千牛工作台也可查看订单详情。进入千牛工作台主界面后，❶单击"宝贝管理"选项卡，❷在弹出的菜单中选择"已卖出的宝贝"命令即可查看订单情况，如图10-1所示。

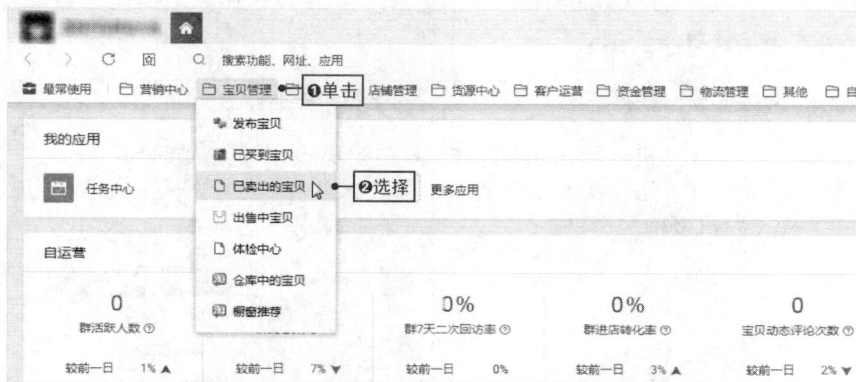

图10-1

## 3.登录淘宝助理查看订单

店主在不登录淘宝网的情况下，除了可以借助千牛工作台查看订单情况，还可登录淘宝助理进行查看。只需在登录淘宝助理并进入主界面后，❶单击"交易管理"选项卡，❷选择"待发货"选项，即可在右侧页面查看订单详情，如图10-2所示。

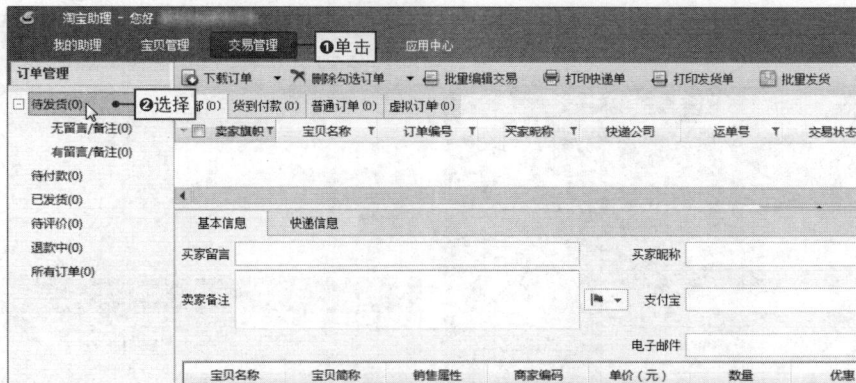

图10-2

## 10.1.2 如何设置提醒买家确认订单的信息

很多用手机购物的买家应该都遇到过这样的情形：刚下单完成付款后，商家就发送消息请求确认订单。这样可以防止因买家不小心写错收货地址或拍错宝贝而导致出现交易纠纷的情况。对商家来说，可以按照如下操作步骤设置自动提醒买家确认订单的消息。

| **01** 选择"今日接待"选项 | **02** 搜索客户服务 |
|---|---|
| 登录千牛工作台，进入聊天界面，❶单击左下角的 ≡ 按钮，❷在弹出的菜单中选择"今日接待"选项。 | ❶在打开页面的搜索框中输入"客服"关键字，❷在下拉列表中选择"客户服务"选项。 |

| **03** 确认开通客户服务平台 | **04** 开启自动核对订单服务 |
|---|---|
| 在打开的页面中单击"确定并开始使用"按钮。 | 在新页面中找到"自动核对订单"功能，单击"立即开启"按钮。 |

| 05 开始设置自动核单规则 | 06 设置自动核单的开启情形和时间 |
|---|---|
| 进入"自动化任务/自动核单"页面，单击右上角的"规则设置"按钮。 | ❶在打开的页面中设置开启自动核单的情形和时间，❷选中自动核单卡片复选框。 |

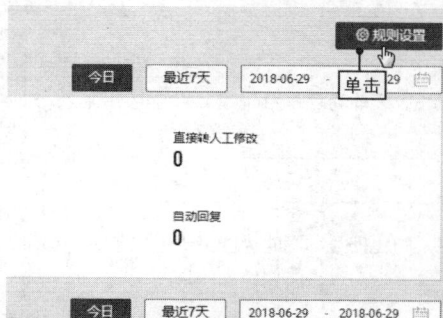

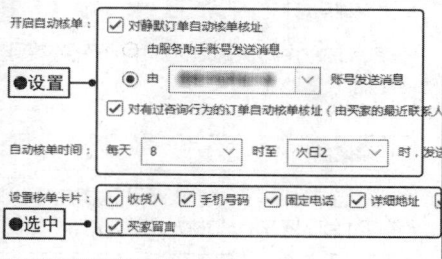

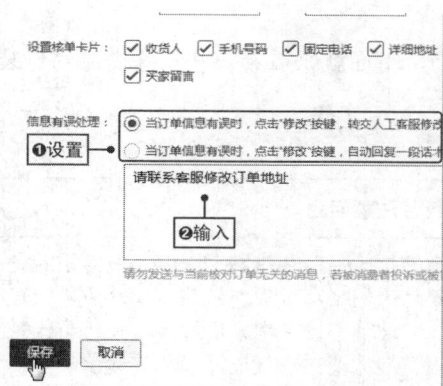

| 07 设置订单信息有误的处理方式 | 08 查看效果并保存设置 |
|---|---|
| ❶设置信息有误处理方式，❷输入提示信息。 | 在页面右侧可查看设置后的效果，单击"保存"按钮即可完成自动提醒买家确认订单的消息设置。 |

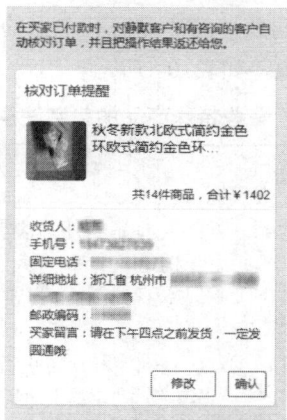

设置成功后买家一旦下单付款成功，就会收到店铺发送的确认订单信息。

## 10.1.3 商品包装要讲究技巧

如果商家在包装商品时不细心或不认真，很可能导致包装不到位使买家收到的宝贝发生损毁。如图10-3所示的是在包装商品时需要注意的一些问题。

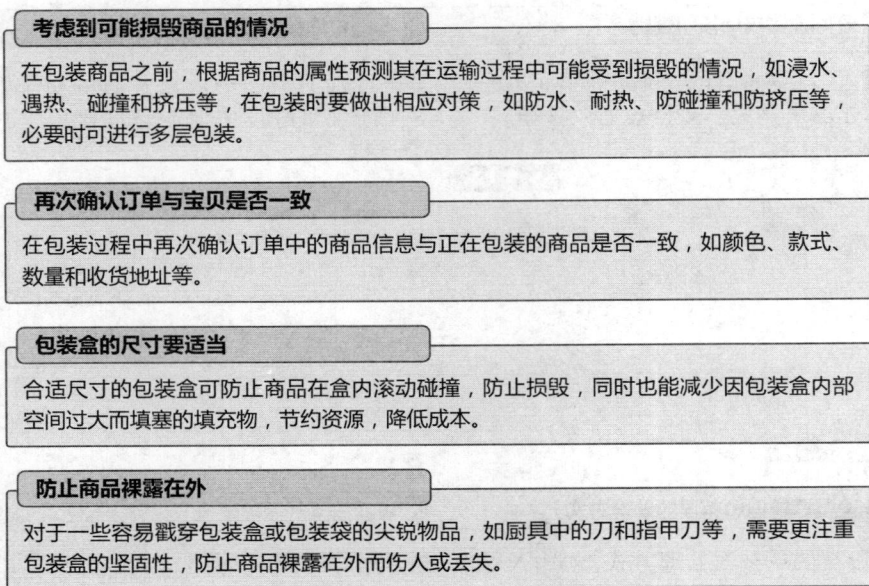

**考虑到可能损毁商品的情况**

在包装商品之前，根据商品的属性预测其在运输过程中可能受到损毁的情况，如浸水、遇热、碰撞和挤压等，在包装时要做出相应对策，如防水、耐热、防碰撞和防挤压等，必要时可进行多层包装。

**再次确认订单与宝贝是否一致**

在包装过程中再次确认订单中的商品信息与正在包装的商品是否一致，如颜色、款式、数量和收货地址等。

**包装盒的尺寸要适当**

合适尺寸的包装盒可防止商品在盒内滚动碰撞，防止损毁，同时也能减少因包装盒内部空间过大而填塞的填充物，节约资源，降低成本。

**防止商品裸露在外**

对于一些容易戳穿包装盒或包装袋的尖锐物品，如厨具中的刀和指甲刀等，需要更注重包装盒的坚固性，防止商品裸露在外而伤人或丢失。

图10-3

不同属性的商品有其对应的包装技巧，下面就来看看一些特殊商品的包装注意事项，如表10-1所示。

表 10-1  一些特殊商品的包装注意事项

| 商品 | 包装注意问题 |
|---|---|
| 易碎品 | 该类商品的外包装要具有一定的抗压强度和抗戳穿强度，最常用的是瓦楞纸箱；一些大而重的易碎品采用蜂窝纸板包装箱；部分重量较轻但本身抗压强度较高的商品，如玻璃空罐，常采用缠绕薄膜包装代替瓦楞纸箱。而内包装可用衬板、泡沫塑料、气垫薄膜和其他填料等，起到固定和缓冲的作用。无论是哪种易碎品，都应在外包装上注明"易碎品"的字样和相应图案 |
| 大物件 | 选择价格便宜但质量较好的包装箱，包装时在包装箱周围裹好适当的胶带，防止包装箱被划破而无法盛装商品 |
| 软制品 | 如衣服、裤子、围巾和窗帘等柔软商品，不能使用粗糙材质的包装袋包装，容易磨损商品，此时要注意包装袋是否防潮、防水 |
| 高价值商品 | 价值较高的商品对于买卖双方来说都担心其在运输过程中有损毁或被盗，因此包装时要做好防水、防潮、耐热和防碰撞的措施，并且，不要在包装盒上的快递单上注明商品价格 |

续表

| 商品 | 包装注意问题 |
| --- | --- |
| 买家强调急需收到并使用的商品 | 有些买家会在购买商品后向卖家表示自己急需使用该商品，希望尽快发货。这时卖家不仅要认证包装好商品，还要在外包装上注明"急件"的字样，提示快递人员不要耽误运输时间 |
| 作为礼物的商品 | 收到损毁的商品会影响买家的心情，尤其在节假日或特殊日子收到的礼物发生损毁。这类商品在包装时除了要注意一些基本的包装事项外，还要注意慰问和祝福，可以利用一张小卡片写好慰问语或祝福语，让买家感受到卖家的诚意 |
| 生鲜产品 | 包装时做好预冷措施，防止在产品运输过程中因受热而变质 |

# 10.2 选择合适的运输方式

不同的商品有其合适的运输方式，一般商品通常选择快递公司运货，而一些大物件则需要大型的物流公司负责配送。卖家要了解网购活动中常见的快递公司和物流公司。

## 10.2.1 多个快递公司任意选

目前市场上常见的快递公司有很多，下面来一一了解其概况。

● 顺丰速运

顺丰速运为广大商家和消费者提供同城配、大陆及港澳台运输、国际快递服务和一些增值服务，如代收货款、包装服务、定时派送等。另外，顺丰速运还为餐饮外卖、商超、生鲜、蛋糕、鲜花及类似行业，提供围绕店铺周边3或5公里内的同城专人即拿即送服务。顺丰拥有通达国内外的庞大物流网络，是一家具有"天网+地网+信息网"三网合一、覆盖面广的综合物流服务运营商。如图10-4所示是顺丰公司的LOGO标志。

● 中通快递

中通快递是一家集快递、物流、电商和印务于一体的大型集团公司，在全国范围内建设大型分拨中心、航空中心和电子商务中心等，如图10-5所示的是中通快递公司的LOGO标志。

图10-4

图10-5

● 圆通速递

圆通速递是一家布局新快递物流、新科技、新零售、新金融和新健康五大业务板块的大型企业集团，其提供冷运、保价、代收货款、仓配一体、到付件和代取件等服务。如图10-6所示的是圆通速递公司的LOGO标志。

● 申通快递

申通快递在提供传统快递服务的同时，还为客户提供仓储、配送、系统、客服等B2C一站式物流服务、代收货款、贵重物品通道和冷链运输等服务，在国内建立了庞大的信息采集、市场开放、物流配送、快件收派等业务机构。如图10-7所示的是申通快递公司的LOGO标志。

图10-6

图10-7

● 韵达快递

韵达快递是集快递、物流、电子商务配送和仓储服务为一体的全国网络型品牌快递企业，其运载能力包括陆路运输和航空运输，在全国的各分拨中心安装了能够进行全天候、全方位进行快件安全监控的视频监控系统，实时监控快件操作、分拨和转运情况。如图10-8所示的是韵达快递公司的LOGO标志。

● 百世快递

百世快递可以提供全国33个省、自治区、直辖市的高性价比门到门快递服务，与淘宝推荐物流平台正式签约开展合作，为淘宝用户提供更贴心的服务。其提供普通快递、特种快件、代收货款、保价和限时派送等服务。如图10-9所示的是百世快递公司的LOGO标志。

图10-8

图10-9

● 天天快递

天天快递的客户群体遍及电子商务、纺织服装、医药化工、高科技IT产业、货代企业、进出口贸易和制造业等多个领域，它提供同城快递和国内异地快递等服务，以及代收货款、到付和保价等增值服务。如图10-10所示的是天天快递公司的LOGO标志。

● 优速快递

优速快递聚焦"大包裹"，致力于成为性价比最优的大包裹快递公司，因此与富士康、海尔和1919等一大批海内外知名企业成为了战略合作伙伴。它将产品服务分为特惠小包、330限时达及其他大包裹产品，也提供一些常规的增值服务，如保价、代收货款等。如图10-11所示的是优速快递公司的LOGO标志。

图10-10

图10-11

上述这些快递有其经营优势和不足，具体介绍如表10-2所示。

表 10-2　常见快递的优势与不足

| 快递 | 优势 | 不足 |
|---|---|---|
| 顺丰速运 | 全国统一服务电话，监督机制好，快递速度高；不支持加盟形式，而由总部统一管理，各地服务水准保持基本统一，服务好，态度好 | 1. 很多稍微偏远的地方还没有网袋点；<br>2. 费用比其他快递公司稍高 |
| 中通快递 | 1.运费相对低廉，快速、安全、准确、服务周到；<br>2.采用加盟形式，加盟网点统一客户服务规范，所有包裹管理信息在一个系统中完成扫描、上传和查询 | 1. 速度一般；<br>2. 运输过程中可能出现短少、丢失问题 |

续表

| 快递 | 优势 | 不足 |
|------|------|------|
| 圆通速递 | 为客户提供个性化服务功能，涵盖仓储和配送等一系列专业服务，是第一个全年365天无休的快递公司 | 1. 网点不够广泛；<br>2. 偶尔有丢件的情况；<br>3. 员工素质会因人而异 |
| 申通快递 | 1. 失货率非常低，收取货均上门服务，价格相对较便宜；<br>2. 全国任何地方均可到达，服务网点较多 | 1. 发往珠江三角洲地区的速度比较快，但其他地区的运输速度相对较慢；<br>2. 有部分地区不可送达 |
| 韵达快递 | 1. 价格便宜；<br>2. 自营中转站点运行稳定；<br>3. 全国各地区网点覆盖率高；<br>4. 应需而变，提供个性化服务 | 1. 速度较慢；<br>2. 业务操作的规范度有待提高；<br>3. 丢失物件、破损件的情况时有发生 |
| 百世快递 | 1. 价格便宜；<br>2. 拥有高效运作的快递网络；<br>3. 为电子商务企业量身定制速递方案，提供个性化的一站式服务 | 1. 运送速度相对较慢；<br>2. 会出现快件丢失或短少等问题 |
| 天天快递 | 1. 网点全面；<br>2. 价格适中；<br>3. 速度适中 | 1. 会出现压货的情况；<br>2. 出现过擅自将包裹转给其他快递公司的情况；<br>3. 有时物流信息更新不及时 |
| 优速快递 | 1. 大包裹运输专家；<br>2. 网点广泛，覆盖全国各地；<br>3. 保险理赔服务到位 | 1. 价格稍贵，客户体验感不佳；<br>2. 运输效率有待提高 |

## 10.2.2 大型物流托运更安全

在我国电子商务活动中，常见的大型物流托运公司有德邦物流、中铁物流、新邦物流和京东物流等，这些公司负责运输的大多是大物件或自家商城售出的商品。因此，其非常注重物品的安全性。

### 1.德邦物流

德邦物流覆盖快递、快运、整车、仓储与供应链以及跨境等多元业务，是综合性物流供应商。它坚持自营门店与事业合伙人相结合的网络拓展模式，搭建优选线路，优化运力成本，为客户提供快速高效、便捷及时和安全可靠的服务，如图10-12所示的是德邦物流公司的LOGO和一些主营产品、增值服务。

图10-12

## 2.中铁物流

中铁物流集团涵盖了电商服务、仓储、整车、零担、公路、铁路、金融、冷链、代理报关报检、贸易和国际快件等业务，是大型的现代综合物流企业。它具有快运、快线、仓储园区和公路港等多张全国型实体网络，以物流整体解决方案为前提，根据不同属性客户的需求，通过分仓、专线、仓配、仓运和运配模块化组合方式，提供适配的仓配产品。如图10-13所示的是中铁物流公司的LOGO标志和子品牌。

图10-13

### 3.新邦物流

新邦物流是国家5A级综合型物流企业，拥有自主知识产权的物流信息系统，该系统具备运输管理、车辆管理、客户信息交互平台和在线跟踪等功能，为客户提供定制化的个性服务，如平台入仓、家居五包、驻仓（厂）等服务。如图10-14所示的是新邦物流公司的LOGO标志和部分主营产品、增值产品。

图10-14

### 4.京东物流

京东物流是京东商城的专属物流服务，基于短链供应，打造高效、精准和敏捷的物流服务，为商家提供仓储、运输、配送、客服和售后的正逆向一体化供应链解决方案，快递、快运、大件、冷链、跨境、客服和售后等全方位的物流产品，以及物流云、物流科技、物流数据和云仓等物流科技产品。

它拥有中小件、大件、冷链、B2B、跨境和众包（达达）这六大物流网络。如图10-15所示的是京东物流的LOGO标志，如表10-3所示的是京东物流的快递与快运服务及部分跨境物流服务。

图10-15

表 10-3　京东物流服务种类

| 种类 | 具体服务 | 功能与特点 |
|---|---|---|
| 快递与快运服务 | 京东快递 | 标准服务、温暖交付、全年无休 |
| | 京东快运 | 一地出发，通达全国 |
| 跨境物流服务 | 海外城际运输 | 海外提货灵活操作，目的国家运输高效、快捷 |
| | 海外仓 | 优化成本时效，把控货源质量 |
| | 国际运输 | 海陆空灵活选择，高密度运输网络，行业顶尖合作伙伴 |
| | 口岸清关 | 良好的关企合作，专业通关团队，高效联动机制 |
| | 京东物流仓储 | 仓储设备专业，生产经验丰富 |
| | 配送 / 取件 | 国内最大的电商配送网络 |

## 10.2.3　不同的商品适合不同的运输方式

　　根据商品的属性不同，店主们要选择合适的运输方式，防止商品送达买家时发生损毁或贬值，同时也能有效节省成本。

● 商品大小决定运输方式

　　一般来说，在淘宝网上售出的服装、饰品、鞋靴、箱包、护肤品、化妆品、食品、童装玩具、数码、手机、家饰和家纺等小物件或软物件，如图10-16（左）所示，均会通过快递公司运输，这样成本较低，速度较快。而售出的建材、家电和家具等大物件，如图10-16（右）所示，一般通过物流托运，这样运送更安全、细心且周到。

图10-16

● 保质期非常短的商品选择速度快的快递

如果店铺经营的是牛奶、香肠、酵素、海参、牛排、银鳕鱼、车厘子、哈密瓜等美食、生鲜类商品，如图10-17所示，那么，店主在选择快递公司时要尽量选择速度非常快的快递服务，比如各快递公司的空运服务。

图10-17

● 易碎商品的运输方式

通常，小件易碎商品经过严密的包装处理，可以直接通过快递公司发货，速度快，且质量也有保障，如图10-18所示。

而大件易碎商品一般不选择快递公司运送，因其重量和体积有一定的限制，所以会选择物流托运，如图10-19所示。

图10-18

图10-19

# 10.3 做好物流管理，把宝贝送达买家

要进行物流管理，店主首先要开通物流服务商，然后填写快递信息预约寄件，淘宝网的快递服务商再上门揽件，最终发货、运输，将宝贝送到买家手中。不仅如此，店主们还要做好售后服务，提醒买家及时收货，处理买家的退换货申请等。

## 10.3.1 进入卖家中心开启邮寄快递的第一步

当有买家拍下店铺中的宝贝并成功付款后，店主就需要尽快为买家发货。而发货第一步是要进入卖家中心，完成"我要寄快递"的信息提交，具体操作如下所示。

**01 添加寄件地址**

进入卖家中心，在页面左侧找到"物流管理"栏，❶单击"我要寄快递"超链接，❷在打开的页面中单击"使用新地址"按钮。

**02 设置寄件地址的具体信息**

❶在展开的面板中填写寄件人的姓名，❷设置寄件地址，❸填写邮编和手机号码等信息。

**03 填写收件人信息**

在寄件人地址的下方需要设置收件人地址。❶填写收件人姓名，❷设置收件地址，❸填写邮编和手机号码，❹单击"下一步"按钮。

**04** **选择快递公司并确认预约**

❶在打开的页面中选中相关快递公司
单选按钮，❷在下方填写货物名称和
价值，❸单击"确认预约"按钮即可
成功预约快递公司，随后等待工作人
员上门取件即可。

只有在卖家中心发起"我要寄快递"
的流程，买家才能实时地在淘宝网上
查看物流信息。

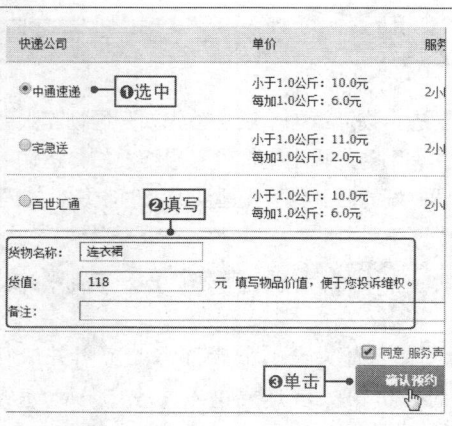

| 快递公司 | | 单价 | 服务 |
|---|---|---|---|
| ⦿中通速递 | ❶选中 | 小于1.0公斤：10.0元 每加1.0公斤：6.0元 | 2小 |
| ○宅急送 | | 小于1.0公斤：11.0元 每加1.0公斤：2.0元 | 2小 |
| ○百世汇通 | ❷填写 | 小于1.0公斤：10.0元 每加1.0公斤：6.0元 | 2小 |

货物名称： 连衣裙
货值： 118 元 填写物品价值，便于您投诉维权。
备注：

☑ 同意 服务声
❸单击 → 确认预约

**TIPS** **"我要寄快递"服务的限制**

卖家中心的"我要寄快递"服务只适
合邮寄5kg以下的物品，并且，不是
所有寄件人和收件人的地址之间都会
有相应的快递公司上门揽件。有时店
主们在填好寄件人和收件人信息后，
会被提示没有可供配送的快递公司的
信息，如图10-20所示，此时店主们
需要去相应的快递公司官网查询服务
电话，进行电话预约寄件。

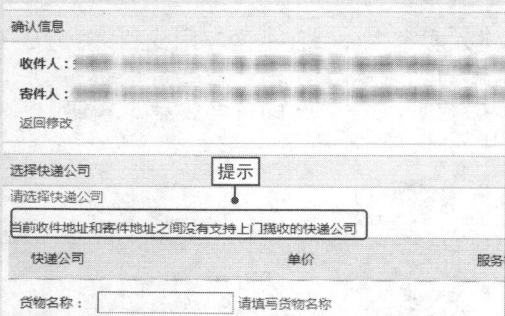

确认信息

收件人：
寄件人：
返回修改

选择快递公司 ← 提示
请选择快递公司
当前收件地址和寄件地址之间没有支持上门揽收的快递公司

| 快递公司 | 单价 | 服务 |
|---|---|---|
| 货物名称： | 请填写货物名称 | |

图10-20

**10.3.2** **开通电子面单服务**

电子面单服务是由快递公司向商家提供的一种通过热敏纸打印输出纸质物
流面单的物流服务，其打印速度是传统纸质面单的4~6倍，可以有效提高发货
效率。下面就来看看该服务的订购流程。

**01** **单击"物流工具"超链接**

进入卖家中心，在"物流管理"栏中
单击"物流工具"超链接。

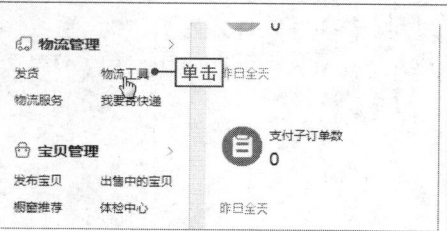

🚚 物流管理 >
发货        物流工具 ← 单击    昨日全天
物流服务    我要寄快递

📦 宝贝管理 >                    支付子订单数
发布宝贝    出售中的宝贝            0
橱窗推荐    体检中心      昨日全天

| 02 单击"开通电子面单"超链接 | 03 单击"免费开通"超链接 |
|---|---|
| 在打开的页面中单击"开通电子面单"超链接。 | 在新页面中找到"电子面单"服务选项，单击"免费开通"超链接。 |

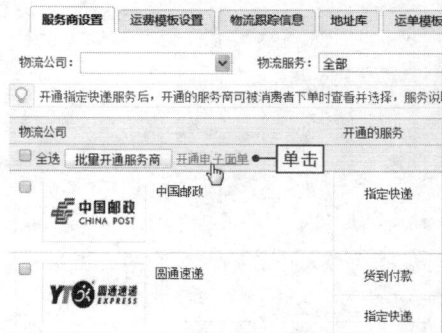

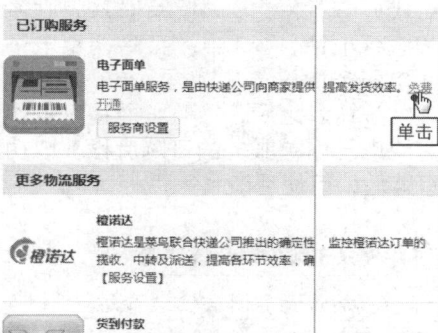

| 04 选择合作的快递运营商 | 05 管理发货地址 |
|---|---|
| 选择要开通的运营商，单击"申请"按钮。 | 在打开的"开通服务商"对话框中单击"管理我的发货地址"超链接。 |

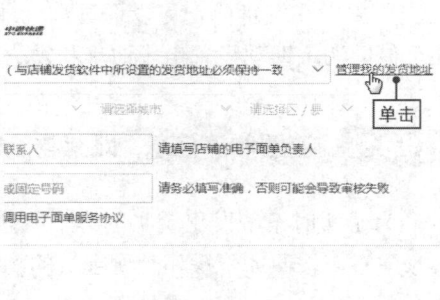

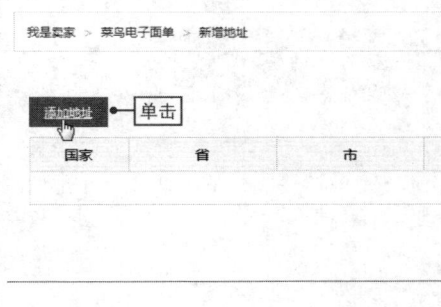

| 06 添加发货地址 | 07 设置发货地址 |
|---|---|
| 在新页面中单击"添加地址"按钮。 | ❶在打开的"添加地址"对话框中设置发货地址的地区和详细地址，❷单击"确认"按钮。 |

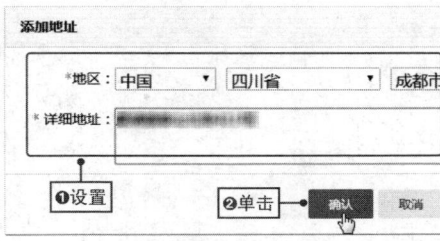

## 08 选择网点确认开通

返回"开通服务商"对话框页面并刷新，❶选择发货地，❷输入关键字或网点代码查找网点，❸填写联系人姓名和联系电话，❹选中"菜鸟调用电子面单服务协议"复选框，❺单击"确认"按钮。之后，按照页面提示操作完成电子面单服务的订购流程，成功订购后即可使用该服务。

### TIPS 关于服务商类型的说明

物流商运营模式不同，加盟型运营商以网点为单位进行账户核算，需要店主们和每个网点建立合作；直营型服务商由大客户号绑定结算关系，合作关系即服务商本身。

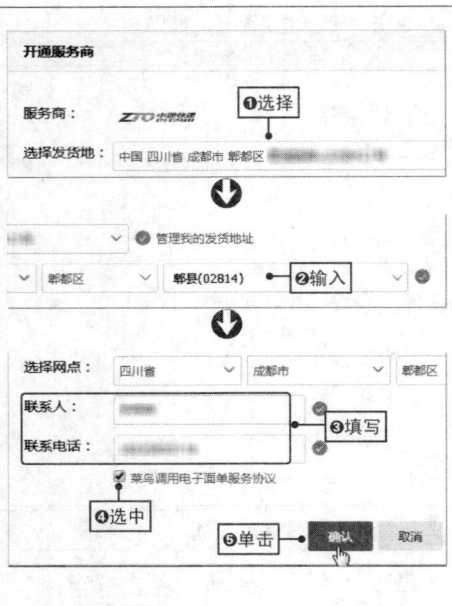

店主们在发货前，可以通过淘宝助理打印快递单和发货单。另外，店主们还可借助淘宝助理设置电子面单和发货单的信息。

## 10.3.3 查看物流信息，跟踪物流进度

为了实时了解发出宝贝的运输状态，提高物流服务质量，店主们可以进入卖家中心，按照如下操作查看宝贝的物流信息和运输进度。

### 01 单击"详情"超链接

进入卖家中心单击"已卖出的宝贝"超链接，在打开的页面中会展示所有付款成功的宝贝，单击某个宝贝右侧的"详情"超链接。

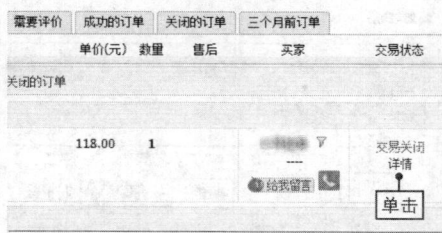

### 02 查看物流进度

在打开的页面中单击"收货和物流信息"选项卡，即可查看物流进度。

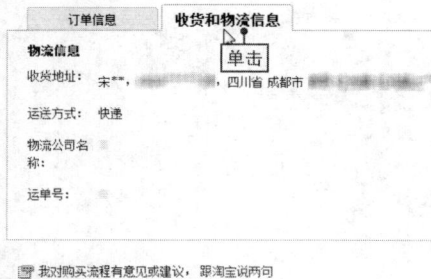

**TIPS 按时提醒买家收货**

当店主们进入"已卖出的宝贝"页面并单击某个宝贝的"详情"超链接后，可以向买家发出确认收货的提示信息。此时只需在订单详情页面中单击"提醒买家确认收货"按钮，买家会收到一条系统通知。但注意，卖家不要频繁发送提醒通知，这很容易使买家产生反感，进而影响其对店铺的印象。

### 10.3.4 处理买家的退换货申请

在经营店铺的过程中，店主们难免会遇到一些买家申请退换货的情况。此时作为卖家，店主们要做些什么工作呢？

● 确认买家的退换货申请理由是否合理

虽然店铺要为买家提供周到的服务，但也不能忽视了自身利益和权利。当买家提出退换货申请时，要确认其申请理由是否合理，判断是否是卖家自身的原因造成的，相关思路如图10-21所示。

首先，向物流公司核实签收人，若确定是买家本人签收，则可以联系买家，请其提供实物照片，确认商品的情况；若不是买家本人签收，则店主要警惕，不能随便处理退换货申请。

确认买家的退换货申请属实后，向买家致歉，并与买家协商退换货的细节问题，如退换货的运费由谁承担，退换货的收货地址怎么填等。

最后，根据买卖双方协商结果，卖家为其办理退换货手续，等待买家寄回商品，卖家收到退回的商品后将货款退给买家。

图10-21

如果店主确认要向买家退换货或退款，需要进入"退款管理"页面完成相应手续，操作如下。

**01 进入退款管理页面**

进入卖家中心，找到"客户服务"栏，单击"退款管理"超链接。

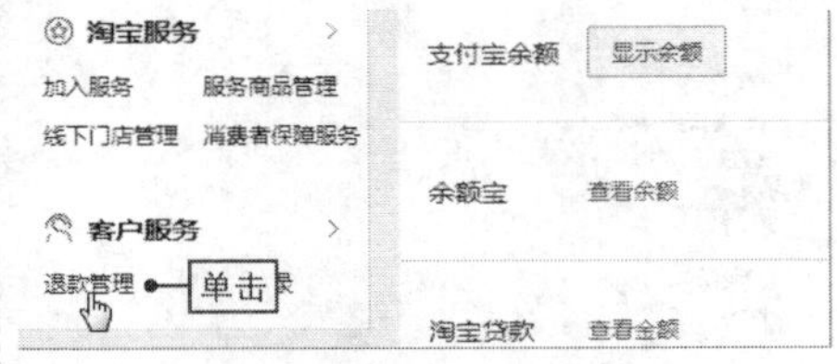

## 02 查看退款订单详情

在打开的页面中会列示"仅退款（未发货）"、"仅退款（已发货）"、"退货（已发货）"、"维修"、"换货"和"补寄"等类型的订单，单击对应的选项卡，处理买家的退换货申请。

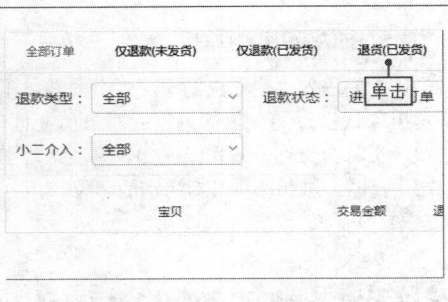

| 全部订单 | 仅退款(未发货) | 仅退款(已发货) | 退货(已发货) |
| --- | --- | --- | --- |

退款类型：全部　　　退款状态：进　单击 订单

小二介入：全部

宝贝　　　　　交易金额　　　退

针对退款申请，店主们在执行上述操作后，如果买家进行了"未收到货或退款不退货"的申请，则进入退款详情页面后单击"同意退款申请"按钮，输入支付宝账户支付密码，单击"同意退款协议"按钮即可向买家退款。

如果买家进行了"退货退款"的申请，则店主进入退款详情页面后单击"同意退款申请"按钮，确认退货地址，单击"提交并通知买家"按钮，此时退款状态变更为"退款协议达成，等待买家退货"，待买家完成退货，退款状态变更为"买家已退货，等待卖家确认收货"，此时店主单击"同意退款"按钮即可退款给买家。

注意，如果退款状态为"卖家不同意协议，等待买家修改"，则需要先由买家修改退款协议，将退款状态变更为"退款协议等待卖家确认中"，此时页面中才会出现"同意退款协议"按钮，卖家才能执行退款操作。

# 谨慎经营，
# 降低店铺买卖风险

## 学习目标

淘宝店铺要想发展得更好，需要不断提升店铺的信用等级，进而提高知名度，稳定销售业绩。在这过程中，店主们不仅要做好售后服务工作，降低差评率，还应做好经营防护措施，保障店铺利益不受侵犯。

## 知识要点

- 掌握方法提升店铺信用等级
- 开启360网购先赔功能
- 申请手机宝令
- 巧识买卖骗局
- 卖家如何发起不合理评价投诉

......

# 11.1 升级店铺的信用等级

所有的店铺经营活动都是为店铺以后的发展奠定基础，而店铺发展的好坏有一个重要的体现，即店铺信用等级。在实际提升店铺等级的过程中，首先来认识什么是店铺信用等级和提升等级的方法。

## 11.1.1 了解店铺的信用等级

店铺信用等级是淘宝网对会员购物实行评分累积等级模式的设计，一般分为4个等级：星级、钻级、皇冠级和金冠级，而每个等级又分不同的级别。

● 星级

星级是最低的店铺信用等级，一般用红星表示，且星级分为5个级别，如图11-1所示。

● 钻级

钻级比星级高，一般用蓝钻表示。当淘宝店铺的评分达到251分就会升级为钻级店铺。该级别也分了5个级别，如图11-2所示。

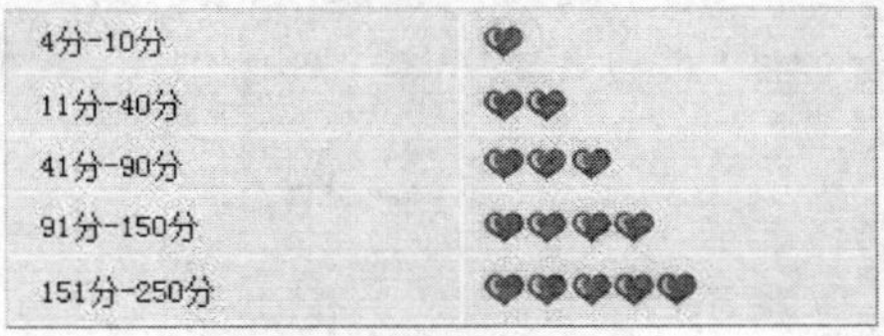

| | | | | |
|---|---|---|---|---|
| 4分-10分 | | | | |
| 11分-40分 | | | | |
| 41分-90分 | | | | |
| 91分-150分 | | | | |
| 151分-250分 | | | | |

图11-1

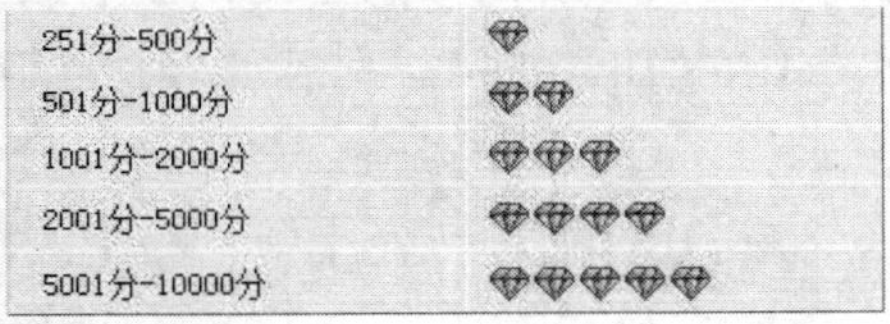

| | | | | |
|---|---|---|---|---|
| 251分-500分 | | | | |
| 501分-1000分 | | | | |
| 1001分-2000分 | | | | |
| 2001分-5000分 | | | | |
| 5001分-10000分 | | | | |

图11-2

● 皇冠级

在钻级之上是皇冠级，一般用蓝色的皇冠表示。如果店铺达到了皇冠级，则说明店铺的信用评分达到了10001分。该等级下也分了5个高低级别，如图11-3所示。

● 金冠级

金冠级是最高的店铺信用等级，需要信用评分达到500001分，一般用金色的皇冠表示。能够成为金冠级店铺，说明该淘宝店的销售业绩和买家购物评价非常好。该等级中也区分了5个级别，级别越高，店铺所需的信用评分也越高，如图11-4所示。

| 10001分-20000分 | 👑 |
|---|---|
| 20001分-50000分 | 👑👑 |
| 50001分-100000分 | 👑👑👑 |
| 100001分-200000分 | 👑👑👑👑 |
| 200001分-500000分 | 👑👑👑👑👑 |

图11-3

| 500001分-1000000分 | 👑 |
|---|---|
| 1000001分-2000000分 | 👑👑 |
| 2000001分-5000000分 | 👑👑👑 |
| 5000001分-10000000分 | 👑👑👑👑 |
| 10000001分以上 | 👑👑👑👑👑 |

图11-4

淘宝店铺的信用等级越高，就越能体现店铺的可靠性和高知名度，从而吸引买家购买店铺中的商品。

由于交易成功后才有评价，才能积累信用，所以新开的店铺是没有信用等级的，需要慢慢积累。

## 11.1.2 掌握方法提升店铺信用等级

店铺信用等级的上涨，表现为动态评分的上涨，动态评分越高，店铺的信用等级就越高。因此，要提升店铺信用等级，就要提高店铺动态评分。

而店铺动态评分的高低取决于买家对卖家整个交易过程的评价，包括宝贝与描述相符、卖家的服务态度、卖家发货的速度和物流公司的服务这四大板块。所以，店主要在保证宝贝质量的同时，提升对买家的服务。

那么，店主可以采取哪些具体的措施来快速提升动态评分呢？

### 1.提醒买家及时、全面地评价宝贝

交易成功后的15天内，买家可本着自愿的原则对卖家进行店铺评分，逾期未打分则视为放弃，系统不会产生默认评分，不会影响卖家的店铺评分。而且，如果买家在进行店铺评分时，只对其中一项或几项指标做出评分就提交，则视为完成店铺评分，无法进行修改和补充评分，剩余未评指标视为放弃评分，不会产生默认评分。

由此可见，卖家要想提高动态评分，需要及时督促买家对购买的商品进行确认收货并完成所有评价内容。店主可以向买家发送消息提醒其评价，也可在售出的商品中放置提醒评价的传单，给出返现或领取红包的"诱惑"，吸引买家主动进行订单评价。

### 2.新店开张要学会让利促销

店主可以做一些购物送礼、让利促销等活动，提高店铺的成交量。要把目

光放长远，不过多在乎一时的得失。店铺等级一旦提高，店主们可以在以后的时间里斩获更多的利润。如图11-5所示的是某二星级店铺推出的抢购活动。

图11-5

### 3.充分利用节假日促销

节假日是很好的商机，如端午节、中秋节、国庆节和春节等，消费者在此期间的购买愿望是非常强的。店主们可以通过装修自家店铺来营造节日氛围，或者针对不同的节假日推出有针对性的商品促销活动，提高商品销量，积累动态评分，提高信用等级。如图11-6所示的是某店铺在暑期来临时进行的装修。

图11-6

**TIPS** 店铺动态评分如何计分

店铺评分生效后，将描述相符、服务态度和物流服务这3项得分平均计入卖家的店铺评分中。计算方法是：每项店铺评分取连续6个月内买家给予该项评分的总和÷连续6个月内买家给予该项评分的次数。

例如，某店铺2018年6月共有20个买家参与评论，每个买家只参与一次，其中，19人给5分，一人给1分，则动态平均分=（19×5+1×1）÷20=4.8（分）。

在积分过程中要注意，每个自然月，相同买、卖家之间交易，卖家店铺评分仅计取前3次（计取时间以交易成功时间为准），并且，店铺评分一旦做出，无法修改。

# 11.2 做好售前售后，降低店铺差评率

店铺经营过程中的售前、售后工作，均会影响买家的购物体验。为了降低店铺的差评率，店主们要尽力做好售前、售后工作，对可能发生的情况加以说明，对已经发生的情况做出及时的补救措施。

## 11.2.1 在网店内写明具体且规范的退换货标准

为了防止顾客购买自家店铺中的商品后产生纠纷，如退换货问题，店主们可以事先在店铺首页以及宝贝详情页添加退换货的说明板块，提醒买家退换货的注意事项。下面以在宝贝详情页添加退换货说明板块为例，讲解具体操作。

| 01 设置模块标题 | |
|---|---|
| 进入店铺宝贝的详情页装修页面，添加"自定义内容区"模块，单击"编辑"按钮进入编辑界面，❶设置"显示标题"，❷单击"插入表情"按钮，❸在弹出的菜单中选择一个具有提醒作用的表情符号。 | 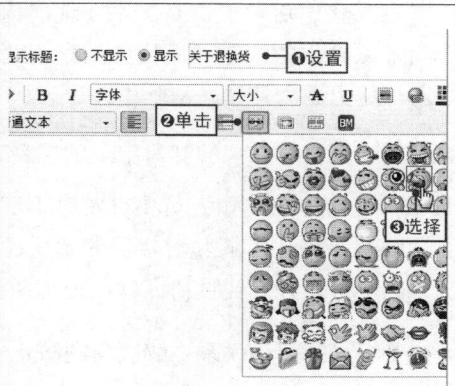 |

| **02 编辑退换货标准** | **03 修改字体大小和颜色** |
|---|---|
| 在编辑框中设置具体的退换货标准的内容。 | ❶选择文本，❷更改字体大小，❸单击"设置文本颜色"下拉按钮，❹在弹出的菜单中选择颜色。 |

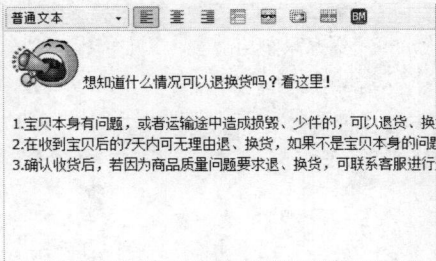

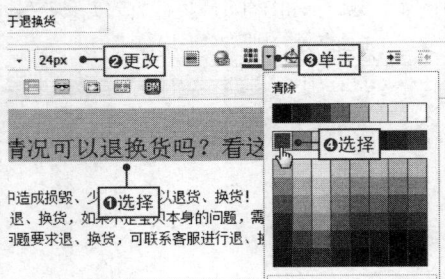

| **04 保存修改设置** | |
|---|---|
| 以相同的方法更改其他文本的字体大小和颜色，以突出该模块的内容，确认无误后单击"确定"按钮返回装修页面即可查看效果，最后进行发布，即可生效。 | |

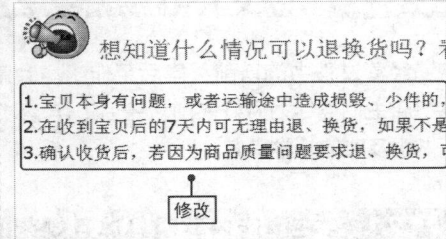

## 11.2.2 及时与买家取得联系，做出补偿消除差评

商品售出后，无论是买家发现问题而找到店铺客服人员，还是店铺管理者看到买家给出的中差评而找到买家，此时店铺工作人员均应与买家保持良好的沟通，尽力做出补偿，消除中差评。

● 主动联系买家，了解其对宝贝的感受

淘宝店铺的工作人员要有及时了解物流进度的意识，在买家签收宝贝后，主动联系买家，了解其对宝贝的感受，及时采纳买家提出的建议，改善产品或交易的不足之处。经过协商做出处理措施，这样买家也不好意思给出中差评。

● 接受买家的主动联系，解决问题防止中差评

有些买家会在收到宝贝后的第一时间检查宝贝是否有损毁，是否缺件等，一旦发现问题便会立即找店铺客服，要求解决问题。

此时店铺工作人员要耐心了解发生在顾客身上的交易问题，与买家进行协商，如直接让买家申请退货、换货，或者给予买家一定的金额补偿等，并请求买家在问题解决后给出好评，防止中差评的产生。

> **TIPS　为买家解决问题后仍给出中差评怎么办？**
>
> 如果买家主动联系客服人员解决交易问题后，卖家积极解决了问题，但买家在评价订单时仍然给出中差评，此时卖家可对该订单进行不合理评价投诉，相关操作过程将在本章11.4节的内容中进行详细介绍。

● 联系买家，协商后买家自行删除中差评

有些买家在收到宝贝后没有立即确认宝贝是否完整无缺，待确认收货后才发现宝贝有问题，此时买家容易产生不满情绪，很容易在评价订单时给出中评，甚至差评。

这就要求店铺管理者们及时查看物流信息和收货确认信息，以便及时发现中差评，然后及时联系买家。与买家协商，退货、换货、给出价格补偿或者另外补寄一些小礼物，以此安慰买家内心的不满情绪，同时请求买家删除或修改已做出的中差评。

此时需要注意的是，在买家做出中差评的30天内，有一次自行删除或修改评价的权利，如果超过这一时限，买家将不能删除或修改中差评。如果买家不知道如何更改中差评，店铺工作人员可以参照如下操作步骤引导买家删除或修改中差评。

| 01 选择"已买到的宝贝"选项 | 02 选择"评价管理"选项 |
| --- | --- |
| 进入淘宝网首页，让买家在"我的淘宝"下拉菜单中选择"已买到的宝贝"选项。 | 在打开的页面左侧，选择"评价管理"选项。 |
| | |

**03 修改中差评**

进入评价管理页面即可对订单的评价进行修改、删除和追加评价等操作。

这里要说明的是，已经好评的订单将不能进行评价修改操作，因此不会出现"修改"、"删除"和"追加评价"等按钮；反之，中差评的订单会有相应的按钮供买家进行操作。

| 来自买家的评价 | 来自卖家的评价 | 给他人的评价 |
| --- | --- | --- |

| 评价 ▼ | 评论 ▼ |
| --- | --- |

[来自天猫] 此用户没有填写评价。
[2018-06-25 20:29:53]

[来自天猫] 此用户没有填写评价。
[2018-06-25 20:29:53]

同样，如果卖家解决了买家的宝贝问题，而买家仍然没有修改或删除中差评，则卖家也可以进行不合理评价投诉。

# 11.3 使用安全防护工具

淘宝店主在开店过程中，或多或少会存在一些安全风险或隐患，为了保证店铺能够正常且顺利地经营下去，店主们需要采取一些措施来保障店铺的安全，如安装一些安全类软件、控件，或者设置一些安全防护功能。

## 11.3.1 开启360网购先赔功能

360网购安全防护即"360网购保镖"，是360安全卫士具有的一项防护功能，开启该功能后，当用户在进行网络购物、网银充值等重要操作时，会自动帮助用户清理、拦截电脑中所有危险、可疑的程序运行，自动拦截虚假购物、充值网站，所以，可以最大限度地保证店主的财产安全。

店主需要先进入360官网（https://www.360.cn/）下载并安装360安全卫士，如图11-7所示。

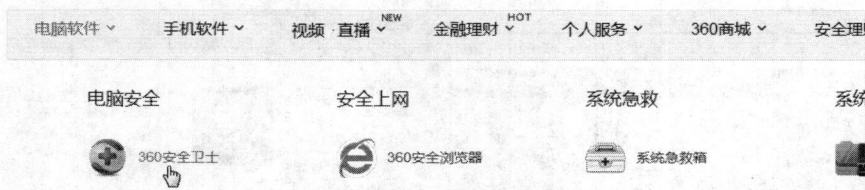

| 电脑软件 ∨ | 手机软件 ∨ | 视频·直播 NEW ∨ | 金融理财 HOT ∨ | 个人服务 ∨ | 360商城 ∨ | 安全理 |
| --- | --- | --- | --- | --- | --- | --- |

电脑安全　　　　　　安全上网　　　　　　系统急救　　　　系统

✚ 360安全卫士　　　　ℯ 360安全浏览器　　　　🧰 系统急救箱

图11-7

然后才能进入安全卫士开启360网购先赔服务。下面就来看看开启该服务的具体操作步骤。

| **01** 选择"网购先赔"服务选项 | **02** 开启网购先赔服务 |
|---|---|
| 进入360安全卫士主界面，选择左下角的"网购先赔"服务选项。<br><br> | 在打开的面板中单击"立即开启"按钮即可开启360网购先赔服务。<br><br> |
| **03** 查看设置效果 | |
| 进入任意购物网站，会弹出一个提示对话框，同时，360安全卫士的图标将变为加锁状态。 |  |

**SKILL** 开启其他的360安全防护

为了提升防护强度，店主还可开启其他的360安全防护功能。具体操作是：❶在360安全卫士主界面左下角选择"防护中心"服务选项，❷在打开的界面中单击"全部开启"按钮，也可单独单击服务右侧的"开启"按钮开启某一安全防护功能，如图11-8所示。

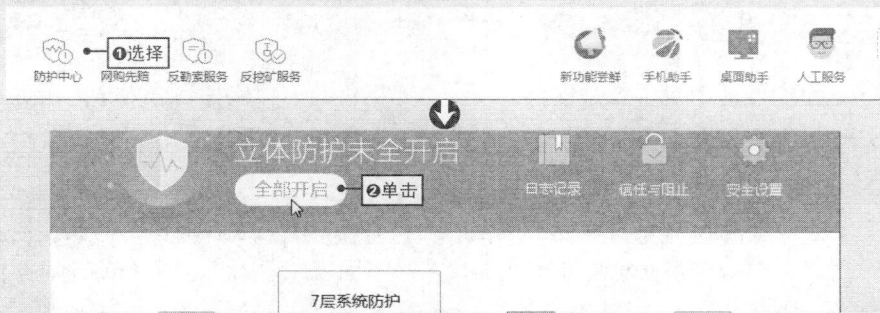

图11-8

### 11.3.2  下载安装必要的网银控件

淘宝店主在开店过程中会用到网银进行收款、转账，为了保证账户资金的安全，店主们在使用某一家银行的网银服务之前最好安装相应的网银控件。下面以工商银行为例，介绍网银控件的安装与使用。

| 01 单击"网银助手"超链接 | 02 下载网银助手 |
|---|---|
| 进入工商银行官网首页，单击"网银助手"超链接。<br><br>个人客户  企业客户<br><br>ICBC 中国工商银行<br><br>账户服务   存款与贷款   信用卡<br><br>个人网上银行登录 ><br><br>注册 业务指南 网银助手 ←单击<br>客户端下载 安全专区 防范假冒 | 在打开的页面中单击"工行网银助手"超链接，下载并安装网银助手。<br><br>为了保证正常使用个人网上银行，我们推荐使用Windows7，IE8.0以上版本8，1024×768或以上，并且建议您安装网银助手调整您的计算机设置。<br><br>网银助手：集成化安装，一次性完成所有控件、驱动程序安装<br><br>第一步：下载安装工行网银助手<br><br>请下载安装 工行网银助手，该软件将引导您完成整个证书驱动、控件以及系统<br><br>注：Safari浏览器暂不支持网银助手和小e安全软件。<br><br>第二步：运行工行网银助手，启动安装向导<br><br>请运行工行网银助手，启动安装向导，并根据提示步骤完成相关软件的下载。 |

执行上述操作步骤后，店主们根据提示步骤完成"工商银行网银防钓鱼网站空间"、"U盾管理控件"和"网银安全控件"等的安装。安装完成后，当店主们进入银行网站查询信息或办理相关业务时，这些控件就会起到保护账户资金安全的作用。

控件使用一段时间后，系统可能会提示用户升级，或因电脑原因和人为操作不当等导致控件出现问题，此时店主们需要对控件进行检测和升级更新。

### 11.3.3  申请手机宝令

这里介绍的手机宝令是支付宝安全中心提供的一项保护资金安全的服务，它是通过绿伞APP获取动态口令，在卖家进行付款、转账等操作时，需要输入口令进行验证，确保账户资金安全。

因此，手机宝令是安装在手机上的一款软件，当店主在向供应商或其他人付款时，需要输入每30秒更新一次的口令。下面就来看看手机宝令的开通操作步骤。

| 01 开始绑定手机宝令 | 02 单击"立即设置"按钮 |
|---|---|
| 进入支付宝的安全中心，在"保护资金安全"选项卡下，单击"手机宝令"服务处的"绑定"超链接。 | 在打开的页面中会提示该服务支持的卖家类型，单击"立即设置"按钮。 |

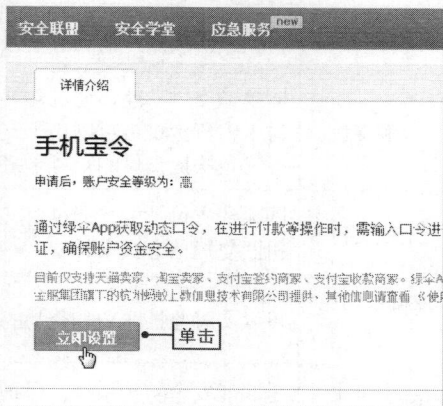

| 03 下载安装APP并绑定账号 | |
|---|---|
| 用支付宝扫描打开页面中的二维码，下载并安装绿伞APP，接着根据提示，打开绿伞APP再次扫码绑定账号，完成手机宝令服务的开通。 | |

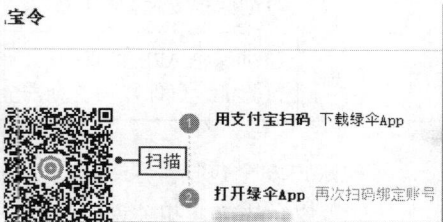

当店主们在开通、关闭（可登录支付宝网站"110.alipay.com"关闭）手机宝令服务时，绿伞需要核实支付宝账户，进行安全验证，并向支付方反馈安全验证的结果。另外，在手机宝令这一安全验证服务运行时，绿伞上展示的6位数字称作手机宝令的"令牌"，每个支付宝账号最多只有一个有效的令牌，当店主在一个设备上激活一个令牌后，其他设备上的令牌将失效。

## 11.3.4 对支付宝进行其他安全设置

支付宝为买家和卖家提供了3类安全管家：保护资金安全、保护账户安全和保护隐私安全。

保护资金安全又包括支付密码、余额支付、无线支付、支付宝风险监控、数字证书、支付盾和手机宝令等安全工具，相关说明如表11-1所示。

表 11-1　支付宝中保护资金安全的工具

| 名称 | 用处 |
|------|------|
| 支付密码 | 付款或修改账户信息时输入支付密码，保护账户资金安全 |
| 余额支付 | 即余额支付功能，通过对其开启或关闭，设置支付宝账户余额及快捷支付卡内资金是否可以用于支付，以保护资金安全。如果关闭该功能，已经绑定快捷支付的银行卡将会同时关闭其支付功能 |
| 无线支付 | 即无线支付功能，通过对其开启或关闭，设置用支付宝客户端支付、手机回复短信方式来付款 |
| 支付宝风险监控 | 可以实时监控账户和交易的异常，一旦发现异常，会及时通知用户 |
| 数字证书 | 是职能安全防护系统，保护账户资金的安全 |
| 支付盾 | 保证买家、卖家在网上信息传递时的保密性、唯一性、真实性和完整性，时刻保护资金和账户安全 |
| 手机宝令 | 通过绿伞 APP 获取动态口令，在进行付款等操作时，需要输入口令进行验证，确保账户资金安全 |

保护账户安全包括登录密码、手机绑定、订阅系统信息、安全保护问题和实名认证等安全措施，相关说明如表11-2所示。

表 11-2　支付宝中保护账户安全的措施

| 名称 | 用处 |
|------|------|
| 登录密码 | 会显示买家、卖家上一次登录支付宝的时间信息，可以提示支付宝用户确认是否为本人操作 |
| 手机绑定 | 支付宝账号与手机绑定，防止其他人登录用户的账号 |
| 订阅系统信息 | 第一时间了解自己在支付宝中的交易状态的变更 |
| 安全保护问题 | 通过设置安全保护问题，阻止不是账户使用人的其他人登录账号 |
| 实名认证 | 买家、卖家进行实名认证后，可提高账号安全性，同时享受更多服务 |

保护隐私安全包括身份信息、银行卡信息和手机号码等内容，支付宝将按照《支付宝服务协议》的相关规定来保护买家、卖家的身份信息安全、银行卡信息安全和手机号码信息安全。一般来说，买家或卖家在开通支付宝后，保护隐私安全的各项内容就会自动处于被保护的状态中。

# 11.4 增强风险意识，养成风险防范习惯

淘宝店主除了要使用一些安全工具来对店铺经营的网络环境进行检测，保护账户安全外，还需要从一些个人意识和习惯上提高风险防范能力，保证买卖交易的安全。

## 11.4.1　巧识买卖骗局

在网购活动中，并不是只有买家才会遇到被骗的情况，有些卖家也会被骗，以致损失资金。为了保护店铺的利益，店主们要了解虚假淘宝买家的一些骗钱手段。

● 骗子合伙演双簧

一些诈骗团伙会在卖家眼前演双簧，扰乱卖家的判断力，利用新手卖家开店初期迫切想成交订单的心理，骗取卖家的钱财。一般来说，唱双簧骗局有这样一些明显的特征。

①买家向卖家咨询宝贝情况，但咨询的问题太笼统，简单几句交流后就决定下单。

②刚过一两分钟，该买家就再次联系客服，说自己付不了款，而系统提示是店铺没有缴纳消保保证金的原因。

③没过多久，所谓的"淘宝客服"就主动找上了店主，要求其开通消保服务并缴纳保证金，同时还说明必须缴纳保证金才能顺利经营。此时的淘宝客服只不过是买家的搭档，合伙骗钱。

针对此类骗局，店主们要牢记淘宝服务的相关内容，比如，阿里巴巴不会主动要求卖家缴纳消保保证金，因为消保服务是自愿开通的，无论是否开通，都不会影响店铺的正常交易。

● 骗子谎称支付宝被冻结要求店主开远程进行控制

有些骗子冒充买家，拍下商品后向卖家谎称支付宝被冻结，要求店主处理。接着又冒充淘宝客服，让店主开启远程控制，协助办理消费者保证金缴纳的操作。遇到这类情况时，淘宝店主要注意以下两点。

①不要随意让陌生人通过QQ、阿里旺旺等软件的"远程协助"功能操作自己的电脑，否则任何人都可以在异地通过网络控制自己的电脑。

②核实淘宝客服的身份真伪，可拨打淘宝官方客服电话直接询问。

● 骗子P图称已付款，要求卖家发货

某在校大学生在淘宝网上注册了一家店，试着经营各类虚拟点卡和游戏充值卡，不久便有人询问其是否有××元人民币的××游戏卡。该大学生非常兴奋，一边向上家咨询怎么提卡，一边稳住"买家"，确认上家有货后便告知"买家"付款后立即发货。

该"买家"购买了两张游戏卡后催促该学生发货，并发来了已付款的截图（后证实该图用软件处理过），但是该大学生查看卖家中心的交易记录，显示"买家未付款，等待买家付款"，于是询问上家在什么情况下能发货。上家回复："只要在已卖出的宝贝栏中看到了卖出记录就可以"，这下该大学生确信买家已将商品价款支付到支付宝中介平台上，便把游戏卡的卡号和密码发给了该"买家"，以为做成了开店后的第一笔生意。

接着便有很多买家同时向该大学生发送购买消息，并说明已付款，催发货，还威胁说"再不发货就投诉，让你在淘宝网上永远开不了店"。大学生很无奈，只好一一发货，但很久后这些买家均未确认收货，甚至还有些买家推说游戏卡有问题，无法充值。学生感到不对劲，查看这些买家信用，发现全部是新注册的淘宝账号，向上家咨询后才确信自己上当受骗了。

针对这类骗局，店主们要时刻保持警惕，可通过下列方式来防止受骗。

①在卖家中心确认已卖出的宝贝已经显示为"买家已付款，等待卖家发货"后才发货。

②不要被所谓的买家威胁吓住，针对买家的不合理投诉，卖家有权在规定的时间内进行投诉，这样也不会影响店铺的正常经营。

③查看买家的信用等级，看其是否有购买商品的记录，以此判断该买家的身份是否可靠。

## 11.4.2　养成良好的操作习惯

淘宝店主经营店铺总会涉及钱财交易，除了安装一些安全工具、掌握一些防骗手段外，还需要养成良好的电脑操作习惯，如图11-9所示。

**不随便进入不正规的网站**

淘宝店主使用的电脑，不要用于浏览一些不正规的网站，甚至是一些黄色网站。这类网页中大多带有病毒，会"袭击"电脑，给电脑安全带来威胁。

**对电脑进行定期体检和杀毒**

长时间使用电脑，难免会中病毒，而有些病毒没有明显表现，为了保障电脑的安全，需要对电脑进行定期体检和查杀病毒，让其无处可躲。

**尽量去软件的官网下载安装**

很多软件在一些不正规的网站上可以下载，但这些网站中大多内置了一些多余的插件，一旦用户在此下载安装软件，将会无故占用电脑内存，影响电脑的正常运行，长此以往会给电脑安全带来隐患。所以，要学会去软件的官网进行下载。

**学会自定义安装软件**

很多电脑用户为了省事，在安装软件时按照安装向导进行默认安装，很容易捆绑安装一些不必要的软件或组件，占用电脑内存，时间长了会滋生一些病毒，影响电脑操作的安全性。所以，在安装软件时学会自定义安装，设置软件的安装位置和组件的安装情况。

**尽量不使用"远程协助"功能**

很多社交类工具都具有"远程协助"功能，开启该功能后，任何人在异地都能通过网络控制我们的电脑，这会给上网安全带来极大的威胁。所以，淘宝店主无论遇到什么问题，都尽量不要开启"远程协助"功能。

**不要在网页登录时选择"记住密码"**

当电脑用户在登录各种账号时，登录页面大多会有"记住密码"的选项，很多人认为自家电脑没有危险，为了省事而选择了该选项。但殊不知，很多别有用心的不法分子会通过网络窃取密码。因此，淘宝店主登录任何账号时切记不要选择记住密码。

**每次使用电脑后清除历史痕迹**

电脑用户使用浏览器浏览各种网页信息后，电脑都会自动将浏览痕迹进行保存，为了防止不法分子窃取账号和密码信息，店主们每次使用电脑后，在关闭电脑前清除历史痕迹，不给他人获取历史上网信息的机会。

图11-9

### 11.4.3    如何判定买家给出的是恶意差评

恶意差评是指淘宝订单评价人以本人或其他人的名义，以谋求个人不正当利益为目的，通过夸大或捏造事实，对店铺商家做出有违公序良俗、损害被评价人利益的行为。那么，作为淘宝店主，如何判定买家的恶意差评呢？主要从如表11-3所示的5个方向入手。

表 11-3    判断恶意差评的着手点

| 方向 | 买家的具体操作 |
|------|----------------|
| 不合理要求 | 评价者以中差评为要挟，谋取额外钱财或其他不正当利益而做出的评价 |
| 买家胁迫 | 专业给中差评，且通过中差评获取额外钱财或不当利益而给出的评价 |
| 同行打压 | 与同行业的买家完成了交易，而买家故意给出中差评，破坏店铺名誉 |
| 第三方诈骗 | 不法分子冒充店主，向买家销售产品，买家收到劣质商品后对真实店铺做出的中差评 |
| 泄露信息或辱骂 | 买家擅自将其他买家的信息公布在评语或解释中，并出现辱骂或污言秽语，损坏其他买家的名誉，导致其他买家给店铺商品做出中差评 |

除了恶意差评外，淘宝店主还可能遇到异常拍下、异常退款、异常投诉和不合理评价等问题。

①异常拍下是指买家在下单环节存在异常行为，导致卖家无法发货。

②异常退款是指买家滥用退款/售后的规则，影响店铺的正常经营。

③异常投诉是指买家滥用投诉权利获取赔付。

④不合理评价是指买家利用评价，进行要挟或同行攻击以及辱骂等行为。

出现上述这些情况时，店主可进入淘宝客服页面进行投诉。

### 11.4.4    卖家如何发起不合理评价投诉

在淘宝交易过程中，不仅需要卖家提供专业的售前、售中和售后服务，还需要买家也遵守相应的交易规则，不能随意损坏卖家的利益和声誉。因此，淘宝网为了保护卖家的权益，提供了投诉渠道，可方便卖家对故意刁难、故意给出不合理评价等来获取不当收益的买家实施投诉。下面以发起不合理评价投诉为例，讲解具体的投诉操作流程。

## 01 单击"联系客服"超链接

进入卖家中心，单击页面右上角的"联系客服"超链接。

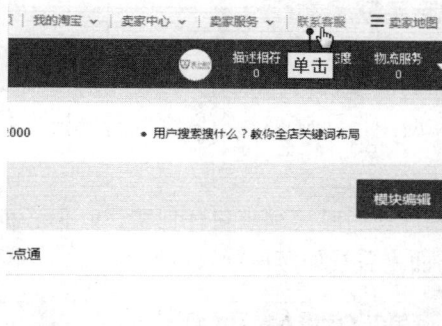

| 我的淘宝 ∨ | 卖家中心 ∨ | 卖家服务 ∨ | 联系客服 | ☰ 卖家地图

描述相符　0　**单击**　服务　0　物流服务　0

000　　　　• 用户搜索搜什么？教你全店关键词布局

模块编辑

一点通

## 02 单击"规蜜"按钮

在打开的服务中心页面，找到"投诉处罚"选项，在其下拉菜单中单击"规蜜"按钮。

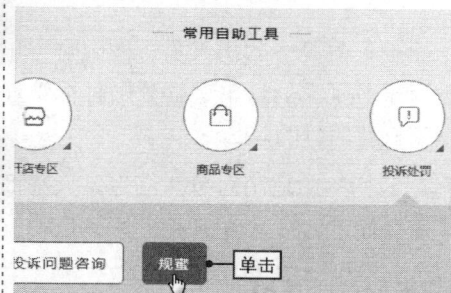

—— 常用自助工具 ——

千店专区　　　商品专区　　　投诉处罚

投诉问题咨询　　规蜜 ◀— **单击**

## 03 选择投诉类型

在打开的页面中选择"不合理评价"投诉类型，单击"去投诉"按钮。

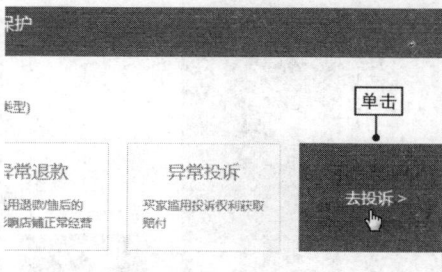

保护

**单击**

型)

异常退款　　　异常投诉　　　去投诉 >
调退款惜后的　买家滥用投诉权利获取
响店铺正常经营　赔付

### TIPS 关于卖家投诉操作的说明

①卖家在选择场景时，不同的场景需要提交的具体内容有所不同，均按照页面提示进行提交。

②对于超过30天的买家评价，如果卖家申请投诉，淘宝网官方将不予受理，因此，卖家要牢记这一时限。

③另外，淘宝网为了更准确和高效地处理卖家的问题，在进行不合理评价投诉时，一个订单只能提交一次投诉，所以卖家在提交投诉之前一定要准备好完整和充足的证据，然后再提交。

## 04 填写订单编号并提交投诉

在投诉不合理评价页面，❶输入订单编号，❷选择场景，❸单击"提交投诉"按钮。之后等待淘宝网官方进行审核，审核通过即表示投诉成功，系统将直接删除买家的评价。

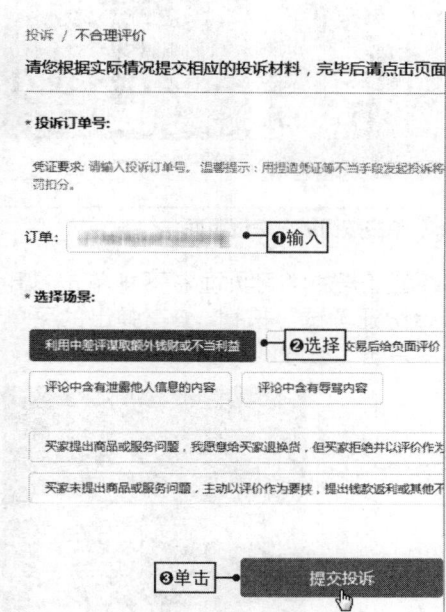

投诉 / 不合理评价

请您根据实际情况提交相应的投诉材料，完毕后请点击页面

**\* 投诉订单号：**

凭证要求：请输入投诉订单号。温馨提示：用捏造凭证等不当手段发起投诉将罚扣分。

订单：　　　　　　　　　　●❶**输入**

**\* 选择场景：**

利用中差评谋取额外钱财或不当利益　◀—❷**选择**　交易后给负面评价

评论中含有泄露他人信息的内容　　评论中含有诽谤内容

买家提出商品或服务问题，我愿意给买家退换货，但买家拒绝并以评价作为

买家未提出商品或服务问题，主动以评价作为要挟，提出钱款返还或其他不

❸**单击** ●—— 提交投诉

除此之外，遇到恶意评价、异常拍下、异常退款金额和异常投诉等情况时，卖家都可通过上述步骤的申诉入口进行投诉。

**11.4.5** **有防恶神器云标签，不怕遇到买家恶意行为**

云标签是一款由天猫、淘宝官方出品的商家权益保障工具，使用时，主要由商家对买家的订单进行分层打标管理和应用，达到平台与商家联合共治保障商家权益的目的。

云标签的适用对象为淘宝、天猫商家，使用时无须支付任何费用，但各商家需要通过云标签考试来获取该工具。下面来看看如何进行云标签考试。

| 01 进入权限考试入口 | 02 单击按钮进入学习页面 |
|---|---|
| 进入云标签权限的考试入口（https://alicert.taobao.com/cert/6），在"阿里巴巴认证"页面中选择"云标签权限"选项。 | 在打开的"云标签权限"页面中单击"立即学习"按钮。 |

| 03 单击按钮进入考试页面 | 04 开始答题 |
|---|---|
| ❶在打开的学习页面右下角单击"开始认证考试"按钮，❷在弹出的菜单中单击"去考试"按钮。 | 在打开的页面中单击"开始答题"按钮进入答题环节。 |

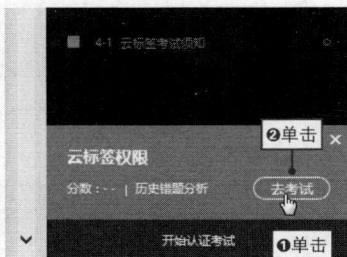

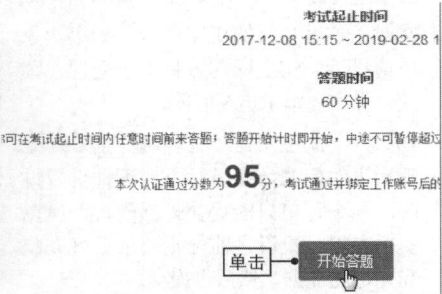

评分在95分及以上，则说明考试通过，店主们在考试通过并绑定工作号的24小时后即可开通云标签权限。对店主来说，云标签有如下3种优势。

● **操作简易：** 店主无须提交凭证，根据场景化一键打标。

● **快速响应：** 店主对异常交易打标，即刻就能反馈给其他商家感知情况。

● **智能处置：** 系统核实为异常的订单，将不计入商家经营指标；被核实为恶意攻击的买家，将被执行强制实名认证、账户冻结等处罚。

根据买家恶意行为的不同场景，可有12种标签类型供商家选择使用，具体介绍如表11-4所示。

**表 11-4 云标签的 12 种类型**

| 标签 | 对应的恶意行为 |
|---|---|
| 大量拍下不付款 | 买家用了一个或多个账户，在短时间内恶意大量拍下店铺的商品且不付款，造成商品被拍完自动下架，无法继续销售 |
| 退货少件 | 买家退回的商品与卖家实际寄出的不一致，如寄回空包裹、少件等 |
| 退货调包 | 买家退回的商品与卖家实际寄出的不一致，即退货高仿 |
| 退货信息虚假 | 买家填写的退货物流信息是虚假的，包括退货物流单号是错误的或已经被使用过、使用信封件／快递公司内部件等导致快递单号没有流转信息 |
| 已收货仅退款 | 买家实际已经收到货物，多次修改退款协议，发起未收到货仅退款的申请 |
| 退货不符合商品完好 | 买家收到货物后，人为损坏货物，却以商品质量问题为由申请仅退款 |
| 不当获取运费险 | 买家拍下订单，订单含有运费险，买家多次在未收到货的情况下发起已经收到货的退货退款申请，并填写虚假退货单号骗取运费险 |
| 收货信息错误 | 买家填写的退货签收地址不是卖家提供的收货地址 |
| 发布广告评价 | 买家评价的内容与商品无关，而是为其他商品或店铺打广告 |
| 好评返现要挟 | 卖家店铺无任何好评返现承诺，但买家要求必须好评返现，否则就给负面评价——中差评 |
| 缺货投诉 | 买家拍下商品并付款，卖家及时发现没货并告知买家退款，但买家坚持不退款而要进行投诉 |
| 其他投诉 | 买家以违背承诺、延迟发货等为名，实施敲诈 |

下面针对买家退货空包、少件及调包的常见恶意行为，介绍利用云标签解决问题的具体操作流程。

①不使用云标签时，商家的处理办法

买家：这鞋我不喜欢，我要退货退款。

卖家：单号有效，那我先退款给您好啦。

一周后，卖家收到退货商品，发现不是自家店铺售出的品牌鞋，而是一个仿品，可是已经完成了退款，款项已经无法追回，白白损失了货款。

②使用云标签，商家的处理办法

买家：这鞋我不喜欢，我要退货退款。

卖家：查看到您填写了单号，我们会在收到货后确认货物无误再同意您的退款申请哦。

一周后，卖家收到物流电话有退货，拆开货物时发现不是自家店铺售出的品牌鞋，于是拒绝签收货物，并让物流把货物退回给买家，同时也拒绝了买家的退货退款申请，并提交云标签或规蜜投诉。一天后，卖家接到淘宝消息通知：经核实，这位买家属于恶意退款，这次的订单自主完结率和退款时长等不计入售后服务综合指标。

在遇到类似的买家恶意行为时，卖家都可参考如图11-10所示的流程进行处理，防止买家得逞。

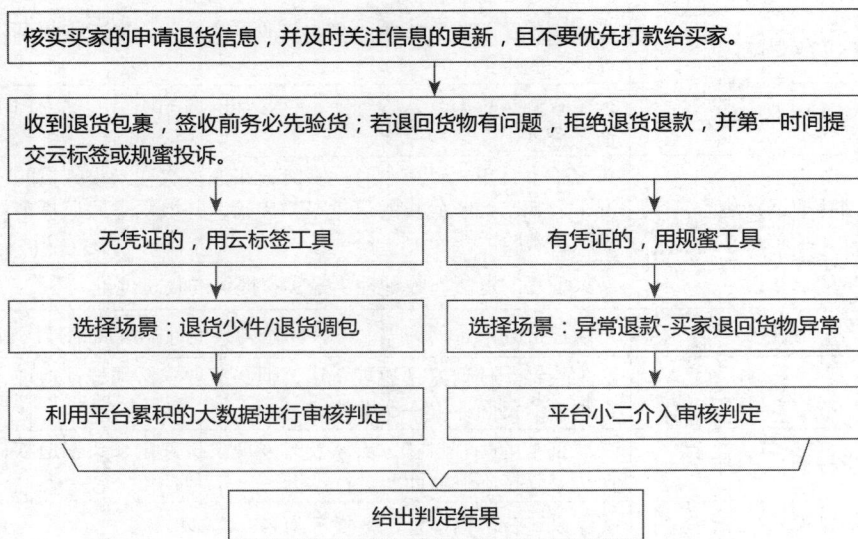

核实买家的申请退货信息，并及时关注信息的更新，且不要优先打款给买家。

收到退货包裹，签收前务必先验货；若退回货物有问题，拒绝退货退款，并第一时间提交云标签或规蜜投诉。

| 无凭证的，用云标签工具 | 有凭证的，用规蜜工具 |
| --- | --- |
| 选择场景：退货少件/退货调包 | 选择场景：异常退款-买家退回货物异常 |
| 利用平台累积的大数据进行审核判定 | 平台小二介入审核判定 |

给出判定结果

图11-10

# 淘宝数据化运营分析工具

## 学习目标

为了能够对自家店铺的经营情况更全面地掌握，此时店主们需要借助淘宝平台内置的分析工具或第三方数据分析工具对店铺的经营境况进行数据化分析，从海量的店铺经营数据中提取有用的信息，为店铺更好地运营提供可靠的数据支持。

## 知识要点

- 功能亮点与版本差异对比
- 各版本的功能差异
- 订购市场洞察工具
- 如何订购数据作战室工具
- 如何利用店侦探工具监控店铺

……

# 12.1 市场洞察：获取竞争情报

淘宝的卖家中心为每位店主提供了"数据中心"入口，店主们可通过该入口选购相应的数据分析工具，实时掌握自家店铺的经营状况。其中，市场洞察是一款用来获取竞争情报、知晓市场行情的分析工具。

## 12.1.1 功能亮点与版本差异对比

市场洞察是一款为淘宝中高端商家打造的市场分析数据产品，可满足市场大盘全景洞察、市场机会深度解析、市场客群多维透视和竞对实时监控分析这四大核心场景的分析诉求，帮助店铺清晰地了解市场结构，挖掘潜客需求，为市场扩展提供支持决策。下面来看看其功能亮点和使用效果怎样。

**1.市场洞察的功能亮点**

市场洞察主要有三大功能，也是该工具的亮点所在，具体介绍如下。

● **掌握市场大盘：** 秒级实时市场大盘监控、本店层级监控、行业TOP排行等，快速了解行情动态，支持同周期对比，最长可查看3年数据。

● **发现市场黑马：** 行业TOP商家/商品/品牌排行实时监控与分析，智能识别高潜力对手，实时监控竞争动态，帮助店铺快速超越竞争对手。

● **开拓市场机会：** 行业客群、搜索客群、品牌客群、属性与产品分析等深度解析，支持在线多维客群透视，轻松锁定热门人群特质和人群变化趋势，挖掘市场红蓝海。

**2.市场洞察工具的版本差异对比**

目前，淘宝提供的市场洞察工具版本有3个，即标准版、专业版和豪华版（正在开发中）。其中，标准版主要帮助初创期商家快速破局，为流量获取的研究以及对市场爆款的研究提供决策支持；专业版主要帮助成长期商家深入了解市场结构，实现竞对分析，了解本店与行业之间的差距，更快向上发展；豪华版主要帮助成熟期商家更深入地进行客户洞察，在机会探索等多元场景下提供决策支持。

三者具体的对比情况如表12-1所示。

表 12-1　市场洞察工具的 3 个版本对比

| 项目 | 标准版 | 专业版 | 豪华版 |
|---|---|---|---|
| 功能 | 具有十大功能，具体为市场监控、市场大盘、市场排行、搜索分析、搜索排行、监控竞店、竞店分析、监控竞品、竞品分析、竞争配置 | 除了拥有标准版的功能十大功能以外，还具有搜索客群、行业客群、属性洞察、产品洞察、竞店识别、竞品识别、品牌识别、监控品牌、品牌分析、竞争动态、品牌客群这 11 个功能，共计 21 个功能 | 除了拥有专业版的功能以外，还具有客群透视（内测）功能，共计 22 个功能 |
| 时效 | 离线 | 实时 + 离线 | 实时 + 离线 |
| 周期 | 最长可查看近一年数据周期 | 最长可查看近 3 年数据周期 | 暂不详 |
| 权限 | ①商品/店铺排行榜TOP 100；②行业热词榜TOP100；③5 个竞店分析/7 天；④10 个竞品分析/7 天 | ①商品/店铺排行榜TOP 300；②品牌排行榜 TOP50；③行业热词榜 TOP300；④30 个竞店分析/7 天；⑤60 个竞品分析/7 天；⑥10 个品牌分析/7 天；⑦属性排行榜数量 TOP 100；⑧产品排行榜数量 TOP 100 | ①商品/店铺排行榜TOP 500；②品牌排行榜 TOP100；③行业热词榜 TOP500；④100 个竞店分析/7 天；⑤120 个竞品分析/7 天；⑥30 个品牌分析/7 天；⑦属性排行榜数量 TOP 500；⑧产品排行榜数量 TOP 500 |
| 价格 | 99 元/月（一年起订） | 750 元/月（一年起订） | 暂不详 |

由此可见，处于不同经营阶段的淘宝商家在选择使用市场洞察这一数据分析工具时，要视具体情况而定，选择合适的版本很重要，避免买好的浪费、买差的不能发挥想要的作用。

### 12.1.2　各版本的功能差异

由于市场洞察工具的各个版本的功能有明显的差异，因此，店主们要选择功能与店铺经营现状相符合的版本作为数据分析工具。下面就来看看这些版本之间的功能差异如何，如表12-2所示。

表 12-2　市场洞察工具 3 个版本的功能对比

| 大功能 | 一级功能 | 二级功能 | 标准版 | 专业版 | 豪华版 |
|---|---|---|---|---|---|
| 市场 | 供给洞察 | 市场监控 | √<br>数据时效：离线 | √<br>数据时效：<br>实时＋离线 | √<br>数据时效：<br>实时＋离线 |
| | | 市场大盘 | √<br>行业趋势<br>行业构成 | √<br>行业趋势<br>行业构成<br>卖家概况 | √<br>行业趋势<br>行业构成<br>卖家概况 |
| | | 市场排行 | √<br>商品／店铺排行<br>榜数量 TOP100 | √<br>商品／店铺排行<br>榜数量 TOP300<br>品牌排行榜数量<br>TOP50 | √<br>商品／店铺排行<br>榜数量 TOP500<br>品牌排行榜数量<br>TOP100 |
| | 搜索洞察 | 搜索排行 | √<br>行业热词榜<br>TOP100 | √<br>行业热词榜<br>TOP300 | √<br>行业热词榜<br>TOP500 |
| | | 搜索分析 | √ | √ | √ |
| | | 搜索客群 | √ | √ | √ |
| | 客群洞察 | 行业客群 | × | √ | √ |
| | | 客群透视 | × | × | √ |
| | 机会洞察 | 属性洞察 | × | √<br>排行榜数量<br>TOP300 | √<br>排行榜数量<br>TOP500 |
| | | 产品洞察 | × | √<br>排行榜数量<br>TOP300 | √<br>排行榜数量<br>TOP500 |
| 竞争 | 竞争店铺 | 竞店监控 | √<br>数据时效：离线 | √<br>数据时效：<br>实时＋离线 | √<br>数据时效：<br>实时＋离线 |
| | | 店铺识别 | × | √ | √ |
| | | 店铺分析 | 竞争分析：5 个<br>/7 天 | 竞争分析：30<br>个 /7 天 | 竞争分析：60<br>个 /7 天 |

续表

| 大功能 | 一级功能 | 二级功能 | 标准版 | 专业版 | 豪华版 |
|---|---|---|---|---|---|
| 竞争 | 竞争商品 | 竞品监控 | √<br>数据时效：离线 | √<br>数据时效：实时＋离线 | √<br>数据时效：实时＋离线 |
| | | 商品识别 | × | √ | √ |
| | | 商品分析 | 竞争分析：10个/7天 | 竞争分析：60个/7天 | 竞争分析：120个/7天 |
| | 竞争品牌 | 品牌监控 | × | √ | √ |
| | | 品牌识别 | × | √ | √ |
| | | 品牌分析 | × | √<br>品牌分析10个/7天 | √<br>品牌分析10个/7天 |
| | | 品牌客群 | × | √ | √ |
| | 竞争动态 | 竞争动态 | × | √ | √ |
| | 竞争配置 | 竞争配置 | 自定义配置：竞品、竞店 | 自定义配置：竞品、竞店、品牌 | 自定义配置：竞品、竞店、品牌 |

## 12.1.3 订购市场洞察工具

淘宝店主可以进入卖家中心，自行订购市场洞察这一数据分析工具，相关操作如下。

| 01 单击"竞争情报"或"市场行情"超链接 | 02 单击"立即订购"按钮 |
|---|---|
| 登录淘宝账号进入卖家中心，在页面左侧找到"数据中心"栏，❶将鼠标光标移动到展开按钮处，❷单击"竞争情报"或"市场行情"超链接。<br>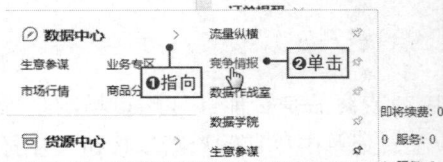 | 在打开的页面中单击"立即订购"按钮，即可进入"产品订购"页面。<br>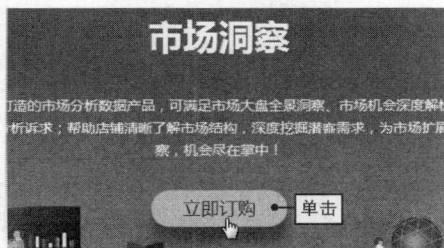 |

| 03 单击"订购"按钮 | 04 完成订购 |
|---|---|

在"产品订购"页面找到市场洞察工具，选择合适的版本后单击对应的"订购"按钮。

在打开的"订购详情"对话框中单击"确定"按钮，完成支付，即可购买成功。

**市场洞察专业版**
市场洞察专业版

点此进入续订页面

¥9000/年起

购诊断　订购

**市场洞察标准版**
市场洞察标准版

点此进入续订页面

¥1188/年　单击

订购诊断　订购

洞察-20个子账号以上

流量纵横标准版

取消减升级
分钟后生效

取消　确定　单击

**TIPS 类目有调整的处理办法**

市场洞察工具仅支持按照淘系平台一级类目维度进行订购。由于淘系平台类目规则可能根据行业发展、市场变化等因素不定期调整，不排除一级类目下子类目出现新增或减少的情况。若已经订购的一级类目下发生子类目调整的情况，在订购有效期内，享受一次免费修改订购类目的机会，具体根据店铺实际经营情况进行订购类目调整。

**SKILL 其他进入市场洞察工具购买页面的操作**

❶在卖家中心页面左侧的"数据中心"栏内单击"生意参谋"超链接，打开"生意参谋"页面，❷单击上方导航栏中的"市场"或"竞争"超链接，即可进入市场洞察工具的详情页面，此时按照前述操作进行订购也能成功购买，如图12-1所示。

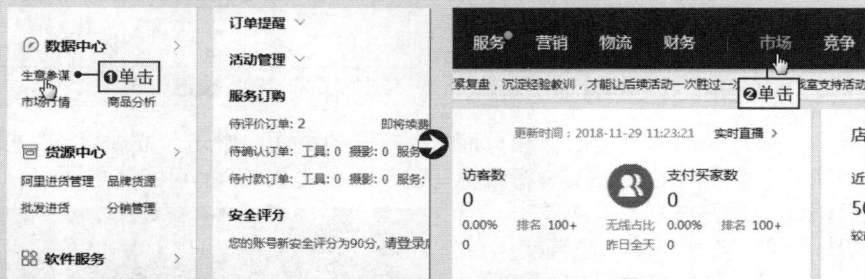

图12-1

　　注意，如果淘宝店主不清楚自己的店铺或商品是否能够订购市场洞察工具，则可以在"产品订购"页面中的相应工具处单击"订购诊断"按钮，在打开的对话框中输入自家店铺经营的商品一级类目名称，即可查看诊断结果，如图12-2所示。

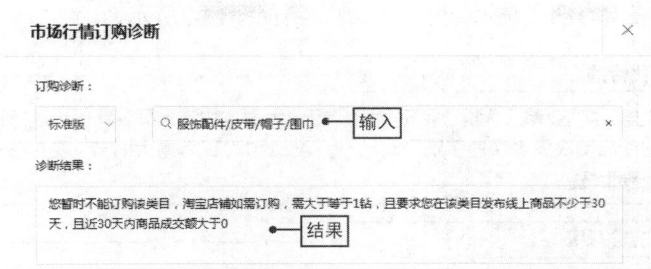

图12-2

那么，市场洞察工具究竟有怎样的订购条件呢？主要有两个方面：售卖对象和订购限制。

● **售卖对象：** 店铺处于正常状态的淘宝（≥1钻）、天猫商家。TP服务商大类、彩票、成人用品/避孕/计生用品（专业版已放开订购）、合作商家、世博会特许商品、腾讯QQ专区、网游垂直市场根类目商家除外。

● **订购限制：** 目前仅面向店铺经营类目开放；单个店铺订购上限10个类目。这里涉及经营类目的算法，对淘宝商家来说，类目发布的线上商品不低于30天，且近30天内该类目成交额＞0，订购时该类目的商品必须保持上架中，上架时间不低于24小时；对天猫商家来说，店铺中有发布产品的类目，且该类目的产品在正常上架中，上架时间不低于24小时。

我们在实际的订购过程中，除了不符合店铺类型的条件和不符合经营类目的算法而导致无法选择到意向订购类目，还会因为类目互斥而无法选择到意向订购类目。因为在市场洞察标准版和专业版中存在类目互斥条件，即如果某店铺订购了A类目的标准版，则不允许订购A类目的专业版，反之亦然。

## 12.2 数据作战室：实时数据分析

数据作战室是围绕商家日常监控、活动营销和大促作战这三大场景而打造的实时数据分析平台，主要提供作战大屏、活动分析和竞店监控等数据服务。其中，作战大屏可实时追踪经营动态，彰显店铺数字化形象；活动分析可集合历史活动数据，深度分析聚划算、双11和双12等多种活动效果；竞店监控可密切关注竞店的异动情况。

**12.2.1** **核心功能与使用效果**

数据作战室有四大核心功能，详细介绍如图12-3所示。

**大屏数字化传播**

提供接待大屏、多店/单店大屏、活动大屏、行业大屏、物流大屏、客服大屏等近10块实时大屏，帮助店铺决策者快速了解经营动态。双11和双12等重大时节，更能渲染氛围，彰显品牌鼓舞士气。

**历史活动沉淀分析**

沉淀店铺历史活动数据，提供历史活动的商品表现、流量结构、优惠券效果和消费者行为偏好，帮助店铺预测爆款、分配流量和确定利益点。（双11数据最长可追溯3年，其他最长可追溯400天）。

**活动效果实时追踪**

提供预热分析、预售分析和实时分析等多种活动分析能力，帮助店铺全程追踪活动效果，若有异常立即发现；活动结束自动生成复盘报告，帮助店铺诊断问题，及时优化。

**竞争异动深度洞察**

在确保数据安全的前提下，从交易、流量和商品等多个维度帮助店铺追踪竞店动态。日常和大型期间，帮店主快速了解同行异动情况，取长补短。

图12-3

使用数据作战室这一数据分析工具后，店主们可以看到很多的数据分析结果，比如全店累计支付金额、行业排名和竞店排名等，如图12-4所示。

图12-4

也可以看到竞店监控情况、目标完成情况、活动销售监控和热销商品排行等，如图12-5所示。

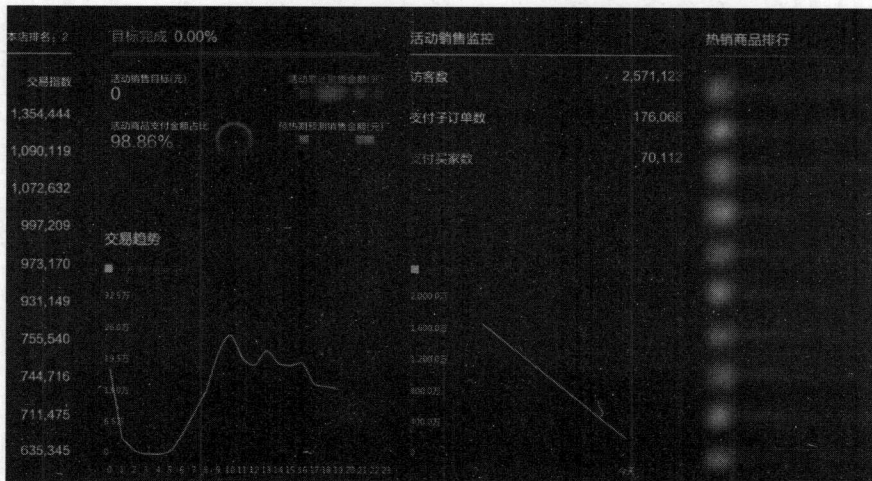

图12-5

还可以看到预热期核心指标、活动期核心指标以及活动期内新支付买家人群画像等数据信息，如图12-6所示。

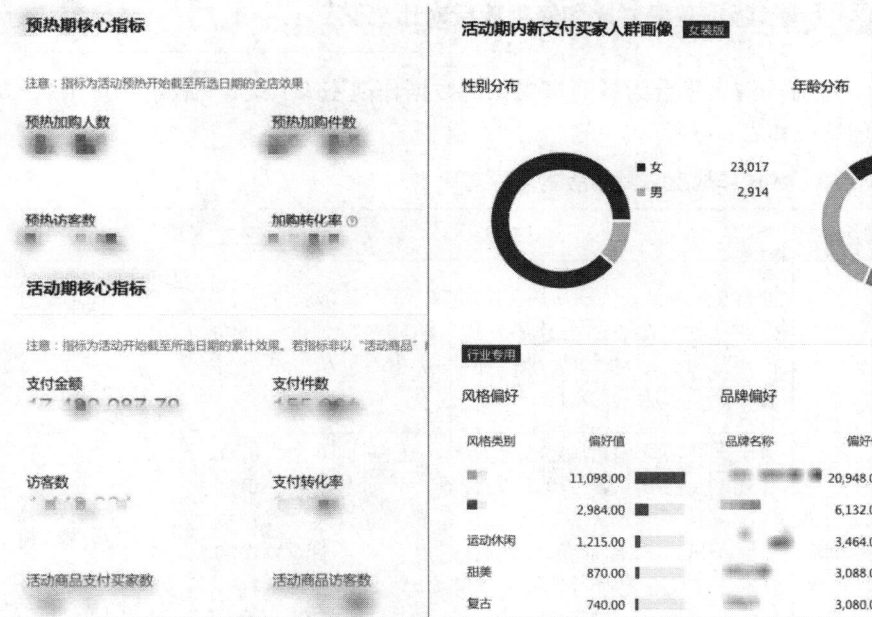

图12-6

此外，对于核心商品效果和竞店来源构成等数据也可以方便地获得，如图12-7所示。

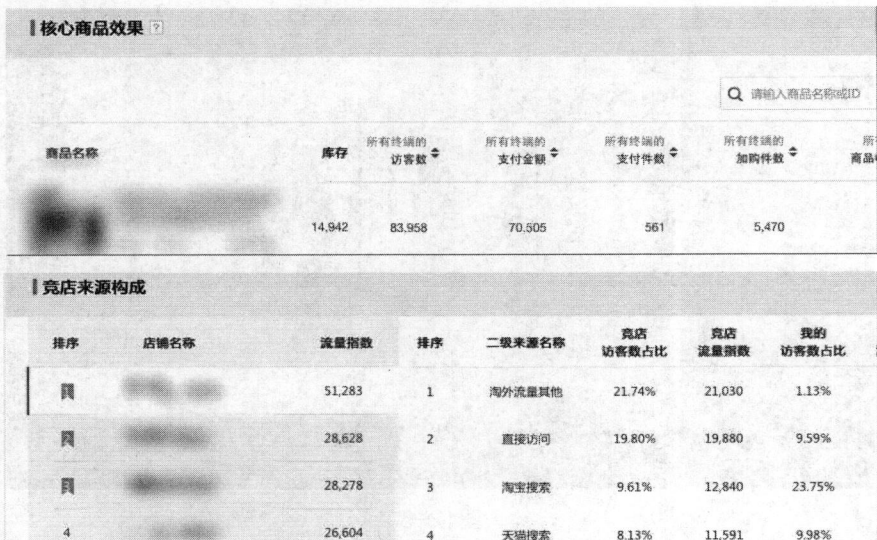

| 核心商品效果 ⑦ | | | | | | |
|---|---|---|---|---|---|---|
| 商品名称 | 库存 | 所有终端的访客数 | 所有终端的支付金额 | 所有终端的支付件数 | 所有终端的加购件数 | 所有商品 |
| | 14,942 | 83,958 | 70,505 | 561 | 5,470 | |

| 竞店来源构成 | | | | | | | |
|---|---|---|---|---|---|---|---|
| 排序 | 店铺名称 | 流量指数 | 排序 | 二级来源名称 | 竞店访客数占比 | 竞店流量指数 | 我的访客数占比 |
| | | 51,283 | 1 | 淘外流量其他 | 21.74% | 21,030 | 1.13% |
| | | 28,628 | 2 | 直接访问 | 19.80% | 19,880 | 9.59% |
| | | 28,278 | 3 | 淘宝搜索 | 9.61% | 12,840 | 23.75% |
| 4 | | 26,604 | 4 | 天猫搜索 | 8.13% | 11,591 | 9.98% |

图12-7

### 12.2.2 版本差异对比和使用前后对比

目前，淘宝平台为各商家提供的数据作战室工具有3个版本，每个版本的功能情况如表12-3所示。

表12-3　数据作战室工具的版本差异对比

| 版本 | 功能 | 优势 |
|---|---|---|
| 活动分析版 | 拥有9个功能，分别是历史活动数据沉淀（最长3年）、行业活动对比、活动预热分析、活动客群分析、活动预售分析、活动实时分析、活动优惠券分析、活动复盘分析、本店活动对比 | 活动数据一站式分析，告别烦琐的手工计算，拒绝经验主义，数据让活动更省力 |
| 单店版 | 除了拥有活动分析版的9个功能，还包括10个大屏作战功能（接待大屏、单店翻牌器、活动专题屏、单店概况屏、行业动态屏、淘宝直播屏、订单效率屏、物流监控屏、商品橱窗屏、倒计时屏）和8个监控作战功能（竞店交易排行、竞店流量排行、竞店爆款结构、竞店流量结构、商品销售监控、商品库存预警、商品流量结构、SKU加购监控），共计27个功能 | 多维监控本店经营动态，深度剖析活动效果，竞争异动能一目了然 |

续表

| 版本 | 功能 | 优势 |
|------|------|------|
| 主店版 | 除了拥有单店版的 27 个，功能还包括 2 个大屏作战功能，分别是多店概况屏和多店翻牌器，共计 29 个功能 | 包含大屏作战、活动作战和监控作战三大功能，本店、竞店和分店均可监控 |

通常，活动分析版是限时销售，单店版和主店版是按年订购，功能越多，价格越贵。

对于淘宝商家或者天猫商家来说，使用了数据作战室工具后，很多操作和管理会更便捷，如表12-4所示。

表 12-4　使用数据作战室工具前后的对比

| 项目 | 使用前 | 使用后 |
|------|--------|--------|
| 安全性 | 活动数据手动纪录，人工保存，既不精准，也易遗失 | 双 11、双 12、年货节类会场数据最长保留 3 年，聚划算等其他活动数据最长保留 400 天。不同活动支持分天、分小时实时对比 |
| 监控与追踪 | 预热、预售进度难监控，只能手动导订单 | 定金尾款、收藏加购等数据齐全，流量来源、商品表现也能实时追踪 |
| 预估效果 | 商品潜力难预估，库存不准导致备货失误 | 实时监控 SKU 粒度的收藏、加购、库存和销售情况，科学指导页面布局和库存调度 |
| 活动利益点的配置 | 活动利益点的配置全凭经验，优惠券效果不可知 | 实时追踪活动期三宝一券（单品宝、搭配宝、店铺宝、优惠券）、购物津贴等营销工具的转化情况，精准提升转化率 |
| 竞店数据监控 | 竞店数据监控难，手动爬取费时费力 | 行业大屏秒级响应，直播行业的排名变化情况，竞店监控多维呈现，竞店动态了然于胸 |
| 实力展现 | 大促氛围不够嗨，关键人物接待汇报无抓手 | 近 10 块大屏立体环绕，核心指标一目了然，鼓舞士气，更彰显实力 |

## 12.2.3　如何订购数据作战室工具

商家订购数据作战室这一工具的操作与订购市场洞察工具是相似的，入口同样在卖家中心的"数据中心"栏，其具体操作步骤如下。

| **01** 单击"数据作战室"超链接 | **02** 单击"立即订购"按钮 |
|---|---|
| 进入卖家中心，将鼠标光标移动到左侧导航栏中的"数据中心"栏展开按钮处，单击"数据作战室"超链接。<br><br><br>**数据中心**<br>生意参谋　业务专区<br>市场行情　商品分析<br><br>流量纵横<br>竞争情报<br>数据作战室 ← 单击<br>数据学院<br>生意参谋<br>业务专区<br>市场行情<br>商品分析<br><br>**货源中心**<br>阿里进货管理　品牌货源<br>批发进货　分销管理<br><br>**软件服务**<br>我要订购　定制服务<br>摄影服务<br><br>资金管理 | 在打开的页面中单击"立即订购"按钮，即可进入"产品订购"页面，之后的操作步骤参考市场洞察的订购步骤，完成支付即可成功购买。<br><br>**数据作战室**<br>作战室是围绕商家日常监控、活动营销、大促作战三大场景打造的实时数据分析平台，主要提供作战大屏、活动分析、竞店监控等数据服务。作战大屏可实时追踪经营动态，彰显企业数字化形象；活动分析可沉淀历史活动数据，深度分析聚划算、双11、双12等多种活动效果；竞店监控可密切关注竞店异动情况，知己知彼，百战百胜。<br><br>[立即订购] ← 单击 |

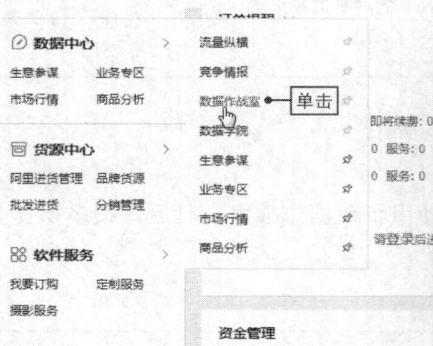

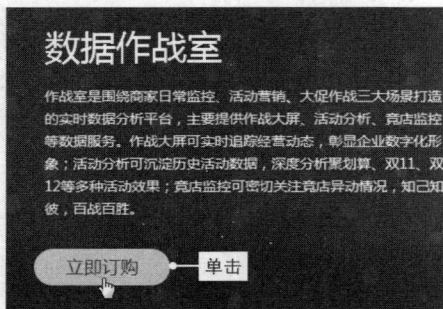

数据作战室工具不像市场洞察工具有购买限制，只要是从未订购过作战室工具的新用户，都可购买该数据分析工具。

除了前述介绍的市场洞察工具和数据作战室工具外，淘宝内置的数据分析工具还有其他一些，下面来简单了解一下，如表12-5所示。

**表 12-5　淘宝内置的其他数据分析工具**

| 工具名称 | 简介 |
|---|---|
| 流量纵横 | 为商家提供一站式全媒介、全链路、多维度的流量数据分析平台，建立以消费者为驱动的流量运营体系。其中，覆盖淘系流量渠道超过 288 个，支持淘外全媒介平台效果数据；支持消费者流量动线全链路数据漏斗分析；支持店铺首页、官方承接页、自定义页和商品详情页承接效果评估；支持 CRM 自定义人群营销效果和人群特征分析 |
| 品类罗盘 | 即商品分析。通过构建商品和品类的 360 度全景洞察档案，沉淀商品和品类经营的分析方法论，并结合商品和品类的典型用户场景，提供场景化、定制化的智能数据方案，以帮助商家落地商品和品类的精细化运营策略。其中，驾驶舱功能是在原商品概括功能的基础上，新增实时监控，关注商品、类目详细情况和全品类排行；商品洞察功能是在原商品效果 & 异常商品功能的基础上，实现多维全景洞察商品经营情况；品类洞察功能是新增板块，通过品类的深度挖掘分析，洞察品类机会；定制分析功能也是新增板块，通过自定义设置，玩转个性化分析 |

这两种工具也通过"数据中心"栏这一入口进行订购。

# 12.3 店侦探：监控、学习、超越对手

店侦探是一款专门为淘宝及天猫卖家提供方便有效的数据查询、数据分析的第三方数据分析工具，通过对各个店铺或宝贝运用数据分析技术进行分析，深度挖掘，掌控竞争对手店铺的销售数据、引流手段、广告投放、活动推广和买家购买行为，帮助卖家深度了解行业数据，从而给卖家的营销策略提供可靠、持续的数据支持。

## 12.3.1 各个版本的功能对比

店侦探可以监控对手店铺的数据，如销量情况、引流关键词、直通车、营销活动和宝贝变更跟踪等。

商家注册店侦探成功后即可获得试用版，但试用期限届满后，就需要付费购买，此时可选专业版、企业版和旗舰版（3种版本的价格关系是专业版＜企业版＜旗舰版），它们之间的对比情况如表12-6所示。

表 12-6　店侦探工具的各个版本功能对比

| 功能 | 详细功能 | 免费版 | 专业版 | 企业版 | 旗舰版 |
|---|---|---|---|---|---|
| 全网展现词（免费） | 任意关键词信息 | √ | √ | √ | √ |
| | 任意宝贝的关键词信息 | √ | √ | √ | √ |
| | 任意店铺全部宝贝关键词信息 | √ | √ | √ | √ |
| 今日销量插件功能 | 今日销量版功能企业版/旗舰版限时赠送 | × | × | 可查看自己监控店铺的数据 | 可查看所有用户监控店铺的数据 |
| 监控数量数据时效 | 店铺监控数量 | 0个 | 20个 | 50个 | 200个 |
| | 重点监宝贝监控数量 | — | 10个 | 50个 | 200个 |
| | 监控中的店铺所有数据保存时长 | 0天 | 90天 | 180天 | 360天 |
| | 同时登录用户数 | 无限制 | 无限制 | 无限制 | 无限制 |

续表

| 功能 | 详细功能 | 免费版 | 专业版 | 企业版 | 旗舰版 |
|---|---|---|---|---|---|
| 全店分析 | 整店7天透视（单表看完7天数据） | × | √ | √ | √ |
| | 销售情况、自然引流、直通车引流、营销、宝贝日常报告 | × | √ | √ | √ |
| | 店铺DSR变动走势跟踪 | × | √ | √ | √ |
| | API接入获取监控数据权限 | × | × | × | √ |
| 交易分析 | 30天销量、30天付款人数分析 | × | √ | √ | √ |
| | 宝贝日销量/销售额分析 | × | √ | √ | √ |
| | 宝贝销售特征（按星期/SKU分析） | × | √ | √ | √ |
| 引流分析 | PC端、移动端引流情况（自然引流及付费引流） | × | √ | √ | √ |
| | 各种引流的明细分析 | × | √ | √ | √ |
| | 引流关键词流量解析（行业数据：展现指数、点击指数、点击率、点击转化率、直通车均价、竞争度、类目权重） | × | × | √ | √ |
| 营销分析 | 店铺促销：满减、搭配减、包邮等 | × | √ | √ | √ |
| | 聚划算活动监控 | × | √ | √ | √ |

续表

| 功能 | 详细功能 | 免费版 | 专业版 | 企业版 | 旗舰版 |
|---|---|---|---|---|---|
| 营销分析 | 站内活动分析：天天特价、淘金币、掏抢购、淘清仓等 | × | √ | √ | √ |
| | 站外活动分析：折800、卷皮、返还网、大淘客、惠品折、利趣、比购网、1折网、众划算、没得比、返现网 | × | √ | √ | √ |
| 重点宝贝监控 | 按小时成交分析（可导出） | × | √ | √ | √ |
| | 评价SKU分析（可导出） | × | √ | √ | √ |
| 宝贝分析 | 全店宝贝详情（创建时间、类目、上下架时间等） | × | √ | √ | √ |
| | 日常跟踪：调价、改名、上新、改主图、上下架变更 | × | √ | √ | √ |
| | 全店宝贝、新品打标、搜索降权监控、上新跟踪、下线跟踪、上下架分布 | × | √ | √ | √ |
| | 全店品牌分布、销量、销售额分析 | × | √ | √ | √ |
| | 全店类目分布、销量、销售额分析 | × | √ | √ | √ |

## 12.3.2　商家用店侦探能做的事

对于使用店侦探的商家来说，能够做的事情很多。下面列举几个常见的应用。

● 查看好店铺的销售走势

该操作主要通过店侦探的"监控店铺分析"功能下的"销售分析"子功能实现，可查看好店铺的销量（件）、估算销售额（元）、销售商品数（种）和平均动销率等数据，如图12-8所示。

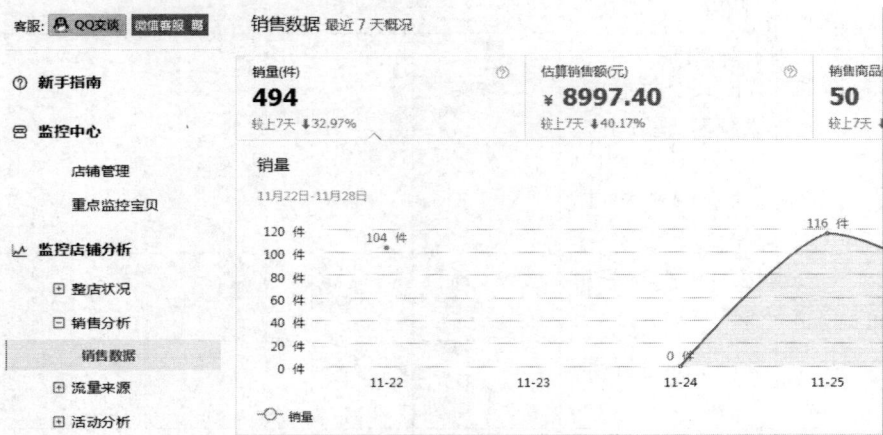

图12-8

● 查看销量好的店铺七天透视

该操作主要通过店侦探的"监控店铺分析"功能下的"整店状况/七天透视"子功能实现，可查看店铺的销售量、估算销售额、销售商品数、动销率、总宝贝数、新品打标、搜索降权、上新和下线等数据，如图12-9所示。

图12-9

通过该操作，商家可以知道对手销量突然升高、上新宝贝、宝贝改标题、参加了站外活动等信息，还能知道昨天对手卖得如何、对手宝贝调价、有新宝贝抢到豆腐块、直通车词增加以及参加了聚划算等信息。

● 查看销量好的店铺如何引流

该操作主要通过店侦探的"监控店铺分析"功能下的"流量来源/淘宝搜索"子功能实现，可查看店铺的PC端、移动端等的淘宝搜索、淘宝直通车搜索、淘宝左侧直通车、天猫搜索和天猫直通车等的关键词，如图12-10所示。

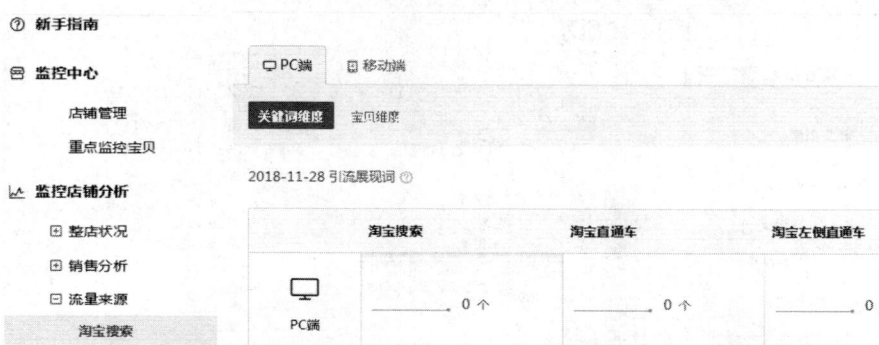

图12-10

通过该操作，商家可以摸清对手店铺的直通车词，搜索引流词，扩展自身流量，知晓对手店铺的PC端和移动端的引流情况如何、对手有多少豆腐块词、直通车词有哪些以及天猫搜索关键词有哪些等。

● 查看爆款是如何炼成的

该操作主要通过店侦探的"监控店铺分析"功能下的"宝贝分析/宝贝列表"子功能实现，可查看宝贝的原价/折扣价、创建时间、浏览量、估算日销售额、日销量、7天销量、7天销量升降以及30天销量等信息，如图12-11所示。

图12-11

通过该操作，商家可以看到爆款宝贝卖得怎样，对手爆款宝贝何时卖得最好，宝贝引流关键词是什么，爆款宝贝改标题、调价和改主图等变动记录，以及宝贝参加了哪些营销活动等信息，深度解密爆款宝贝的数据，了解爆款原因，复制创造爆款。

● 查看好店铺是如何做营销的

该操作主要通过店侦探的"监控店铺分析"功能下的"活动分析/活动概况"子功能实现，可查看宝贝参与的店铺促销、店铺推广、站内活动和站外活动的详情情况，如图12-12所示。

| | | | 11-28 | 11-27 | 11-26 | |
|---|---|---|---|---|---|---|
| 客服: QQ交谈 微信客服 | | 营销 | 销售量: 98 销售额: 1608.20 | 销售量: 101 销售额: 1769.80 | 销售量: 75 销售额: 1340.10 | 销 |
| ⑦ 新手指南 | | | | | | |
| ☐ 监控中心 | 店铺促销 | 满减 | | | | |
| 　店铺管理 | | 搭配减 | | | | |
| 　重点监控宝贝 | | 免邮 | 详(65) | 详(65) | 详(65) | |
| ⊿ 监控店铺分析 | 店铺推广 | 直通车 | | | | |
| 　⊞ 整店状况 | | | | | | |
| 　⊞ 销售分析 | | | | | | |

图12-12

### 12.3.3　如何利用店侦探工具监控店铺

了解了店侦探的版本区别及相关功能后，相信店主们已经跃跃欲试了。那么，怎样做才能添加其他店铺，对其实施监控呢？相关操作如下。

| **01 登录店侦探账号** | **02 添加任意宝贝链接** |
|---|---|
| 进入店侦探官网首页（https://www.dianzhentan.com/），完成注册操作。用注册的账号登录，单击"添加监控店铺"按钮。 | ❶在打开的"添加监控店铺"对话框中输入需要监控的店铺任意一个宝贝链接，❷单击"预览店铺"按钮。 |
| | |

**03 对店铺添加监控**

此时系统会展示相关店铺的简单信息，❶可查看其开店时间、收藏数和宝贝数等。❷单击"添加监控"按钮，完成店铺添加操作。

**TIPS 添加店铺时的注意事项**

①如果商家使用的是试用版或免费版的店侦探工具，则无法进行添加监控店铺的操作。

②商家可以批量添加监控店铺，只需在"添加监控店铺"对话框中单击"批量添加"按钮即可实现。

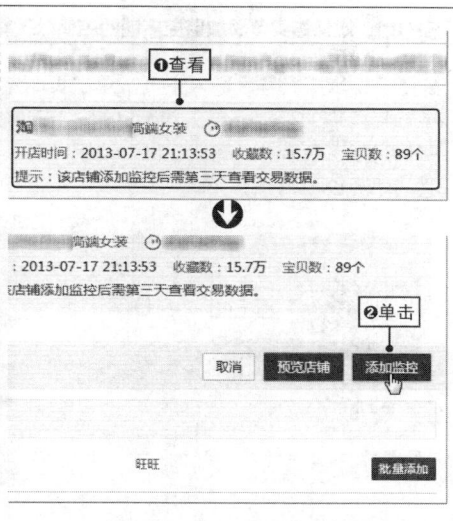

商家要注意，新监控店铺一般要在添加后的第3天才能查看其交易数据，但如果有其他商家监控过该店铺，则一经添加监控，就可共享数据，无须等待3天的时间。

另外还需要知道，如果商家要停止监控某个店铺，则该店铺必须已经被监控至少7天，且每个月的1～7日才能进行停止监控的操作。

停止监控的操作很简单，只需在监控店铺的展示页面找到需要停止监控的店铺，单击其右侧的"停止"按钮即可，如图12-13所示。

图12-13

**SKILL** 如何购买可添加监控店铺的店侦探工具

❶登录店侦探账号，进入主页，单击页面左侧的"续费升级"超链接，❷在打开的页面中选择所需的版本，单击其下方的"立即购买"按钮，❸确认应付金额和支付方式等购买信息后，❹单击"确认支付"按钮，输入支付密码完成支付，即可成功购买店侦探工具，如图12-14所示。

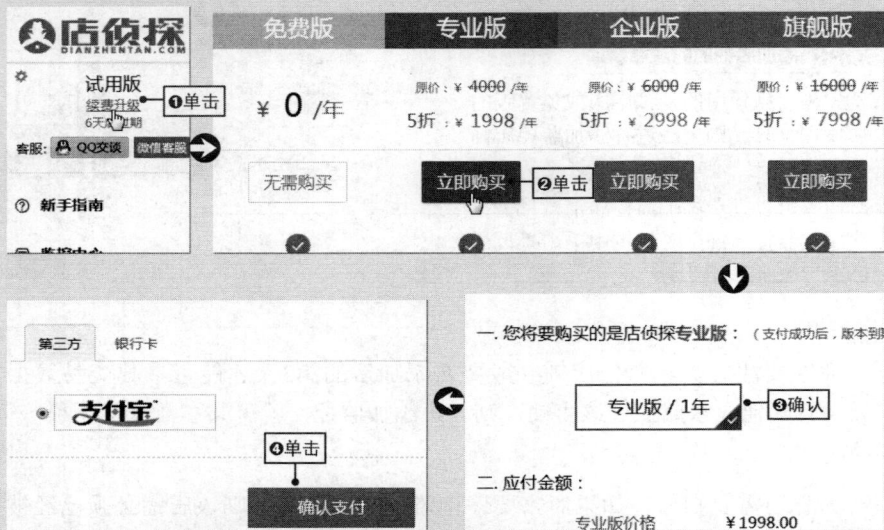

图12-14

第三方数据分析工具还有很多，下面再列举两个，淘宝店主们可借鉴使用，如表12-7所示。

表 12-7　其他第三方数据分析工具

| 工具名称 | 简介 |
|---|---|
| 淘数据 | 淘数据（http://www.taosj.com）是一个专门为淘宝卖家提供数据查询、数据分析的平台，拥有全面的数据分析体系，为电商卖家提供个性化数据定制服务、直通车选词、店铺诊断、宝贝排名等工具。核心优势有 4 项：全方位整合处理商家的数据，提供一套完整数据解决方案；多维度分析展现，数据一目了然；机器学习算法分析数据，PB 数据处理能力；一对一专属客服，专业技术解读，全方位产品解读 |
| 千里眼 | 千里眼（http://www.gly360.com）是一款专门为淘宝及天猫卖家提供方便有效的数据查询、数据分析的工具，它包括 Grade 标题打分、Subway 直通车、Category 行业数据动态分析、Activity 聚划算、Where 他的流量从哪儿来、Crowd 人群分析以及 Sale 查看销售数据，学习运营优化等功能 |

# 读 者 意 见 反 馈 表

亲爱的读者：

感谢您对中国铁道出版社的支持，您的建议是我们不断改进工作的信息来源，您的需求是我们不断开拓创新的基础。为了更好地服务读者，出版更多的精品图书，希望您能在百忙之中抽出时间填写这份意见反馈表发给我们。随书纸制表格请在填好后剪下寄到：北京市西城区右安门西街8号中国铁道出版社综合编辑部 张亚慧 收（邮编：100054）。或者采用传真（010-63549458）方式发送。此外，读者也可以直接通过电子邮件把意见反馈给我们，E-mail地址是：lampard@vip.163.com。我们将选出意见中肯的热心读者，赠送本社的其他图书作为奖励。同时，我们将充分考虑您的意见和建议，并尽可能地给您满意的答复。谢谢！

-----------------------------------------------------------

所购书名：_____

个人资料：

姓名：_____ 性别：_____ 年龄：_____ 文化程度：_____

职业：_____ 电话：_____ E-mail：_____

通信地址：_____ 邮编：_____

-----------------------------------------------------------

您是如何得知本书的：

□书店宣传 □网络宣传 □展会促销 □出版社图书目录 □老师指定 □杂志、报纸等的介绍 □别人推荐
□其他（请指明）_____

您从何处得到本书的：

□书店 □邮购 □商场、超市等卖场 □图书销售的网站 □培训学校 □其他

影响您购买本书的因素（可多选）：

□内容实用 □价格合理 □装帧设计精美 □带多媒体教学光盘 □优惠促销 □书评广告 □出版社知名度
□作者名气 □工作、生活和学习的需要 □其他

您对本书封面设计的满意程度：

□很满意 □比较满意 □一般 □不满意 □改进建议

您对本书的总体满意程度：

从文字的角度 □很满意 □比较满意 □一般 □不满意
从技术的角度 □很满意 □比较满意 □一般 □不满意

您希望书中图的比例是多少：

□少量的图片辅以大量的文字 □图文比例相当 □大量的图片辅以少量的文字

您希望本书的定价是多少：


本书最令您满意的是：

1.
2.

您在使用本书时遇到哪些困难：

1.
2.

您希望本书在哪些方面进行改进：

1.
2.

您需要购买哪些方面的图书？对我社现有图书有什么好的建议？


您更喜欢阅读哪些类型和层次的理财类书籍（可多选）？

□入门类 □精通类 □综合类 □问答类 □图解类 □查询手册类

您在学习计算机的过程中有什么困难？


您的其他要求：